六朝

家庭經學教育與博學風氣研究

郭永吉◎著

airiti press
華藝學術出版社

自序

　　這部書探討的內容主要是延續筆者求學階段的研究，博士階段處理的是自漢至隋皇帝與皇太子經學教育禮制方面的相關問題，本書一方面將對象由皇帝、儲君擴展到一般文人士大夫；另一方面則是將書籍知識學習內容由經學延伸到其他領域。目前所見前輩學者有關兩漢經學與魏晉玄學的研究，大多著重在思想或政治層面，這就如同一株花的花朵燦爛部分，不僅明顯可見，同時也較容易吸引人們的目光、注意力。至於經學、玄學等訓練過程、文化風尚知識的養成部分，屬於花的根苗，相關記載既少，且又零散，所以概少論及。即使有針對漢魏六朝時期的教育情況進行探索，也多以官學、私學與家學等方面的學習為重心，且以專經之經學或人格德行為主。至於兩漢與六朝時期學子們所讀書籍有何異同？造成此差異的原因何在？則鮮見完整而深入的論述。職是之故，本書試著追索「所以然」的部分，從實際需求這一角度切入。

　　例如：魏晉已降，一方面官學不振，一方面家學形成，則幼童之教育於何處實施，官學裏？或家中？或私人講學場合？這也牽引到由何人執教？若是於家學中受教，如果父亡早孤，或是父親在外任官，家眷是否均能隨從？若不行，誰執教？目前見到有些材料，許多例子顯示乃由母親親自授業。然所教授之內容與程度是否與父祖無別？且所教是否為父系家學？或為

母系家學？又如：當時書籍的來源為何？史書中常可見到貧困之家子弟猶能向學，甚至能達博學，當時雖有書肆，但所售為何種書？是小孩認字、習字之書，或經學等內容較深之書？就算是一般士人，有些雖是家中藏書豐富，但相對更多的家庭可能是沒有多少藏書的，則勤學所需書籍從何而來？

另外，六朝不論在政治、社會文化方面，或是思想與文學創作上，都與兩漢有明顯的不同，則他們立身處世所需具備的涵養是否也異於兩漢？凡此，均非可一言以蔽之，需從原始史料中仔細耙梳，方能見其梗概。也唯有將這一部份弄清楚了，才能進一步看出六朝士人的行徑與兩漢產生差異之緣由所在。個人既從基礎的根苗處入手，與傳統既有的研究也就並非全然相同。換言之，個人現階段的研究方向，並非是這方面既有研究主流的一個分支，而是從不同的角度、視野與關懷層面來進行。

猶記得初入研究所時，業師朱曉海先生便一再提醒，作學術研究是一條漫長艱辛，卻又不斷有新奇成長的路。而且，必須一開始便從原始材料入手，惟有熟悉原始材料，這條路才能走的長遠。但也因此需花較長久的時間與功夫慢慢去累積，所以剛開始時，不會有太多的個人成熟見解。然不可惑於其他方面因素，而急於提出個人看法。他還常以當年傅孟真先生主持史語所時，規定初入史語所者，三年內不得提出論文著作，只要專心讀書，以為訓誨。日前也讀到一位研究六朝的前輩學者說：對於年少時下筆太快，如今相當後悔，因為當時一些思慮不縝密的想法，白紙黑字寫下了，就收不回來。因此，個人在

讀書研究的歷程中，一直秉持師門訓誨，一方面不躁進，唯有將問題思考透徹之後，方敢下筆；一方面行文時，言必有據，不敢僅從某一點而憑空想像，無限擴大，甚至是囈說夢囈，才不至於落入「蹈空」的險境。是以本書中許多地方的論述不憚煩的博引史傳原文，以為論證之依據。或有人認為這種方式過於拘限，未能有個人見解的引伸與發揮，甚至不夠深入。但文中引原文之多寡，乃個人不同寫作習慣，重點在於能不能將欲論述的問題說清楚。原文的搜索、檢選、分析，以致行文時的編排、串引，均已將個人意見貫穿其中。若一味強調更多的引述申論，有時反易落入過度推衍的景況。

近年來，因國家政策而影響了學術研究的走向，各領域在資訊科技的風潮披靡之下，都強調數字化、量化，導致連學者也迫於現實壓力，不得不成為生產的工具，要努力申請各種計畫作為業績。而在計畫經費資助下，固定時間內必須有某一數量的作品產出，似乎金錢就是養分，投入下去就一定能，也必須要長出東西。否則，就代表你不適合走這一條路。這讓我想起初進學術之門讀《漢書》時，見班固所說的二段話：

> 古之學者耕且養，三年而通一藝，存其大體，玩經文而已，是故用日少而畜德多，三十而五經立也。後世經傳既已乖離，博學者又不思多聞闕疑之義，而務碎義逃難，便辭巧說，破壞形體。說五字之文，至於二三萬言。後進彌以馳逐，故幼童而守一藝，白首而後能言。安其所習，毀所不見，終以自蔽。此學者之大患也。

> 自武帝立五經博士，開弟子員，設科射策，勸以官祿，訖於元始，百有餘年，傳業者寖盛，支葉蕃滋，一經說至百餘萬言，大師衆至千餘人，蓋祿利之路然也。

以今視昔，不禁令人如入時空隧道之中，古今何其彷彿！然利祿之路依舊，而大師安在哉？雖身處此潮流漩渦之中而不得自免，猶庶幾初衷常保，故效童子之問，冀求真悋。

本書的方向是當初選定博士論文題目後，便與曉海師商量好的，規劃作為日後準備探索的目標。然在取得博士學位後，有幸找到一份穩定的教職，卻也開始了忙碌的生活，始終無法專心一致的將既定的研究規劃付諸實行。待此書完成後，猛一回首，離當初擬定方向時已十年有餘，距畢業也有七載了。此刻才深深體會到當年業師一再告誡，在學期間是最能夠全心全意從事讀書作研究的時候，等正式踏入職場，諸事紛雜而致，難有整段清靜的時間可供利用。歷經人世浮沈，始知師言之懇切不謬，余心能無愧乎！

末學郭永吉謹誌於雙連坡
民國一○二年仲冬子夜

目　次

自序 i

第一章　序論 001

第二章　漢魏六朝經學家族化 ── 家學之形成與演變 013
　　　　第一節　兩漢 ── 家學形成的階段
　　　　第二節　六朝 ── 家學的延續與興盛

第三章　家庭中之經學基礎教育 075
　　　　第一節　家庭經學基礎教育的內容
　　　　第二節　以《論語》、《孝經》為基礎教材的原因
　　　　第三節　執教者
　　　　第四節　小結

第四章　兩漢與六朝學風比較 123
　　　　第一節　兩漢通儒之博學
　　　　第二節　六朝博學風氣
　　　　第三節　小結

第五章　聘使人選的學識考察 …………………………… 147
　　第一節　六朝時期的外交局勢
　　第二節　聘使主客言論交鋒涉及之議題
　　第三節　聘使主客人選的學養要求
　　第四節　對聘使主客表現的獎罰
　　第五節　小結

第六章　地方志與譜牒之學 ……………………………… 203
　　第一節　地方意識與地方志
　　第二節　世家大族與譜牒

第七章　談論與著作 ……………………………………… 233
　　第一節　談玄、論難與博學釋疑
　　第二節　文學、史書著作
　　第三節　小結

第八章　餘論 ……………………………………………… 299

引用文獻 …………………………………………………… 313

第一章　序論

　　本書主要探討六朝時期文人士大夫書籍知識學習的情形，分兩部分進行論述。第一部分著重在家庭經學教育方面，第二部分則針對知識學習中的博學風氣進行探索。漢魏六朝時期的家庭經學教育主要包含專業科目教育、基礎通識教育兩個部分，在家庭中進行的經學專業科目傳授學習，也就是一般所謂的家學。基礎通識教育則是除去不可或缺的小學識字之外，探討一般兒童若要習讀經書傳記之屬，會先選擇哪些書來讀？博學風氣方面，則先分析兩漢、六朝時期士人博學內容的轉變，而後針對六朝時期博學風氣的形成因素進行論述，從實際需求這一層面入手。

　　家學，顧名思義，乃於家中傳授學習之謂，有時則歷經數代相傳。其內容指涉可以相當廣泛，凡於家中授受的一技一學均能屬之。在史書相關記載中，家學又可稱為家業，[1]因開始多由父親傳授，故又稱父學、父業。若專指學術文化層面而言，一般較常論及的則包括學術上的經書、史書、子書及宗教方面，或是文學、律學、術數等方面的世代傳承；技藝上則有琴、棋、

---

[1]「家業」一詞在漢魏六朝時有多種不同含意的指涉，大致上可分為：家產財物、學術與各種技能、封爵與家族聲望地位，甚至專指政權。相關論述，請參邵瑩，〈論魏晉南北朝時期家業的基本涵義〉，《河北建築科技學院學報（社科版）》第 21 卷第 3 期（2004 年 9 月），頁 49-51。

書、畫與醫術等;有時甚至還將立身處世之道、德行以及信仰等風尚也算在內。[2]因為內容龐雜不一,非單就具體書籍、事物而言,因此近代學者研究論述時,家學與門風有時會被視為相同指涉,或直接合稱為「家風」。[3]有些則將同郡望同姓之家所學視為家學,[4]然此種認定顯然過於籠統。事實上,早先學者即已對「家學」、「門風」或「家風」之間的分際作了相當清楚的定義。如陳寅恪就說:

> 所謂士族者,其初並不專用其先代之高官厚祿為其唯一之表徵,而實以家學及禮法等標異於其他諸姓……夫士族之特點既在其門風之優美,不同于凡庶。而優美之門風,實基於學業之因襲。[5]

---

[2] 相關論述,請參張承宗、魏向東,〈魏晉南北朝時期的家庭教育〉,《晉陽學刊》2000年第5期,頁75-79;金忠明主編,《中國教育史研究・秦漢魏晉南北朝分卷》(上海:華東師範大學出版社,2009年),第七章〈儒學轉型與教育思想的多元發展〉,頁285-288。

[3] 相關情形,請見王允亮,《南北朝文學交流研究》(上海:上海古籍出版社,2010年),第三章〈南北朝文學交流中的重要群體〉,頁136-138;王永平,〈東晉南朝廬江何氏儒玄雙修之家學及其相關之門風〉,氏著《東晉南朝家族文化史論叢》(揚州:廣陵書社,2010年),頁155-172。因此,某些專著直接以「家學門風」為題,如吳正嵐,《六朝江東世族的家學門風》(南京:南京大學出版社,2003年)。

[4] 如方碧玉,《東晉南北朝世族家庭教育研究》(臺北:花木蘭文化出版社,2009年),第四章〈社會風氣與世族家學文化〉,頁123-201;王永平,《六朝江東士族之家風家學研究》(南京:江蘇古籍出版社,2003年)。

[5] 陳寅恪,《唐代政治史述論稿》(臺北:臺灣商務印書館,1994年),頁79-81。

所謂「禮法」乃指其行為風尚,也就是「門風」;「家學」則是「學業」的另一稱呼,其間有因果關連,卻不等同。錢穆先生說的更清楚:

> 當時門第傳統共同理想,所希望於門第中人,上自賢父兄,下至佳子弟,不外兩大要目:一則希望其能具孝友之內行,一則希望其能有經籍文史學業之修養。此兩種希望,并合成為當時共同之家教。其前一項表現,則成為家風;後一項之表現,則成為家學。[6]

「孝友之內行」即「禮法」之行為風尚,行於家內,故稱「家風」;「經籍文史學業之修養」乃學問傳承,是為「家學」。陳、錢二位先生所論基本上相同,均能明辨「家學」、「家風」之分屬。本書承兩位前輩學者之定義,所論「家學」僅限於家世相傳之學術,不涉及行為風尚等其他方面。

但,就算以家世學業作為家學的指涉,尚非嚴謹。史書中常見某些被近代學者稱為儒學世家的子弟,其經學教育或未言及於何處學習,[7]或乃明載在家族以外求師而成,如《魏書》卷

---

[6] 錢穆,《中國學術思想史論叢(三)》(台北:東大圖書公司,1993年),十二〈略論魏晉南北朝學術文化與當時門第之關係〉,頁171-143。

[7] 夏炎,《中古世家大族清河崔氏研究》(天津:天津古籍出版社,2004年),第八章〈清河崔氏的家傳文化〉,頁322-326,羅列自曹魏到南北朝時,清河崔氏子孫「好學」的情形,認為此乃其「詩書傳家的家族傳統」,而「家學主要指累世積累傳承的深厚文化底蘊」。然就其所舉卻未見父子相傳之類的相關記載,也無家學、家業等用詞,雖家族中常見好學經史的人,卻未必都是一脈相承的家學傳統。同樣,方碧玉,《東晉南北朝世族家庭教育研究》,第四章〈社會風氣與世族家學文化〉,頁145

八四〈儒林列傳・李業興傳〉：

> 李業興……祖虬、父玄紀，並以儒學舉孝廉，玄紀卒於金鄉令。業興少耿介，志學精力，負帙從師，不憚勤苦。耽思章句，好覽異說……後乃博涉百家，圖緯、風角、天文、占候無不詳練，尤長算歷。

李業興父、祖均以儒學入仕，到他已是第三代，可謂儒學家門，然而就史書所載觀之，他的經學教育卻非由父、祖所授，而是向外從師學成，則所學恐不能稱之為家學。而《北齊書》卷四四〈儒林列傳・孫靈暉傳〉所載：

> 孫靈暉，長樂武強人也。魏大儒祕書監惠蔚，靈暉之族曾王父也。靈暉少明敏，有器度。惠蔚一子早卒，其家書籍多在焉。靈暉年七歲，便好學，日誦數千言，唯尋討惠蔚手錄章疏，不求師友。三禮及三傳皆通宗旨，然就鮑季詳、熊安生質問疑滯，其所發明，熊、鮑無以異也。
>
> 子萬壽，聰識機警，博涉羣書，禮傳俱通大義，有辭藻，尤甚詩詠。

認為：南朝「王氏累代有文集，自此看來，文學為王氏家學無庸置疑」。史傳中雖屢見王氏家族成員在文學領域有很高的表現，但並未見到王氏有以文學教育子弟的相關記載，這當然可能是史傳有闕。然既無直接的相關線索可供作聯繫，則本文不將之視為嚴格的家學傳承，頂多可說王氏家族重視文學風尚。

以孫靈暉而言，藉由其家族先祖手錄之章疏以學，不求師友，自可謂傳習家學。至於其子萬壽，此處則未載明從誰而學，徒就此傳史文觀之，容易被視為是家學淵源。然參對《隋書》卷七六〈文學列傳・孫萬壽傳〉所記：

> 孫萬壽……祖寶，魏散騎常侍；父靈暉，齊國子博士。萬壽年十四，就阜城熊安生受五經，略通大義，兼博涉子史。善屬文，美談笑，博陵李德林見而奇之。

則可見其學傳自熊安生，非克紹父業也。李業興、孫萬壽，均是家門世代儒學，然而史書所載他們卻都不是從家庭中受學，則此是否能視為「家學」，恐猶待商榷。而《陳書》卷三三〈儒林列傳・顧越傳〉記載：顧越「所居新陂黃岡，世有鄉校，由是顧氏多儒學焉」，按照史文之意，顧氏之儒學乃於鄉校中接受，而非家中。[8] 因此，本書僅將能推求得其傳習脈絡相承者，列為論述對象，冀使「家學」一詞能更名符其實。

目前學者一般對漢魏六朝時期孩童的基礎教育研究，多集中在人格養成這一部份，然這個部分的論述恐落入過於籠統，或說過於單純的處境。一方面，因為史書所載絕大多數都是正面教導，人倫五常、忠孝節義、敬天愛人等不一而足。試想，有多少人會一開始便教導子孫不忠不義、便佞行事而語留史傳？當然，少數例外是可能存在的，《漢書》卷六六〈陳萬年傳附子

---

[8] 張承宗、魏向東，〈魏晉南北朝時期的家庭教育〉，頁77，就將此視為家學教育之內容。

咸傳〉記載陳萬年為御史大夫時：

> 嘗病，召咸教戒於牀下，語至夜半。咸睡，頭觸屏風。萬年大怒，欲杖之，曰：「乃公教戒汝，汝反睡，不聽吾言，何也？」咸叩頭謝曰：「具曉所言，大要教咸諂也。」萬年乃不復言。

縱然史有明載，但可以想像陳萬年教誡兒子時，用辭必然委婉，所以遭其子直接點破之後，便不復言；且此時其子也已年長成人，非復童幼。以中國傳統儒家文化的影響而言，不管是真心信奉，或為保持門面聲望，必然不敢有違此通識。另一方面，就算自幼教以這些行為規範，待年長後正式踏入官場、社會，這一部分能發揮多少作用，實不敢必。例如《三國志》卷二七〈王昶傳〉記載：

> 其為兄子及子作名字，皆依謙實，以見其意，故兄子默字處靜，沈字處道，其子渾字玄冲，深字道冲。遂書戒之曰：「夫人為子之道，莫大於寶身全行，以顯父母。此三者人知其善，而或危身破家，陷於滅亡之禍者，何也？由所祖習非其道也。夫孝敬仁義，百行之首，行之而立，身之本也……人若不篤於至行，而背本逐末，以陷浮華焉，以成朋黨焉；浮華則有虛偽之累，朋黨則有彼此之患。此二者之戒，昭然著明，而循覆車滋眾，逐末彌甚，皆由惑當時之譽，昧目前之利故也。夫富貴聲名，人情所樂，而君子或得

而不處,何也?惡不由其道耳。患人知進而不知退,知欲而不知足,故有困辱之累,悔吝之咎。語曰:『如不知足,則失所欲。』故知足之足常足矣。覽往事之成敗,察將來之吉凶,未有干名要利,欲而不厭,而能保世持家,永全福祿者也。欲使汝曹立身行己,遵儒者之教,履道家之言,故以玄默沖虛為名,欲使汝曹顧名思義,不敢違越也……夫人有善鮮不自伐,有能者寡不自矜;伐則掩人,矜則陵人。掩人者人亦掩之,陵人者人亦陵之……昔伏波將軍馬援戒其兄子,言:『聞人之惡,當如聞父母之名;耳可得而聞,口不可得而言也。』斯戒至矣。人或毀己,當退而求之於身。若己有可毀之行,則彼言當矣;若己無可毀之行,則彼言妄矣。當則無怨於彼,妄則無害於身,又何反報焉?且聞人毀己而忿者,惡醜聲之加人也,人報者滋甚,不如默而自脩己也……今汝先人世有冠冕,惟仁義為名,守慎為稱,孝悌於閨門,務學於師友……樂安任昭先,淳粹履道,內敏外恕,推遜恭讓,處不避洿,怯而義勇,在朝忘身。吾友之善之,願兒子遵之。若引而伸之,觸類而長之,汝其庶幾舉一隅耳。及其用財先九族,其施捨務周急,其出入存故老,其論議貴無貶,其進仕尚忠節,其取人務實道,其處世戒驕淫,其貧賤慎無戚,其進退念合宜,其行事加九思,如此而已。吾復何憂哉?」

王昶不僅在為子弟命名時便寄以深意,後又諄諄訓誡,並舉古

今人物做為案例,希望子孫能慎行無違,以保家門。然而,其子王渾,與王濬一同領兵攻吳,「王濬破石頭,降孫皓,威名益振。明日,渾始濟江,登建鄴宮,釃酒高會。自以先據江上,破皓中軍,案甲不進,致在王濬之後。意甚愧恨,有不平之色,頻奏濬罪狀,時人譏之」;其孫王濟,更是「外雖弘雅,而內多忌刻,好以言傷物,儕類以此少之。以其父之故,每排王濬,時議譏焉」。[9]父子二人顯然都不能恪遵其父、祖之教誨,而遭受時人議論譏笑。

再者,一旦論及人格養成,就勢須涉及周邊的人物、自幼生活的環境等細節部分,因為這些對於一個人的人格性行養成影響力很大。然而這一部份史書的記載可說是相當缺乏,甚至空白。而且人格養成的因素過多,養成過程又錯綜變化,絕大多數詭秘不可知。一個人成長後的個性行徑,是天生個性使然,或是後天人為因素的影響,千百年後的我們極難判定。如此一來,將導致詮釋的彈性空間又過大。因此,我們可以說,單從史書的記載來看,人格養成這一部分不易有多大區別,也難以明確探索其間因果關連。職是之故,這部分固然重要,可謂一個人的靈魂,但因先天上種種的困難,本書只好割捨而不涉及。僅將論述重心放在誦讀書籍,尤其是經書之上,探索漢魏六朝時期,孩童初受教育時所讀的是哪幾本書?為什麼選這些書作為初階基礎教育的教材。這也就是本書所以強調經書教育,為的是與人格養成教育作區分。

---

[9] 吳士鑑、劉承幹,《晉書斠注》(台北:藝文印書館,1955年;以下簡稱《晉書》),卷四二〈王渾傳〉,頁831、834。

目前學界有關兩漢六朝時期的童蒙家庭教育研究，因為多著重在人格品德、為人處世之行為風尚培養等方面，[10] 所以論述內容以「家訓」最為常見。至於具體的項目，則大多以識字習字的小學為主，有些會涉及到文學、談論或技藝等，但討論的多是行為表現層面，至於從何而學？如何學？或許是因為史書相關記載不多，所以甚少論及。其中也大都會論到「孝」，可是多以孝行、孝道為重心，有些學者雖然曾提到：「《孝經》為六朝世族子弟教育中最受重視的經典」之類的話，[11] 然也就此一句，對於《孝經》的學習情形，未有更進一步的論述探討，甚至史書中有關士人自幼研習《孝經》的諸多記載，也全然未加以引述以論證說明之。

本書這一部份則從根本處著手，先論當時家庭知識教育中，以《孝經》、《論語》為主要教材，尤其是《孝經》最為重要與普遍；而後分析何以看重、選擇《孝經》、《論語》為家庭基礎教育的教本，從當時的風氣、各階層實際利益的考量等進行探索。有了這些基本的認知，才能對於他們日後成年入世的種種重視孝行表現，有確切的理解；最後探討這一階段負責傳授之

---

[10] 金忠明主編，《中國教育史研究・秦漢魏晉南北朝分卷》，第五章〈漢代的私學、家教及教育思想的變遷〉，頁 203-206、第七章〈儒學轉型與教育思想的多元發展〉，頁 294-298。

[11] 見方碧玉，《東晉南北朝世族家庭教育研究》，第五章〈世族門風與形象〉，頁 226。又如王永平，《六朝家族》（南京：南京出版社，2008 年），後論〈六朝家族家風家學的基調與特質〉，頁 444，也曾提到：「為了教育世族子弟，當時尤重《孝經》」，然亦僅此二語，至於實際情形等相關論述則未曾探討。

人,史書中常見是由母親等女性執教的記載。[12]

前賢對於兩漢與六朝時期學風的相關探討,以當時人所表現的狀態為主要關懷重點,此屬「已然」的層面,至於「何以然」,或說「所以然」的部分,概較少著墨;至於兩漢到六朝學風的轉變,則多將原因歸諸兩漢時期大一統意識、以儒家思想為主的架構崩解,政治上動盪不安,導致士人處世態度上產生變化。途徑、探討面向雖有異,然所獲致的結果多由意識型態這一頂大帽子底下延伸而來,卻忽略了時代變遷的複雜性及士人生活的現實層面。有感於此,本書有關這一部份的主要討論目標,乃擬從另一個角度,以實際需求這一層面,即「所以然」的部分,來探索六朝時期博學風氣的形成原因。而此處所謂的博學,僅限於書籍閱讀等知識層面,至於其他各種技藝之學,於六朝時雖然也相當被看重,然因篇幅有限,故暫不論及。

---

[12] 學者們也常會論及當時由母親負責家庭教育的情形,然一樣多重在行為展現的身教層面,較少涉及實際知識學習的言教部分。如王永平,《六朝家族》,後論〈六朝家族家風家學的基調與特質〉,頁447說:「在家族內部教育中母親往往承擔著他人無法替代的責任,賢德與才學並重的女教最根本的目的在於培養世族的後代精英,並確保家族內部的和睦」。王氏後文所論也都集中在行為風尚、道德教化等層面,至於知識方面的傳授,則完全未及;金忠明主編,《中國教育史研究‧秦漢魏晉南北朝分卷》,第五章〈漢代的私學、家教及教育思想的變遷〉,頁202-203,論及女性負責家教時,也是以道德人格的教養為主要內容。至於方碧玉,《東晉南北朝世族家庭教育研究》,第二章〈世族重家教與佳子弟〉,頁26-33,亦論及家中婦女教育子女之事,其所論之教育內容包括身教、言教等方面;張承宗,《六朝婦女》(南京:南京出版社,2012年),第三章〈婦女與家庭生活〉,頁196-197,討論婦女教子,但也僅限於立身處世之道與品德教育等方面,至於書籍知識之傳授,盡付闕如。並請參看。

六朝時期，博學風氣盛行，故史書上常見以「博學」作為讚譽某人之辭。有關當時博學的學風，可分兩方面來看，其一是博學的內容；其二是造成這種博學學風的原因。關於前者，兩漢時期士子的學習內容，主要以經書為主，甚至是專經或專某經之某一家派。雖也有博學之士，但基本上不脫經書及經史相關著作的範圍；六朝時期，情況有所轉變，學子所讀書籍已不再限於經史相關的範疇，而是廣及各個領域，遠超乎兩漢時期士子所讀的書籍種類。換言之，六朝時期學子治學講求廣博，所學內容與兩漢時不盡相同。至於造成這種學風轉變，導致六朝時期博學風氣形成的原因匪一，本書預計從四個方面進行探索。首先是政治層面，以外交聘使作為探討重點；其次是社會文化方面，由與世家大族息息相關的地方志、譜牒之學進行論述；其三是學術思想領域，主要針對的是談玄、論議與博學答疑三者；最後，著作上，探索文學創作與史書撰寫。這些部分基本上已包含了當時士人生活的各個主要層面，藉此以期能得出六朝時期博學風氣盛行的原因。

會選擇此途徑，是基因於：當時士人不論於何種領域中的表現，或思想、或文學、或社會文化，莫不根植所學，即所讀的書籍。而會選擇讀哪些書籍，或說有哪些書籍可讀，又跟當時的現實生活環境、社會風氣息息相關。唯有探本清源後，對於他們日後在各個領域中的種種表現之研討，方不至落於形式層面、無實際根據之窘境。而前輩學者的相關論著，雖也有根基於實際情況，然於「博學」此一現象，則未見專題而深入的論述。故不揣淺漏，冀於前賢先見之餘，略有補綴。

需特別說明的是，本書題目所論為「六朝」時期，但因論述時會處理到溯源、流變等問題，因此行文中不免會涉及兩漢時期的景況，作為比較，以便能對論述主題有更清晰的認知。

第二章　漢魏六朝經學[1]家族化
——家學之形成與演變

　　兩漢時期，若欲學習經書，可有許多不同的途徑供選擇，首選乃官方系統的中央太學，因為它是當時學術最高機構與象徵，而且太學生享有許多優惠，又是進入仕途的絕佳管道，所以最能吸引學子來此就學。然太學畢竟有名額限制，而兩漢官宦之家子孫有蔭任制度，故官家子弟未必要去擠太學窄門，而是尋求其他就學途徑。一般而言，自以家中長輩最為方便，遂開啟了經學家族化的先風。魏晉已降，一方面因政爭戰亂頻仍，導致大部分時間裡中央官學頹壞未立；[2]另一方面則因九品中正的實施，世家子弟任官有了更明確的保障，無須透過官學系統以謀出身。因此，六朝時期經書教育已不再寄託於官學之中，而是轉移到家族內部，由父兄長輩以授子弟，經學家族化於焉形成。

---

[1] 此處經學的範圍包括《論語》、《孝經》。
[2] 相關論述，請參郭永吉，《自漢至隋皇帝與皇太子經學教育禮制蠡測》（新竹：國立清華大學中國文學系博士論文，2005年），第七章〈教育地點〉，頁155-180。

第一節　兩漢──家學形成的階段

一、利祿誘使──習經風氣盛行

根據《漢書》卷八八〈儒林列傳〉說：

> 於是諸儒始得修其經學……孝惠、高后時，公卿皆武力功臣；孝文時頗登用，然孝文本好刑名之言；及至孝景不任儒，竇太后又好黃老術，故諸博士具官待問，未有進者。

只要仔細考察一下，便可知班固之語並非虛妄。漢初的儒生，大致上可以分成兩類，一是政治層面的儒生，他們活用所學，配合當代情勢，希望能在政治上有一番作為；[3] 另一類則是一般熟悉的學者，他們著重在學術方面的鑽研與傳授，期使遭秦朝嚴重摧殘的儒家典籍和其中的學術思想得以延續下去。但不論是那一類儒生，在漢初政壇上都無足輕重。以政治儒者來說，他們在實際的政治場合上的確或多或少有建立一些功績，但除叔孫通備位九卿、太子太傅外，餘像酈食其未死前，雖號「廣野君」，但未見有何職稱，僅為一「說客」；[4] 陸賈終身位不過秩

---

[3] 這一類的儒生，在此時並非以儒家學說或理念從仕，純粹是個人才智機變所為。相關論述，請參郭永吉，〈西漢朝廷樂舞之雅與俗──兼論儒家學說與西漢政權的關係〉，王次澄、郭永吉主編，《雅俗相成──傳統文化質性的變易》（中壢：國立中央大學出版中心，2010年），頁59-60。

[4] 王先謙，《漢書補注》（台北：藝文印書館，1955年；以下簡稱《漢書》），卷四三〈酈食其傳〉，頁1025。

比千石的太中大夫,乃一散職;[5] 隨何因建奇功而為護軍中尉,[6] 劉邦即位後,卻未再見於記載;劉敬以識破匈奴計,封為關內侯,然史書只言為郎中,不見其他官職的記載;[7] 賈誼則以秩二千石的諸侯王太傅終;[8] 賈山「嘗給事潁陰侯為騎」,[9] 之後不知是否曾再任官。而學術儒者在政治場合中的遭遇也沒有好到那裡,像傳《尚書》的伏生「教授於齊、魯之間」,[10] 在當時未任官職;傳《魯詩》的申公曾任四百石的博士與諸侯國中大夫,[11] 秩位都不

---

[5] 陸賈曾二至太中大夫,見《漢書》,卷四三〈陸賈傳〉,頁 1028、1029。以陸賈的功績而言,這樣的官位似乎過低,其中可能另有其他因素,請參王興國,《賈誼評傳》(南京:南京大學出版社,1992 年),副篇〈陸賈晁錯評傳〉,頁 361-363。

[6] 見《漢書》,卷三四〈英布傳〉,頁 950。護軍中尉的秩位史書不載,參照卷四十〈陳平傳〉,頁 1002:「拜平為都尉,使參乘典護軍。諸將盡讙,曰:『大王一日得楚之亡卒,未知高下,而即與共載,使監護長者。』」則護軍的職權應頗為重要,後來陳平又遷升為護軍中尉。如此看來,護軍中尉一職在漢初戰事頻繁之際,權力應該不低。由以上的史料我們可作一推論:護軍恐當時中尉的一特殊職掌,從「參乘」這事可推想,它應就是後來更名執金吾的中尉,秩中二千石。換句話說,並無護軍中尉這一專官,它與征蠻將軍、直指刺使的稱謂方式應屬同類。

[7] 《漢書》,卷四三〈劉敬傳〉,頁 1029-1031。

[8] 《漢書》,卷四八〈賈誼傳〉,頁 1081。

[9] 《漢書》,卷五一〈賈山傳〉,頁 1103。

[10] 《漢書》,卷八八〈儒林列傳・伏生傳〉,頁 1548。

[11] 《漢書》,卷三六〈楚元王傳〉,頁 962。西漢初諸侯王中大夫的秩位不詳,卷十九上〈百官公卿表上〉,頁 301:「大夫掌論議,有太中大夫、中大夫、諫大夫,皆無員……武帝元狩五年,初置諫大夫,秩比八百石。太初元年,更名中大夫為光祿大夫,秩比二千石,太中大夫秩比千石,如故。」由這一段記載,我們可整理出:(一) 論大夫的次序既為太中大夫、中大夫、諫大夫,參照同卷,頁 302,記敘有關郎的部份:「有議郎、中郎、侍郎、郎中,皆無員……議郎、中郎秩比六百石,侍郎比四百石,郎中比三百石」,則中大夫最初的秩位當介於秩比

高；傳《韓詩》的韓嬰和傳《齊詩》的轅固生皆官至二千石的諸侯王太傅，[12] 秩祿已不低，但太傅無實際職權，而且又是諸侯王國的屬官，因此地位無法與同為二千石的九卿、郡國守相等相提並論；傳《易》的田何不詳何官；[13] 傳《公羊春秋》的有胡母生和董仲舒，兩人在當時都只為四百石的博士。[14] 可見：在漢初政壇上，儒生及其所習之經學並未受到當政者的青睞，除極少數例外者，如叔孫通，大都無法運用所學以求仕進。[15] 甚至連學術人格也會遭受當權者的踐踏，自劉邦不僅以「豎儒」、「腐儒」

千石的太中大夫與秩八百石的諫大夫之間：（二）中大夫於太初元年更名為光祿大夫後，秩比二千石，同時說太中大夫秩比千石時，強調「如故」，則中大夫在未改名光祿大夫前，秩位當不及比二千石，且低於太中大夫的比千石。由此可知：中大夫在漢初的秩位當介於比千石至八百石之間，秩位並不高。況且申公當時乃任地方諸侯王的中大夫，地位當更低。

12 據《漢書》，卷八八〈儒林列傳〉，頁 1552，韓嬰為常山王太傅、轅固生為清河王太傅。諸侯王太傅的祿秩，《漢書・百官公卿表》不載，見於《漢書》，卷十一〈哀帝本紀〉，頁 137，記載哀帝對成帝問時說：「諸侯王朝，得從其國二千石，傅、相、中尉皆國二千石，故盡從之。」至於諸侯王太傅的政治地位不高，可參卷四八〈賈誼傳〉，頁 1064，記載賈誼由太中大夫遷為長沙王太傅，史書稱：「誼既以適去」。王先謙《補注》引周壽昌說：「太中大夫秩比千石，諸侯王太傅秩尚在內史、中尉之上，以秩而較，初非左官，其曰：『適去』者，以其去天子之側而官王國也。」

13 《漢書》，卷八八〈儒林列傳・田何傳〉，頁 1545-1546。

14 《漢書》，卷八八〈儒林列傳・胡母生傳〉，頁 1553、卷五六〈董仲舒傳〉，頁 1163。

15 叔孫通雖得以應用所學而見任，但其作為卻大違儒家精神，詳參郭永吉，〈西漢朝廷樂舞之雅與俗——兼論儒家學說與西漢政權的關係〉，頁 45-47。

來罵儒生,[16] 更有甚者,《漢書》卷四三〈酈食其傳〉說:

> 沛公不喜儒,諸客冠儒冠來者,沛公輒解其冠溺其中。

這或許猶可以兵馬倥傯之際的非理性表現為之曲解。但像《漢書》卷八八〈儒林列傳・轅固生傳〉所記載:

> 竇太后好老子書,召問(轅)固,固曰:「此家人言耳」。太后怒曰:「安得司空城旦書乎?」迺使固入圈擊彘。[17]

因忤逆在位者的意旨就受那等侮辱,便難以詭飾了。凡此種種,均可見當時儒生是如何地不被當權者尊重,遑論會有什麼政治地位。[18] 相反的,主張無為的黃老思想則備受重視與禮遇,上至

---

[16] 《漢書》,卷一上〈高祖本紀上〉,頁44:「漢王輟飯吐哺曰:『豎儒!幾敗乃公事』」;卷四三〈酈食其傳〉,頁1025:「沛公罵曰:『豎儒』」;卷三四〈英布傳〉,頁949:「項籍死,上置酒對眾折隨何曰:『腐儒!為天下安用腐儒哉?』」

[17] 有關這條記載的解釋,請參勞榦,〈論「家人言」與「司空城旦書」〉,氏著《古代中國的歷史與文化》(台北:聯經出版事業股份有限公司,2006年),頁225-237。

[18] 儒生在漢初遭受執政當權的羞辱情形,還可見請見《漢書》,卷四十〈周勃傳〉,頁1007:「勃不好文學,每召諸生、說士,東鄉坐,責之:『趣為我語』,其椎少文如此」;卷四三〈叔孫通傳〉,頁1031記載:叔孫通「儒服」「降漢王」時,因「漢王憎之」,不得不「變其服,服短衣楚製」;卷三六〈楚元王傳〉,頁963則說楚王戊行為「稍淫暴」,申公、白生「二人諫,不聽,胥靡之,衣之赭衣,使杵臼雅舂於市」。

帝王家族,像《史記》卷二三〈禮書〉:「孝文好道家之學」;卷四九〈外戚世家〉:「竇太后好黃帝、老子言,(景)帝及太子、諸竇不得不讀《黃帝》、《老子》,尊其術」。連及公卿大臣的官宦場合,卷五四〈曹相國世家〉記載曹參任齊相時,禮遇「善治黃老言」的蓋公,甚至「避正堂,舍蓋公焉」;《漢書》卷五十〈張釋之傳〉也載:「王生者,善為黃老言處士,嘗召居廷中,公卿盡會立」。王先謙《補注》引王文彬的說法:「《史記》:『三公九卿盡會立』。案《後漢·蔡邕傳》注:『居,猶坐也』。時漢廷尊尚黃老,故大會時王生被召坐廷中,而公卿盡立也」;《史記》卷一百一〈袁盎晁錯列傳〉則說鄧公之子「以修黃老言,顯於諸公間」。甚且於民間都如此,卷八十〈樂毅列傳〉說:「樂臣公善修《黃帝》、《老子》之言,顯聞於齊,稱賢師」。其際遇豈是儒生所能比擬!整體而言,儒生在漢初的政治場合裡始終未能擠身權力中樞,可說是被冷落的一群,習經的風氣自然也就不盛。正如《抱朴子外篇》卷十五〈審舉〉所言:

兵興之世,武貴文寢,俗人視儒士如僕虜,見經誥如芥壤。

直到武帝即位,透過一連串的政治措施,如採董仲舒的意見,於官方學術思想系統上,「卓然罷黜百家,表彰六經」,獨「置五經博士」;又納公孫弘等人之奏,「興太學」,並「為博士官置弟子五十人,復其身」,弟子課試「通一藝以上,補文學掌故缺,其高第可以為郎中」。為防止「以文學禮義為官遷留滯,

請選擇其秩比二百石以上及吏百石通一藝以上補左右內史、大行卒史……文學掌故補郡屬備員」。「自此以來,公卿大夫士吏彬彬多文學之士矣!」[19] 使儒生們從漢初陰霾的一角逐漸走向政治舞臺的中心。[20] 因此,班固在《漢書》卷八八〈儒林列傳‧贊〉中才會說:

> 自武帝立五經博士,開弟子員,設科射策,勸以官祿,迄於元始,百有餘年,傳業者寖盛,支葉蕃滋,一經說至百餘萬言,大師眾至千餘人,蓋祿利之路然也。

加上武宣以後平民任官的主要途徑——察舉——也漸漸將經學列為主要的考量因素。[21] 學習五經既能增加進入仕途的機會,研讀經書的風氣遂得以逐漸廣泛推展,進而成為當時社會上一種普遍的風尚。《漢書》卷七三〈韋賢傳〉就記載:

> (賢)少子玄成復以明經歷位至丞相,故鄒、魯諺

---

[19] 以上引文分見《漢書》,卷六〈武帝本紀〉,頁85、頁103、卷八八〈儒林列傳‧序論〉,頁1544-1545。

[20] 請參郭永吉,〈西漢朝廷樂舞之雅與俗——兼論儒家學說與西漢政權之關係〉,頁44-45。

[21] 參勞榦,〈漢代察舉制度考〉,氏著《漢代政治論文集》(台北:藝文印書館,1976年),頁632-634;嚴耕望,〈秦漢郎吏制度考〉,氏著《嚴耕望史學論文選集》(北京:中華書局,2006年),頁283-284、318-319;呂思勉,《秦漢史》(香港:太平書局,1962年),第十八章〈秦漢政治制度‧選舉〉,頁646-663;閻步克,《察舉制度變遷史稿》(瀋陽:遼寧大學出版社,1997年),頁8-15。

曰：「遺子黃金滿籯，不如一經。」

《漢書》卷七五〈夏侯勝傳〉也說：

（勝）常謂諸生曰：「士病不明經術，經術苟明，其取青紫如俛拾地芥耳。學經不明，不如歸耕。」

韋氏父子與夏侯勝在政壇上的活動時代乃昭帝至成帝之間，可見漢武帝已來的相關措施確實發揮了效果，使得習經的人日漸增加，所謂「天下學士靡然鄉風矣！」[22]較之漢初，已然不可同日而語。

然而，當時的學習管道有限，求學已然不易，有近水樓台之便者自然較有機會受學；再加上習經既然是入仕的要途之一，為了把持與延續既有利益門面，遂漸漸出現父子相傳的情形。[23]如《漢書》卷八八〈儒林列傳〉所載：

---

[22] 《漢書》，卷八八〈儒林列傳〉，頁 1544。

[23] 這種現象應是自古即然，如《漢書》，卷五一〈賈山傳〉，頁 1103 記載：賈山「祖父祛，故魏王時博士弟子也，山受學祛，所言涉獵書記，不能為醇儒」。雖然陳立，《白虎通疏證》（北京：中華書局，1994 年），卷六〈辟雍〉，頁 257 說：「父所以不自教子何？為漢瀆也。又授之道，當極說陰陽夫婦變化之事，不可父子相教也。」王利器，《顏氏家訓集解》（增補本）（北京：中華書局，1996 年），卷一〈教子〉，頁 15，進一步解釋：「蓋君子之不親教其子也，《詩》有諷刺之辭，《禮》有嫌疑之誡，《書》有悖亂之事，《春秋》有衺僻之譏，《易》有備物之象。皆非父子之可通言，故不親授耳」。但漢魏六朝並未真正循此而行，父子傳授的情形時常可見。

梁丘賀……從太中大夫京房受《易》。房者，淄川楊何弟子也。房出為齊郡太守，賀更事田王孫……傳子臨……臨學精孰，專行京房法。

高相，沛人也。治《易》與費公同時，其學亦亡章句，專說陰陽災異。自言出於丁將軍，傳至相，相授子康及蘭陵毋將永。康以明《易》為郎。

伏生，濟南人也，故為秦博士……教濟南張生及歐陽生。張生為博士，而伏生孫以治《尚書》徵，弗能明定。

孔霸俱事大夏侯勝，霸為博士……以帝師賜爵號褒成君，傳子光。

韋賢治《詩》，事大江公及許生，又治《禮》，至丞相。傳子玄成……玄成及兄子賞以《詩》授哀帝……由是魯《詩》有韋氏學。

（后倉）授……沛慶普……普授魯夏侯敬，又傳族子咸。

尹更始為諫大夫、長樂戶將，又受《左氏傳》，取其變理合者以為章句，傳子咸及翟方進、琅邪房鳳。

瑕丘江公受《穀梁春秋》及《詩》於魯申公，傳子至孫為博士。

又如賈誼，「孝武初立，舉賈生之孫二人至郡守。賈嘉最好學，

世其家」。顏師古就解釋為:「言繼其家業」。[24] 以及《漢書》卷八一〈匡衡傳〉所載:

> 子咸亦明經,歷位九卿,家世多為博士者。

可見其家子孫多習經書而得為博士,以此為階,對日後仕途發展相當有利。[25] 而這種「家業」「家世」相傳的情形已近乎家族壟斷,就如《漢書》卷八八〈儒林列傳‧韓嬰傳〉又曾載:

> 韓嬰,燕人也……亦以《易》授人,推《易》意而為之傳。燕、趙間好《詩》,故其《易》微,唯韓氏自傳之……涿郡韓生其後也,以《易》徵,待詔殿中,曰:「所受《易》即先太傅所傳也。嘗受韓《詩》,不如韓氏《易》深,太傅故專傳之。」

言「故」,可知有意將之成為自家之學,即所謂「專傳之」。而後便形成將經學講授在家族中世代相傳的風尚,且越來越普遍。《漢書》卷八八〈儒林列傳〉所載:

> 夏侯勝,其先夏侯都尉,從濟南張生受《尚書》,以傳族子始昌。始昌傳(族子)勝……勝傳從兄子建。

---

[24] 《漢書》,卷四八〈賈誼傳〉,頁 1081。

[25] 有關西漢時期博士在仕途上的可能發展,請參郭永吉,〈先秦至西漢博士論考——兼論博士與儒的關係〉,《清華中文學報》第二期(2008 年 12 月),頁 101-112。

> 歐陽生字和伯，千乘人也。事伏生，授倪寬。寬又受業孔安國……寬授歐陽生子，世世相傳，至曾孫高子陽，為博士。

這種某人的學說常常變成在他的家族後人中延續下去景況，也就是史書上常見稱的「家世傳業」，[26] 如：

> （五鹿）充宗授平陵士孫張仲方……張為博士，至楊州牧、光祿大夫，給事中，家世傳業。

> 林尊……授平陵平當、梁陳翁生……翁生信都太傅，家世傳業。

> （匡）衡授琅邪師丹、伏理斿君……理高密太傅，家世傳業。

> 大戴授琅邪徐良斿卿，為博士、州牧、郡守，家世傳業。

> 小戴授梁人橋仁……仁為大鴻臚，家世傳業。

> （嚴彭祖）授琅邪王中，中為元帝少府，家世傳業。[27]

26　會造成這種情形，除了利祿外，尚有學術本身發展的因素，即章句之學的興起，請參郭永吉，〈先秦至西漢博士論考——兼論博士與儒的關係〉，頁 95-98。

27　以上引文分見《漢書》，卷八八〈儒林列傳〉，頁 1547、1548、1552、1553、1553、1553。

這與前文所引史書中記載某一經有「某氏學」的景況可謂遙相呼應，也是一種勢所必然的發展。[28]

東漢時期官吏最主要的來源是每年固定由地方貢舉的孝廉，[29]前輩學者們的研究指出：當時孝廉的出身背景，主要不脫經濟、政治、學術三方面，[30]其中學術尤其是必備之條件。[31]根據《後漢書》卷四〈和帝紀〉永元五年和帝詔曰：

> 選舉良才，為政之本……先帝明敕在所令試之以職，乃得充選。

所謂「先帝明敕」，章懷《注》引《漢官儀》，認為係指肅宗章帝「建初八年十二月己未詔書」，但《後漢書》卷二四〈百官志一・太尉〉條下劉昭《注補》引同一文獻，則置諸世祖光武帝名下：

---

[28] 某氏學未必指某家之家學，而是某人創立之家派，故與此之論述不完全相同。但在兩漢經學章句大量膨脹、家派林立且競爭激烈的情況下，某家之學到後來發展為某一家之家學乃常見之事。

[29] 請參勞榦，〈漢代察舉制度考〉，頁664-666、嚴耕望，〈秦漢郎吏制度考〉，頁314-315、楊聯陞，〈東漢的豪族〉，氏著《東漢的豪族》（北京：商務印書館，2011年），頁26-27、邢義田，〈東漢孝廉的身份背景〉，氏著《秦漢史論稿》（台北：東大圖書公司，1987年），頁145-149。

[30] 邢義田，〈東漢孝廉的身份背景〉，頁157-175。又可見勞榦，〈漢代察舉制度考〉，頁659-664。這三者的組合也就是爾後成為世家大族的三大要素，說詳下文。

[31] 唐長孺，〈東漢末期的大姓名士〉，氏著《魏晉南北朝史論拾遺》（北京：中華書局，2012年），頁27。

> 方今選舉,賢佞朱紫錯用,丞相故事,四科取士:……二曰學通行修,經中博士……自今以後,審四科辟召,及刺史、二千石察茂才尤異、孝廉之吏,務盡實覈。[32]

無論詔出於誰,既云「自今以後」,則西京舊例未嘗如是。加上有些地方官的推廣,如《後漢書》卷三六〈張霸傳〉記載:

> 張霸……永元中,為會稽太守,表用郡人處士顧奉、公孫松等,奉後為穎川太守、松為司隸校尉,並有名稱。其餘有業行者,皆見擢用。郡中爭厲志節,習經者以千數,道路但聞誦聲。

《論衡》卷十二〈程材篇〉也載:

> 東海相宗叔犀(庠)廣召幽隱,春秋會饗,設置三科,以第補吏,一府員吏,儒生什九;陳留太守陳子瑀,開廣儒路,列曹掾史,皆能教授。簿書之吏,什置一二。兩將知道事之理,曉多少之量,故世稱褒其名,書記累其行也。[33]

---

[32] 有關這條史料的解釋,請參閱步克,《察舉制度變遷史稿》,頁 16-19。

[33] 王先謙,《後漢書集解》(台北:藝文印書館,1955 年;以下簡稱《後漢書》),卷四一〈宋均傳〉,頁 505 也載:「字叔庠……補辰陽長,其俗少學者,而信巫鬼。均為立學校,禁絕淫祀,人皆安之」。「宋均」即「宗均」,「犀」則當為「庠」,皆因字形相近而誤,說詳王先謙《集解》。

經學既是當時入仕最主要的途徑,有家世背景的自然也都希望自家兒孫能接受經學教育,[34]以延續家族地位與聲望。同時,透過經學,更是貧寒之士得以翻身的絕佳良機。凡此,都促使習經風氣以及經學世代相傳的情形益為興盛。[35]

因此,我們可以看到當時經學父子相傳的情形不絕於書,雖然有些是從西漢一脈相傳而來,但整體而言「傳父業」之類的記載較西漢時期更為常見。如:鄧弘,「少治歐陽《尚書》,授帝禁中」,子甫德「學傳父業」;耿弇,父況「以明經為郎」,「弇少好學,習父業」;鮑永,「少有志操,習歐陽《尚書》」,子昱,「少傳父業」;郎顗,父宗「學京氏《易》,善風角、星算、六日七分」,「顗少傳父業,兼明經典」;曹襃,「父充,持慶氏《禮》」,襃「結髮傳充業」;陳元,「父欽,習《左氏春秋》」,「別自名家」,「元少傳父業,為之訓詁」;賈逵,「父徽,從劉歆受《左氏春秋》,兼習《國語》、《周官》。又受《古文尚書》於塗惲,學《毛詩》於謝曼卿」,「逵悉傳父業」;宋意,「父京以大夏侯《尚書》教授」,「意少傳父業」;張酺,「少從

---

[34] 余英時,〈東漢政權之建立與士族大姓之關係〉,氏著《中國知識階層史論(古代篇)》(台北:聯經出版社,1993年),頁115。

[35] 學者早已指出,西漢時期,武帝以前儒家固然未盛,就算武帝開始對儒家經學大力提倡,但整體而言,儒家政治理念及學術精神並未獲得漢廷真正的採用。直到東漢,儒家與漢廷之間才有較緊密的結合。詳參黃汝成,《日知錄集釋》(上海:上海古籍出版社,2006年),卷十三〈周末風俗條〉,頁750、〈兩漢風俗條〉,頁752-754;朱曉海先生,〈〈兩都〉、〈二京〉義疏補〉,氏著《漢賦史略新證》(西安:陝西人民出版社,2004年),頁327-331、334-338。另可參郭永吉,〈西漢朝廷樂舞之雅與俗——兼論儒家學說與西漢政權的關係〉,頁42-63。

祖父充受《尚書》，能傳其業」；劉昆，「受施氏《易》於沛人戴賓」，子軼「傳昆業」；張興，「習梁丘《易》以教授」，「子魴傳興業」；曹曾，「從（歐陽）歙受《尚書》」，子祉「傳父業，教授」；李郃，「父頡，以儒學稱，官至博士，郃襲父業」；劉丕，「師受經傳，博學群書，號為通儒」，子寵「受父業」。[36]

以上這些例子，就其家世背景而言，大多是高官、大族或世代儒學，如鄧弘、耿弇、鮑永、曹褒、賈逵、宋意、張酺、劉昆、曹曾、李郃、劉寵。僅有少數是祖上未見記載，如郎顗、陳元、張興。是則，我們可以據此推測：東漢時經學父子相傳

---

[36] 分見《後漢書》，卷十六〈鄧禹傳附孫弘傳〉，頁232-233；卷十九〈耿弇傳〉，頁264；卷二九〈鮑永傳〉，頁370-371；卷三十〈郎顗傳〉，頁382；卷三五〈曹褒傳〉，頁431；卷三六〈陳元傳〉，頁443；同卷〈賈逵傳〉，頁444；卷四一〈宋均傳附族子宋意傳〉，頁506；卷四五〈張酺傳〉，頁547；卷七九〈儒林列傳・劉昆傳〉，頁909-910；同卷〈儒林列傳・張興傳〉，頁910；同卷〈儒林列傳・歐陽歙傳附曹曾傳〉，頁911-912；卷八二〈方術列傳・李郃傳〉，頁969；盧弼，《三國志集解》（台北：藝文印書館，1955年；以下簡稱《三國志》），卷四九〈劉繇傳〉，頁985，裴《注》引《續漢書》。至於像《後漢書》，卷三一〈孔奮傳〉，頁396記載：孔奮「少從劉歆受《春秋左氏傳》」，弟奇、子嘉均通《左氏傳》，奇作《春秋左氏刪》、嘉則作《左氏說》；卷三六〈張霸傳〉，頁447所說：張霸從「樊儵受嚴氏《公羊春秋》」，「以樊儵刪嚴氏《春秋》，猶多繁辭，迺減定為二十萬言，更名張氏學」，其子楷「通嚴氏《春秋》」；以及卷七九〈儒林列傳・包咸傳〉，頁917：包咸「習魯《詩》、《論語》」，光武帝時「入授皇太子《論語》，又為其章句」。其子包福「亦以《論語》入授和帝」。雖都未明言父子兄弟相傳，但由所習為同一經之同一家，故或也可認為是在家中相傳授受。而卷七九〈儒林列傳・牟長傳〉，頁912記載：牟長「少習歐陽《尚書》」，「諸生講學者常有千餘人，著錄前後萬人。著《尚書章句》，皆本之歐陽氏，俗號為牟氏章句」。子紆，又以「隱居教授，門生千人」，由上下文意觀之，或也是父子相傳。

的情形,以官宦、儒學之家較為普遍,這也符合一般常理。

在承襲父業的基礎上,往下發展成累代相傳的情形也就勢所必然,爾後在經書授習上遂常見有「世傳」之「家學」、「家業」的出現。如:鄭興,「好古學,尤明《左氏》、《周官》」,子眾「年十二,從父受《左氏春秋》」,眾子「安世,亦傳家業」;徐防,「祖父宣為講學大夫,以《易》教授王莽。父憲亦傳宣業,防少習父、祖學」;洼丹,則是自西漢以來即「世傳孟氏《易》」;高詡,「曾祖父嘉,以魯《詩》授元帝」,「父容,少傳嘉學」,詡「世傳魯《詩》」;薛漢,「世習韓《詩》,父子以章句著名,漢少傳父業」;甄宇,「習嚴氏《春秋》」,「傳業子普,普傳子承,承尤篤學」,「諸儒以承三世傳業,莫不歸服之」,後代「子孫傳學不絕」;夏恭,「習韓《詩》、孟氏《易》」,「子牙,少習家業」;士孫瑞,「世為學門,瑞少傳家業」。[37]而《三國志》卷五七《虞翻傳》裴《注》引《翻別傳》載:

> 翻初立《易》注,奏上曰:「……臣高祖父故零陵太守光,少治孟氏《易》;曾祖父故平輿令成,纘述其業;至臣祖父鳳,為之最密;臣先考故日南太守歆,受本於鳳,最有舊書,世傳其業,至臣五世。」

---

[37] 分見《後漢書》,卷三六〈鄭興傳〉,頁440-441;卷四四〈徐防傳〉,頁536;卷七九〈儒林列傳・洼丹傳〉,頁910;同卷〈儒林列傳・高詡傳〉,頁917;同卷〈儒林列傳・薛漢傳〉,頁918;同卷〈儒林列傳・甄宇傳〉,頁921;卷八十〈文苑列傳・夏恭傳〉,頁931;《三國志》,卷六〈董卓傳附李傕郭汜傳〉,裴《注》引《獻帝紀》,頁221。

也是五世相傳,綿延不絕。

由上述可見,這種父子相傳,或是以經學作為家學傳承的情形,較西京並不遜色。而且我們也可以看到許多更是從西漢便開始流衍,像歐陽歙,「自歐陽生傳伏生《尚書》,至歙八世,皆為博士」,累世相傳,當歐陽歙因罪被繫獄,其弟子禮震上書求代歙死時,所持理由即為:

> 歙門單子幼,未能傳學,身死之後,永為廢絕,上令陛下獲殺賢之譏,下使學者喪師資之益,乞殺臣身以代歙命。[38]

將某一家族作為某一門學問傳承的重要因素。而《後漢書》卷二六〈伏湛傳〉又載:

> (湛)父理,為當世名儒,以《詩》授成帝,為高密太傅,別自名學。湛性孝友,少傳父業,教授數百人。成帝時,以父任為博士弟子……翕嗣爵,卒,子光嗣。光卒,子晨嗣。晨謙敬博愛,好學尤篤……卒,子無忌嗣,亦傳家學,博物多識……自伏生以後,世傳經學。

伏理九世祖伏生乃兩漢《尚書》學傳授之開宗始祖,爾後相傳不絕,「累世儒學」。至西漢元、成之世時的伏理,從匡衡受

---

[38] 《後漢書》,卷七九〈儒林列傳・歐陽歙傳〉,頁 911。

《詩》，子孫遂以齊《詩》歷代相傳而成「家學」。除伏湛一房外，湛弟伏黯也「以明齊《詩》，改定章句，作解說九篇」，子恭「少傳黯學」。[39]《後漢書》卷六七〈黨錮列傳‧孔昱傳〉也載：

> 七世祖霸，成帝時歷九卿，封襃成侯，自霸至昱，爵位相係。其卿相牧守五十三人，列侯七人，昱少習家學。

《後漢書》卷七九〈儒林列傳‧孔僖傳〉則說：孔僖，「魯國魯人也，自安國以下，世傳古文《尚書》、毛《詩》」，二子長彥、季彥，「長彥好章句學，季彥守其家業」。可見也是從西漢武帝以來便世傳儒業為家學。凡此，均可見因為政治利祿的誘使，助益了習經風氣的盛行；而累世習經也的確能於政治利祿上多所助益，兩相輔翼，遂形成了經學世代家業相傳的局面。

二、世家大族形成的要素 —— 經學家族化

兩漢時某些家族以經學作為累世相傳的家學，一方面固然是父子間或家族內本就有近水樓台之便，欲習經，父、祖、宗親自然是最直接的途徑。[40] 但另一方面，恐怕與世家大族的社會

---

[39] 《後漢書》）, 卷七九〈儒林列傳‧伏恭傳〉, 頁917。

[40] 王樹民, 《廿二史劄記校證》（訂補本）（北京：中華書局, 2007年）, 卷五〈後漢書‧累世經學〉, 頁100也說：「古人習一業, 則累世相傳, 數十百年不墜。蓋良冶之子必學為裘, 良弓之子必學為箕, 所謂世業也。工藝且然, 況于學士大夫之術業乎！」趙氏此說乃襲自魏收,

型態於東漢時期逐漸形成有密切的關連。能否成為世家大族，一個相當重要而且關鍵的指標即是學術方面的壟斷。[41] 田餘慶即指出：

> 西漢豪強大族的一部份，經濟勢力日益鞏固，又得為儒學世家，由通經入仕，而使自己政治地位上升，遂成為東漢的世家大族。

因此，「士族的形成，文化特徵本是必要的條件之一」，[42] 如上文

《魏書》（北京：中華書局，2003年），卷六二〈李彪傳〉，頁1396，李彪上表世宗稱：「諺曰：『相門有相，將門有將』，斯不唯其性，蓋言習之所得也……若夫良冶之子善知為裘，良弓之子善知為箕」。

[41] 詳參陳寅恪，〈崔浩與寇謙之〉，氏著《金明館叢稿初編》（北京：三聯書店，2001年），頁142、147-148。前輩學者已經指出：士族之出現，自西漢末葉已然，東漢政權之建立，即得力於士族之結合效命。然士大夫之群體自覺與個體自覺日臻成熟，以及士族逐漸出現地域化的情形，則自東漢中葉始漸盛。相關論述，詳參余英時，〈東漢政權之建立與士族大姓之關係〉，頁109-184、〈漢晉之際士之新自覺與新思潮〉，《中國知識階層史論》，頁206、211、220-222、295；楊聯陞，〈東漢的豪族〉，頁10、32亦略論及。

[42] 見田餘慶，《東晉門閥政治》（北京：北京大學出版社，1996年），〈後論〉，頁330、339，然因這一部份不屬其文研究範圍，故未及深論。相關論述又可見崔向東，《漢代豪族地域性研究》（北京：中華書局，2012年），第四章〈不同地域豪族的儒化與士（世）族化〉，頁176-201。另外，蘇紹興，〈淺論兩晉南朝士族之政治地位與其經濟力量之關係〉，氏著《兩晉南朝的士族》（台北：聯經出版事業公司，1993年），頁49-54，也認為形成世族的因素有三：政治勢力、累世經學、經濟力量，但對於三者之間的關連性則未進一步探索。又，鐘坤傑，〈漢晉南朝之豪強地主世家大族與門閥制度〉，《曲靖師範學院學報》2001年第4期（總第93期），頁64-68，論世家大族的形成乃地方豪紳藉由經濟力量與政治勢力的結合，然未論及學術部分，為其缺失。

所舉伏氏、孔氏、歐陽氏等，均是自西漢便傳學不絕，且顯宦於二京。這也將導致經學家世相傳的情形到東漢更為嚴重，其中最典型而著名的，莫過於桓、楊、袁、陳四家，以下分述之。

桓家由東漢初年桓榮開始發跡，桓榮並非官宦世家子弟，甚至不是地方豪紳，可能是「農家子」出身，史書載其年少時「貧窶無資」，但因好學，故「常客傭以自給，精力不倦」，後來以其學問精深獲得光武帝青睞，受詔入授皇太子，遂得拜太子少傅，並「賜以輜車、乘馬」。桓榮因此「大會諸生，陳其車馬、印綬」而訓示：

> 今日所蒙，稽古之力也，可不勉哉！

爾後官位益隆，至太常，甚至獲賜關內侯之爵，從此桓家便憑藉著經學而愈發興盛。榮子郁，「傳父業，以《尚書》教授」，曾入授章帝（時為太子）、和帝，歷官亦至太常；郁「中子焉，能世傳其家學」，也被詔入授安帝、順帝，在安帝、順帝二朝歷任太子少傅、太子太傅、太常、帝太傅、太尉；焉孫典「復傳其家業，以《尚書》教授」，官至光祿勳，賜爵關內侯。可見其家以經學為業而累世相傳，並以此使子孫祿位不絕，就如范曄所說：

> 伏氏自東西京相襲為名儒，以取爵位。中興而桓氏尤盛，自榮至典，世宗其道。父子兄弟，代作帝師，受其業者，皆至卿相，顯乎當世。

明白顯示：桓家發展到東漢中晚期時，「世為冠族」，[43] 已儼然成為當時最具代表性的高門之一，且其「門徒多至公卿」。相較於早先：

> 榮初遭倉卒，與族人桓元卿同飢戹，而榮講誦不息。元卿嗤榮曰：「但自苦氣力，何時復施用乎？」榮笑不應。及為太常，元卿歎曰：「我農家子，豈意學之為利迺若是哉！」[44]

已不可同日而語。而且，從此也足見其家族由經學起家而興旺的情況，可說是前舉夏侯勝之訓、韋賢家鄉之諺語的最佳例證。

弘農楊氏乃漢魏之際以來的第一等高門世家，顯赫於世的乃始自楊震，雖然史書記載其家世可能上推到漢初的從龍功臣赤泉侯楊喜，[45] 且楊震高祖敞為西漢昭帝時的丞相，封安平侯，則楊氏於西漢一朝家世已然不低。然楊敞並非諸生出身，且傳位至孫時，免為庶人，其後無有聞名者。楊家習經，直到楊震「父寶，習歐陽《尚書》」，方始知名於世，載於史書，楊寶則未見有仕宦經歷。楊「震少好學，受歐陽《尚書》於太常桓郁，明經博覽，無不窮究」，安帝時官至司徒、太尉。楊震「中子

---

[43] 《三國志》，卷九〈曹真傳附子爽傳〉，頁 308 稱「大司農沛國桓範」，頁 310 裴《注》引《魏略》則說：「桓範字元則，世為冠族」。可見桓範應為桓榮之後世子孫。

[44] 以上引文請見《後漢書》，卷三七〈桓榮傳〉，頁 451-455。

[45] 楊喜是否為楊震之遠祖，清朝知名學者已有所爭論，何焯、洪亮吉持懷疑態度，惠棟則持肯定立場。詳參《後漢書》，卷五四〈楊震傳〉，頁 628，王先謙《集解》所引。

秉」「少傳父業」,「博通書傳」,「桓帝即位,以明《尚書》,徵入勸講」,[46]官至太尉。秉子賜、賜子彪並「少傳家學」,楊賜於靈帝時也以「通《尚書》桓君章句,宿有重名」而入「侍講於華光殿」,後歷官司空、司徒、太尉,受封臨晉侯。楊彪亦於獻帝時累居司空、司徒、太尉等三公之位;震「少子奉,奉子敷,篤志博聞,議者以為能世其家。敷早卒,子眾,亦傳先業」。故史稱:

> 自震至彪,四世太尉,德業相繼……為東京名族云。[47]

可見:楊家自楊震開始,結合學術、政治兩方面的資源,相互輔成,使其家族聲勢一路上揚。

袁安「祖父良,習孟氏《易》」,兩漢之交官僅至縣令,其先則史傳未載。「安少傳良學」,以諸生「為官」,章帝時升任司空、司徒。「安子京、敞」並習孟氏《易》,京官侍中、郡太守;敞則位至司空。京子彭「少傳父業」,與敞子盱並官至光祿勳;彭弟湯亦「少傳家學,諸儒稱其節」,桓帝時為司空、司徒、太

---

[46]「勸講」,根據《後漢書》,卷五四〈楊震傳附子秉傳〉,頁632載楊秉上書自稱:「又以薄學,充在講勸」,而後「出為右扶風。太尉黃瓊惜其去朝廷,上秉勸講惟幄,不宜外遷,留拜光祿大夫」。後來因徵不至,有司劾罪,周景、邊讓共議奏時則稱:「秉儒學侍講,常在謙虛」。可見:「勸講」、「講勸」與「侍講」名異實同,所以章懷《注》才會說:「勸講猶侍講也」。而所謂侍講,乃朝臣以兼職身份入授帝王經書,相關情形,請參郭永吉,《自漢至隋皇帝與皇太子經學教育禮制蠡測》,第三章〈執教者與伴學者〉,頁34-39。

[47] 以上引文請見《後漢書》,卷五四〈楊震傳〉,頁628-638。

尉。湯子逢、隗也都歷官至三公。[48]

至於潁川陳寔,「出於單微」,「少作縣吏,嘗給事廝役」。然「有志好學」,蒙縣令賞識而「聽受業太學」,雖僅官至太丘長,但社會聲望甚高,「太尉楊賜、司徒陳耽,每拜公卿,群僚畢賀,賜等常歎寔大位未登,愧於先之」,死後「諡為文範先生」。子紀歷任九卿,孫陳群為曹魏司空,遂為魏晉高門。[49]

從以上諸例可以歸納以下幾點:

第一,世家大族形成的過程中,學術發揮極大的作用,且由桓、楊、袁三家也可得知某一家族所習為同一經中的同一家派,此家派之經學也就成為某一世家大族之家學。

第二,這些家族一開始並非都是地方豪紳,有些是出身貧寒,甚至是農家子。

第三,這些家族因為學術而獲取政治地位,又以政治地位以培養、庇蔭子孫,遂至數代津延而成高門。以第二點來看,習經既是入仕的坦途,貧寒之家猶能藉由向學而翻身為高門大族,如裴子野所說:雖是「草萊」之人「猶廁清途」。[50] 則可以設想地方豪紳必然也樂於培養子弟就學入仕以壯大家門。[51]

---

[48] 《後漢書》,卷四五〈袁安傳〉,頁 543-545。

[49] 《後漢書》,卷六二〈陳寔傳〉,頁 735-737。

[50] 杜佑,《通典》(杭州:浙江古籍出版社,2000 年),卷十六〈選舉四·雜議論〉,頁 91。

[51] 唐長孺,《魏晉南北朝隋唐史三論》(武漢:武漢大學出版社,1998 年),頁 44-45。

第二節　六朝——家學的延續與興盛

　　欲探索六朝時期經學父子相傳或家族化的情形，必須先對當時的習經風氣有所瞭解。六朝時期，因為政治上，時局混亂，戰亂頻仍，導致社會動盪不安；思想潮流上，玄學、佛學興盛，足以與經學爭衡，甚至在士人階層受影響的程度凌駕於經學之上。故一般認為是代表大一統思想的儒家經學沒落、甚至是崩解的年代。此自六朝末期已啟其端，姚察於《梁書》卷四八〈儒林列傳・序論〉就說：

> 漢氏承秦燔書，大弘儒訓，太學生徒，動以萬數，郡國黌舍，悉皆充滿，學於山澤者，至或就為列肆，其盛也如是。漢末喪亂，其道遂衰。魏正始以後，仍尚玄虛之學，為儒者蓋寡。時荀顗、摯虞之徒，雖刪定新禮，改官職，未能易俗移風。自是中原橫潰，衣冠殄盡，江左草創，日不暇給，以迄于宋、齊，國學時或開置，而勸課未博，建之不及十年，蓋取文具，廢之多歷世祀，其棄也忽諸。鄉里莫或開館，公卿罕通經術，朝廷大儒，獨學而弗肯養眾，後生孤陋，擁經而無所講習，三德六藝，其廢久矣。

唐修《晉書》卷九一〈儒林列傳・序論〉也說：

> 有晉始自中朝，迄於江左，莫不崇飾華競，祖述虛玄，擯闕里之典經，習正始之餘論，指禮法為流俗，

> 目縱誕以清高,遂使憲章弛廢,名教積毀,五胡乘間而競逐,二京繼踵以淪胥,運極道消,可為長歎息者矣。

晚清皮錫瑞更直接指出魏晉時期乃「經學中衰時代」;[52] 近世學者如葉國良先生等人同樣認為:魏晉南北朝時期,「就經學的發展來說,卻是黯淡衰退的年代」。[53] 然而,前賢所指六朝時期經學衰落,主要是就官學系統而言,[54] 以及玄學興盛、佛學的傳入等影響。但前輩學者已經分別對這種現象有所論述,前者如陳寅恪所說:

> 蓋自漢代學校制度廢弛,博士傳授之風氣止息以後,學術中心移於家族,而家族復限於地域。故魏晉南北朝之學術、宗教皆與家族、地域兩點不可分離……公立學校之淪廢,學術之中心移於家族,太學博士之傳授變為家人父子之世業,所謂南北朝之家學者是也。[55]

---

[52] 周予同注,《經學歷史》(台北:漢京文化事業有限公司,1983年),頁141。

[53] 葉國良、夏長樸、李隆獻合著,《經學通論》(台北:大安出版社,2006年),頁507。類似的看法又可見(日)本田成之著,孫俍工譯,《中國經學史》(上海:上海書店出版社,2001年),頁168、177;蔣伯潛、蔣祖怡,《經與經學》(上海:上海書店出版社,1998年),頁169-171。

[54] 有關魏晉南北朝中央官學的廢立情形,請參郭永吉,《自漢至隋皇帝與皇太子經學教育禮制蠡測》,第七章〈教育地點〉,頁157-180。

[55] 陳寅恪,《隋唐制度淵源略論稿》(台北:臺灣商務印書館,1994年),

「漢族之學術文化變為地方化及家門化矣。故論學術,只有家學之可言,而學術文化與大族盛門常不可分離也」。[56] 即上引《梁書‧儒林列傳》所說:「朝廷大儒,獨學而弗肯養眾」。至於思想潮流方面,唐長孺早已指出六朝士人基本上是禮玄雙修,而非棄儒就玄、捨人世求解脫,[57] 他在〈魏晉玄學之形成及其發展〉一文總結時說:

> 從漢末開始,由於黃巾起義,統治階級中的一部份士人感覺到階級利益的動搖,因而對於東漢所行的名教之治發生懷疑,於是開始分析和批判名教,並企圖重新建立一種新的統治理論……這一套理論是從東漢末年士族的削弱與消沉到門閥制度的形成與發展的長期過程中形成與發展起來的。正統玄學家主張以孝道禮法維繫家族組織,這樣就必須維持名教,同時主

頁 19、21。唐長孺,〈讀抱朴子推論南北學風的異同〉,氏著《魏晉南北朝史論叢》(北京:三聯書店,1955 年),頁 374 也說:「江南經學直接兩漢,其傳授淵源長期保存在家門中」;錢穆,《中國學術思想史論叢(三)》,十二〈略論魏晉南北學術文化與當時門第之關係〉,頁 198 則說:六朝時「一切學術文化,可謂莫不寄存於門第中,由於門第之護持而得傳習不中斷,亦因門第之培育,而得生長有發展」。

[56] 陳寅恪,〈崔浩與寇謙之〉,頁 148。余英時,〈漢晉之際士的新自覺與新思潮〉,頁 326 也說:「漢代一統之局既壞,而儒學遂衰」,「但此特就漢代儒經國濟世之本質而言耳」,至於「齊家之儒學」「固未嘗中斷也。而魏晉南北朝則尤為以家族為本位之儒學之光大時代,蓋應門第社會之實際需要而然耳!」

[57] 這種情形,余英時,〈漢晉之際士的新自覺與新思潮〉,頁 326 解釋為:「魏晉南北朝之士大夫尤多儒道兼綜者,則其人大抵為遵群體之綱紀而無妨於自我之逍遙,或重個體之自由而不危及人倫之秩序者也」。

> 張以無為之治放任家族的擴張。名教與自然既已統一……這個問題東晉時期只剩了尾聲,一般名士都禮玄雙修,表示名教與自然之統一。但自佛教勢力漸盛……這個問題重又引起爭論,然而其結論是佛教有助於名教,可以並行不悖。[58]

因此,官學系統的沒落,非但未嚴重打擊習經風氣,反而促使經學累世相傳的家學情形更為普遍、盛行;玄學、佛學的興盛,也未取代經學的地位,只是提供士人在政治社會動盪的時代變動下,引發思想潮流發展的過程中,得以安頓其生命的一條渠道。正如六朝晚期琅邪王褒曾「著《幼訓》以誡諸子」,其中就說:「吾始乎幼學,及于知命,既崇周、孔之教,兼循老、釋之談。江左以來,斯業不墜,汝能脩之,吾之志也」。[59]可見六朝時期經學系統不但沒有被破壞,其理論基礎甚至因此而更擴大了。如《晉書》卷九四〈隱逸列傳・戴逵傳〉所載:

> 戴逵……性不樂當世,常以琴書自娛……性高潔,常以禮度自處,深以放達為非道,乃著論曰:「夫親沒而採藥不反者,不仁之子也;君危而屢出近關者,苟免之臣也。而古之人未始以彼害名教之體者何?達

---

[58] 唐長孺,〈魏晉玄學之形成及其發展〉,氏著《魏晉南北朝史論叢》,頁348-349。相關論述,請參陳寅恪,〈陶淵明之思想與清談之關係〉,氏著《金明館叢稿初編》,頁201-229;另有學者著專書作詳細之探討,見秦躍宇,《六朝士大夫玄儒兼治研究》(揚州:廣陵書社,2008年)。

[59] 姚思廉,《梁書》(北京:中華書局,2003年),卷四一〈王規傳附子褒傳〉,頁583-584。

其旨故也。達其旨,故不惑其迹。若元康之人,可謂好遁跡而不求其本,故有捐本徇末之弊,舍實逐聲之行,是猶美西施而學其顰眉,慕有道而折其巾角。所以為慕者,非其所以為美,徒貴貌似而已矣。夫紫之亂朱,以其似朱也。故鄉原似中和,所以亂德;放者似達,所以亂道。然竹林之為放,有疾而為顰者也;元康之為放,無德而折巾者也,可無察乎!且儒家尚譽者,本以興賢也,既失其本,則有色取之行。懷情喪真,以容貌相欺,其弊必至於末偽。道家去名者,欲以篤實也,苟失其本,又有越檢之行。情禮俱虧,則仰詠兼忘,其弊必至於本薄。夫偽薄者,非二本之失,而為弊者必託二本以自通。夫道有常經,而弊無常情,是以六經有失,王政有弊,苟乖其本,固聖賢所無奈何也。嗟夫!行道之人自非性足體備、闇蹈而當者,亦曷能不棲情古烈,擬規前修。苟迷擬之然後動,議之然後言,固當先辯其趣舍之極,求其用心之本,識其枉尺直尋之旨,採其被褐懷玉之由。若斯,塗雖殊,而其歸可觀也;跡雖亂,而其契不乖也。不然,則流遁忘反,為風波之行,自驅以物,自誑以偽,外眩囂華,內喪道實,以矜尚奪其真主,以塵垢翳其天正,貽笑千載,可不慎歟!」

避世隱遁並非是對儒家義理的排斥、反對,只是因「王政有弊」故爾。這從《晉書・隱逸列傳》中,所登錄隱逸之士共43人,

可確知修習儒家經典的有 30 人，佔了大多數，[60] 可為佐證。正如傳末史臣曰：「君子之行殊塗，顯晦之謂也。出則允釐庶政，以道濟時；處則振拔囂埃，以卑自牧。詳求厥義，其來夐矣。」我們從《論語》中的記載可知：這種處世態度並未違背孔門精神。孔子自己雖然身處世衰道微之世，猶然「行其義」而不易，「知其不可而為之」。但他並非要求所有人都要如他一般，而是能視現實狀況，提供不同的處世原則以供遵循。當「邦無道」時，雖然可以「如矢」，勇往直前而不避。但也可以為「免於刑戮」而「愚」、而「隱」、而「危行言孫」，甚至「可卷而懷之」，無損「君子」之節；然而，一旦處於「邦有道」時，則毫無疑問、游滑的空間，只能是善加運用個人才「知（智）」，「見」於世而仕，以求「不廢」於邦國，也就是要求自己要能「如矢」般直往而不屈，「危言危行」而不懼不避。所以孔子才會說：「邦有道，貧且賤焉，恥也」。[61] 這也就是晉朝名列隱逸的夏統所說：「使統屬太平之時，當與元凱評議出處；遇濁代，念與屈生同汙共泥；若汙隆之間，自當耦耕沮溺，豈有辱身曲意於郡府之間乎！」處世態度隨世道不同可以有所調整。

---

[60] 曾修習經書的有：朱沖、范粲、范喬、魯勝、霍原、郭琦、伍朝、魯褒、任旭、龔壯、孟陋、韓績、劉驎、邴郁、翟湯、翟莊、郭翻、辛謐、索襲、楊軻、公孫永、宋纖、郭荷、郭瑀、祈嘉、謝敷、戴逵、龔玄之、龔元壽、陶潛。另外，夏統、譙秀、劉驎之三人乃冠冕世家或名儒之後，所以應該也研習過經書。

[61] 以上引文分見邢昺，《論語注疏》（北京：北京大學出版社，1999 年），卷十八〈微子〉，頁 251、卷五〈公冶長〉，頁 54 及頁 66、卷八〈泰伯〉頁 104-105、卷十四〈憲問〉頁 183 及頁 200、卷十五〈衛靈公〉，頁 209。

考察史書所載，六朝時習經風氣以及經學家傳的情形一仍東漢舊貫，盛行不衰。底下從三個方面以探索其原因及情形。

一、貧寒或家道中落之士藉學術以謀求政治、社會地位

雖然六朝時由高門大族把持政治資源、社會地位以及經濟利益的閥閱制度已然穩固，[62]如《宋書》卷五七〈蔡廓傳附子興宗傳〉載：

> 時右軍將軍王道隆任參內政，權重一時，躡履到（興宗）前，不敢就席，良久方去，竟不呼坐；元嘉初，中書舍人秋當詣太子詹事王曇首，不敢坐；其後中書舍人王弘[63]為太祖所愛遇，上謂曰：「卿欲作士人，得就王球坐，乃當判耳。殷、劉並雜，無所知也。若往詣球，可稱旨就席。」球舉扇曰：「若不得爾。」弘還，依事啟聞，帝曰：「我便無如此何！」五十年中，有此三事。

---

[62] 相關論述，請參趙翼，《陔餘叢考》（石家莊：河北人民出版社，2003年），卷十七〈六朝重氏族〉，頁 302-305；唐長孺，〈門閥的形成及其衰落〉，氏著《山居存稿續編》（北京：中華書局，2011年），頁 6-26。

[63] 李延壽，《南史》（北京：中華書局，2003年），卷二三〈王球傳〉，頁 630 記載：「（宋）文帝即位，王弘兄弟貴動朝廷，球終日端拱，未嘗相往來，弘亦雅敬之。歷位侍中、中書令、吏部尚書。時中書舍人徐爰有寵於上，上嘗命球及殷景仁與之相知，球辭曰：『士庶區別，國之章也，臣不敢奉詔。』上改容謝焉」。王弘為王曇首之兄、與王球同宗，且輩份名位均在球之上，豈有受球輕視之事？則當以《南史》所載為真，《宋書》恐有訛誤。

《宋書》卷六二〈張敷傳〉說：

> 中書舍人秋當、周赳並管要務，以敷同省名家，欲詣之。赳曰：「彼若不相容，便不如不往。詎可輕往邪？」當曰：「吾等並已員外郎矣，何憂不得共坐。」敷先設二牀，去壁三四尺，二客就席，酬接甚歡，既而呼左右曰：「移我遠客。」赳等失色而去。

以及《南史》卷三六〈江斅傳〉所記：

> 先是中書舍人紀僧真幸於武帝，稍歷軍校，容表有士風。謂帝曰：「臣小人，出自本縣武吏，邀逢聖時，階榮至此。為兒昏，得荀昭光女，即時無復所須，唯就陛下乞作士大夫。」帝曰：「由江斅、謝瀹，我不得措此意，可自詣之。」僧真承旨詣斅，登榻坐定，斅便命左右曰：「移吾牀讓客。」僧真喪氣而退，告武帝曰：「士大夫故非天子所命。」時人重斅風格，不為權倖降意。

這也就是劉宋時琅邪世族王弘所說：「士庶之際，實自天隔」，[64] 其間確實有如天壤之別。此所以家為西楚望族的庾蓽、庾喬父子，即使面對府主上司的壓力，也不肯在士庶之際有所讓步，

---

[64] 沈約，《宋書》（北京：中華書局，2003年），卷四二〈王弘傳〉，頁1318。相關論述，請參唐長孺，〈士族的形成與升降〉，氏著《魏晉南北朝史論拾遺》，頁61-64。

《南史》卷四九〈庾杲之傳附叔父華傳〉記載：

> 為荊州別駕……初，梁州人益州刺史鄧元起功勳甚著，名地卑瑣，願名挂士流。時始興忠武王憺為州將，元起位已高，而解巾不先州官，則不為鄉里所悉，元起乞上籍出身州從事，憺命華用之，華不從。憺大怒，召華責之曰：「元起已經我府，卿何為苟惜從事？」華曰：「府是尊府，州是華州，宜須品藻。」憺不能折，遂止。……子喬復仕為荊州別駕，時元帝為荊州刺史，而州人范興話以寒賤仕叨九流，選為州主簿，又皇太子令及之，故元帝勒喬聽興話到職。及屬元日，府州朝賀，喬不肯就列，曰：「庾喬忝為端右，不能與小人范興話為雁行。」元帝聞，乃進喬而停興話。興話羞慚，還家憤卒。世以喬為不墜家風。

貧寒之人縱使難以跨越此藩籬，但從上面幾個例子也正好反應：出身「寒賤」，「名地卑瑣」的人並不是各方面都被排除於外，尤其是功名利祿方面。或許他們能夠透過某些途徑而尋求翻身的機會，[65]其主要管道之一即是讀書，尤其是經書。因此，我們可以看到許多貧寒之人努力向學，以期提升個人或家族身份聲望；或是原為高門大族，因家道中落，致使門第衰微，但猶能憑藉學術以重振家風門戶的例子。如《晉書》卷九二〈文苑列傳·趙至傳〉就載：

---

[65] 請參唐長孺，〈南朝寒人的興起〉，氏著《魏晉南北朝史論叢續編》（北京：中華書局，2012年），頁107-140。

> 寓居洛陽，緱氏令初到官，至年十三，與母同觀。母
> 曰：「汝先世本非微賤，世亂流離，遂為士伍耳。爾
> 後能如此不？」至感母言，詣師受業。聞父耕叱牛
> 聲，投書而泣，師怪問之，至曰：「我小未能榮養，
> 使老父不免勤苦。」師甚異之……至自恥士伍，欲
> 以宦學立名，期於榮養。

希望藉由宦學來改變其微濺的士伍身份，復先世榮寵之景況。

漢末郭太，「家世貧賤，早孤，母欲使給事縣廷」，但他不肯就此屈默一生，故曰：「大丈夫焉能處斗筲之役乎？」遂辭母出外求學，數年後，「博通墳籍」，「名聞天下」，為當世名士之首。[66] 三國時郤正，「安貧好學，博覽墳籍」；闞澤，更是「家世農夫，至澤好學，居貧無資，常為人傭書，以供紙筆，所寫既畢，誦讀亦遍。追師論講，究覽群籍，兼通曆數，由是顯名」，後為「太子太傅」，甚至「以儒學勤勞，封都鄉侯」。[67] 西晉時劉寔，「少貧苦，賣牛衣以自給。然好學，手約繩，口誦書，博通古今」。入仕後官爵並顯，魏晉之際封循陽子，晉武帝時進爵為伯，至惠帝世又進爵為侯，歷官至司空、太保、太傅。其弟劉智，「少貧窶，每負薪自給，讀誦不輟，竟以儒行稱」，後官至郡守、九卿。[68] 類似背景的王育、范宣、成公綏、祈嘉諸人，同

---

[66] 《後漢書》，卷六八〈郭太傳〉，頁797-798。又，頁798載：茅容，年四十餘，耕田為生，郭太見而異之，「因勸令學，卒以成德」。

[67] 《三國志》，卷四二〈郤正傳〉，頁870；卷五三〈闞澤傳〉，頁1032。

[68] 吳士鑑、劉承幹，《晉書斠注》（台北：藝文印書館，1955年；以下簡稱《晉書》），卷四一〈劉寔傳〉，頁824-829。

是出身貧寒之家,無世資可依,藉由學術而聲聞當世,名傳史傳。[69]至於像杜夷,雖然先「世以儒學稱,為郡著姓」,但至他這一代,家道中衰,「居甚貧窶」。幸而因好學,「博覽經籍百家之書,算曆圖緯靡不畢究」,終成大儒,以世亂而「閉門教授,生徒千人」。東晉初,頗受元帝敬重,甚至使「皇太子三至夷第,執經問義」,「國有大政,恆就夷諮訪焉」,榮寵顯於當世;徐苗,祖上也是「累世相承,皆以博士為郡守」,或因家世不振,致使「苗少家貧」。但他並不因此而氣餒自傷,反而矢志好學,「晝執鉏耒,夜則吟誦。弱冠,與弟賈就博士濟南宋鈞受業,遂為儒宗」。[70]另外,傅玄、皇甫謐、郗鑒等人,也都是漢魏以來名家之後,然少失所怙而致生活孤貧困苦,卻均以好學博覽經籍,得以在政壇或學界揚名立世。[71]所以像《晉書》卷四三〈樂廣傳〉就說:

> 樂廣字彥輔,南陽淯陽人也。父方,參魏征西將軍夏侯玄軍事,廣時年八歲,玄常見廣在路,因呼與語,還謂方曰:「向見廣神姿朗徹,當為名士。卿家雖貧,可令專學,必能興卿門戶也。」方早卒,廣孤

---

[69] 分見《晉書》,卷八九〈忠義列傳・王育傳〉,頁1516、卷九一〈儒林列傳・范宣傳〉,頁1544、卷九二〈文苑列傳・成公綏傳〉,頁1550、卷九四〈隱逸列傳・祈嘉傳〉,頁1604。

[70] 以上引文,分見《晉書》,卷九一〈儒林列傳・杜夷傳〉,頁1539;同卷〈徐苗傳〉,頁1538。

[71] 《晉書》,卷四七〈傅玄傳〉,頁905、卷五一〈皇甫謐傳〉,頁963、卷六七〈郗鑒傳〉,頁1200。

貧,僑居山陽,寒素為業。

夏侯玄建議樂方若能栽培其子「令專學,必能興」「門戶」,以擺脫家貧族寒的處境。而後樂廣果真不負夏侯玄識鑑之明,不僅政治上嶄露頭角,最後「領吏部,代王戎為尚書令」;社會上為當時碩學名流裴楷、王戎、衛瓘等人賞識「欽挹」而「歎美」之。史稱「廣與王衍俱宅心事外,名重於時。故天下言風流者,謂王、樂為稱首焉」;且能與諸侯王連姻,「成都王穎,廣之壻也」,顯示其家世門第已然不低。[72] 同樣案例也見諸東晉時的車胤,《晉書》卷八三〈車胤傳〉記載:

> 車胤字武子,南平人也。曾祖浚,吳會稽太守。父育,郡主簿。太守王胡之名知人,見胤於童幼之中,謂胤父曰:「此兒當大興卿門,可使專學。」胤恭勤不倦,博學多通。家貧不常得油,夏月則練囊盛數十螢火以照書,以夜繼日焉……時惟胤與吳隱之以寒素博學知名於世。又善於賞會,當時每有盛坐而胤不在,皆云:「無車公不樂。」謝安游集之日,輒開筵待之。

雖「家貧」「寒素」,[73] 藉由「專學」不僅可以「大興」門戶,即

---

[72] 以上引文請見《晉書》,卷四三〈樂廣傳〉,頁 860-862。
[73] 根據前輩學者的研究,認為六朝時稱「素族」、「素門」、「素士」,並非指寒門,更非庶人,「凡非帝室而是清流者,皆可曰素族」,相反的,是指高門而言。見周一良,〈南朝境內之各種人及政府對待之政策〉,

官宦仕途上的發達;也能使自身「知名於世」,在名流社交圈中受到重視,可謂同時提升個人與家族的聲望。《晉書》卷七五〈范汪傳〉又載:

> 范汪字玄平,雍州刺史晷之孫也。父稚,蚤卒。汪少孤貧,六歲過江,依外家新野庾氏。荊州刺史王澄見而奇之,曰:「興范族者,必是子也。」年十三,喪母,居喪盡禮,親鄰哀之。及長,好學,外氏家貧,無以資給。汪乃廬於園中,布衣蔬食,然薪寫書,寫畢,誦讀亦遍,遂博學多通,善談名理。

范汪之祖雖為封疆大吏,但及其身,已無法自立而需依外家。然縱貧困,卻猶好學不輟,終成名當世,後代子孫如子甯、孫泰、六世孫雲,亦多能好學不絕,歷世貴顯,范氏興矣!所以像范平,「研覽墳素」,「敦悅儒學」,三子「並以儒學至大官」,「家世好學」;郭荷,「明究羣籍,特善史書」,「六世祖整」,「自整及荷,世以經學致位」。[74] 均可見儒學確實能夠對他們在政治祿位上有所幫助。

氏著《魏晉南北朝史論集》(北京:北京大學出版社,2000年),頁82。至於「寒素」,雖已非貴盛之高門甲族,基本上等同「寒門」、「寒族」,但仍指士族,絕非庶民之謂。參唐長孺,〈讀史釋辭〉,氏著《魏晉南北朝史論拾遺》,「素族」、「寒士」兩條,頁251-259。然近來學者猶有誤解者,如方碧玉,《東晉南北朝世族家庭教育研究》,頁12,以琅邪王騫自稱「素族」「乃自謙之辭」,若此,則與史文文意不符。

[74] 《晉書》,卷九一〈儒林列傳‧范平傳〉,頁1535-1536;卷九四〈隱逸列傳‧郭荷傳〉,頁1603。

南四朝時,世族雖然已經大致定型,很少再有變化。但許多魏晉以來原有的官宦世族,歷經時間、人事的變換掏洗下,政治社會地位有升有降。[75] 或因戰亂遷徙流離,或因政局變化、先人仕宦起伏,以及家族(庭)本身內部的因素,如父、祖早亡而孤,都可能導致其家門戶凋零殄落,失去政治上的優勢,甚至家計貧困。[76] 換言之,根據上文所言,世家大族組成的三大要素乃經濟、學術、政治,若失去政治地位,經濟上很可能也隨之而衰落,家貧則難以再培養子弟就學,學術上也就無以為繼了。數代之後,自然就成為貧寒之家了。然而,這並不代表這些家族就此淪落,一蹶不振。當某位子弟因緣際會,藉由某些途徑,或能興復家門,再度擠身士流,學術即為其中最常見者。最著名的當如沈約,《梁書》卷十三〈沈約傳〉載其家世:

> 沈約字休文,吳興武康人也。祖林子,宋征虜將軍。父璞,淮南太守。璞元嘉末被誅,約幼潛竄,會赦免。既而流寓孤貧,篤志好學,晝夜不倦。母恐其以勞生疾,常遣減油滅火。而晝之所讀,夜輒誦之,遂博通羣籍,能屬文。

沈約由罪家之子逃竄流離,過著「少時孤貧,丐于宗黨,得米數百斛,為宗人所侮」的日子,最後成為蕭梁開國元勳,於政壇、學界皆為鰲首,位望均隆,靠的就是「篤志好學」而不倦。

---

[75] 相關研究,請參唐長孺,〈士族的形成和升降〉,頁 53-63。
[76] 田餘慶,《東晉門閥政治》,頁 336-340。

又如《梁書》卷四八〈儒林列傳・沈峻傳〉：

> 沈峻字士嵩，吳興武康人。家世農夫，至峻好學……師事宗人沈驎士，在門下積年，晝夜自課，時或睡寐，輒以杖自擊，其篤志如此……遂博通五經，尤長三禮。初為王國中尉，稍遷侍郎，並兼國子助教。時吏部郎陸倕與僕射徐勉書薦峻曰：「五經博士庾季達須換，計公家必欲詳擇其人……助教沈峻……比日時開講肆，羣儒劉嵒、沈宏、沈熊之徒，並執經下坐，北面受業，莫不歎服，人無間言……」勉從之，奏峻兼五經博士。於館講授，聽者常數百人……子文阿，傳父業，尤明《左氏傳》。太清中，自國子助教為五經博士。

吳興沈氏雖非第一等高門，但至晚於西晉時已是當地豪族，而後逐漸轉化為士族。[77]可是我們看到沈峻這一房支卻是世代務農，直到沈峻時才開始因好學習經而得步入仕途，由農家子轉為學者、官宦之士，且揚名於當代、傳業子孫。另外，根據史書記載，不論是「家世寒賤」的吳均、「家世單門，傍無戚援」的顏晃，或是王韶之、沈驎士、王僧孺、劉霽、范縝、司馬筠、卞華、孔子袪、袁峻、劉峻、臧嚴、任孝恭、范元琰、鄭灼、顧越、王元規等人，雖有家世可述，然世事淪替，至其身時門戶已凋落，不復先世景況。他們大多是少孤家貧，生活困苦，甚

---

[77] 相關研究，請參唐燮軍，《六朝吳興沈氏及其宗族文化探究》（北京：中國社會科學出版社，2007年），頁214-215、226-232。

至「藜藿不給」。但均「好學」不倦,縱使常陷於無書可讀的困境,卻並不因此而喪志失學,或「崎嶇從人假借」書籍,且更加刻苦勤學,「自勵」而「篤志」不移,終能以學術上的成就而立名於世,為當時碩儒名流所「器異」「稱賞」,甚至「為儒宗」,且子孫得「傳父業」,家學延續。[78]《顏氏家訓》卷三〈勉學〉也載兩則案例:

> 梁世彭城劉綺,交州刺史勃之孫,早孤家貧,燈燭難辦,常買荻尺寸折之,然明夜讀。孝元初出會稽,精選寮寀,綺以才華為國常侍兼記室,殊蒙禮遇,終於金紫光祿;義陽朱詹……好學,家貧無資,累日不爨,乃時吞紙以實腹。寒無氈被,抱犬而臥。犬亦飢虛,起行盜食,呼之不至,哀聲動鄰,猶不廢業,卒成學士。官至鎮南錄事參軍,為孝元所禮。

可見:儒學仍為這些貧寒之人進階仕宦的一條坦途。如賀琛,

---

[78] 相關記載分見《梁書》,卷五十〈文學列傳・吳均傳〉,頁698、姚思廉,《陳書》(北京:中華書局,2003年),卷三四〈文學列傳・顏晃傳〉,頁455-456、《宋書》,卷六十〈王韶之傳〉,頁1625、蕭子顯,《南齊書》(北京:中華書局,2003年),卷五四〈高逸列傳・沈驎士傳〉,頁944、《南史》,卷五九〈王僧孺傳〉,頁1460-1461、《梁書》,卷四七〈孝行列傳・劉霽傳〉,頁657、卷四八〈儒林列傳・范縝傳〉,頁664、同卷〈司馬筠傳〉,頁673、同卷〈卞華傳〉,頁676、同卷〈孔子祛傳〉,頁680、卷五十〈文學列傳・袁峻傳〉,頁688、同卷〈劉峻傳〉,頁699、同卷〈臧嚴傳〉,頁718、同卷〈任孝恭傳〉,頁726、卷五一〈處士列傳・范元琰傳〉,頁746、《陳書》,卷三三〈儒林列傳・鄭灼傳〉,頁441、同卷〈顧越傳〉,頁445、同卷〈王元規傳〉,頁448-449。

「家貧,常往還諸暨,販粟以自給」,然其家乃會稽世族,家世傳《禮》,伯父賀瑒為當世碩儒,見琛好學聰敏,常曰:「此兒當以明經致貴」。後果如其言,不僅仕宦得意,且經濟上亦有極大改善,甚至「家產既豐,買主第為宅」,擺脫了當年貧困勞碌的生活。[79]

北朝的中原士族,在異族統治之下,學術思想與門風都較為保守傳統,故其社會地位也相對較為僵固,不易有所變動。如《魏書》卷三三〈韋杜裴辛柳傳‧史臣曰〉:

> 韋、杜舊族門風,名亦不殞;裴、辛、柳氏,素業有資,器行仍世,所以布於列位,不替其美。

但仍可見一些無家世背景的貧寒之士,藉由研習學術而得以在政治、學術領域博得一席之地。如房景伯,父、祖均仕於南朝,「顯祖時,三齊平,隨例內附」。「景伯生於桑乾,少喪父,以孝聞,家貧,傭書自給」,「涉獵經史」,當時「廷尉卿崔光韶好標榜人物,無所推尚,每云景伯有士大夫之行業」。[80] 其弟景先也因好學而名揚儒林,《魏書》卷四三〈房法壽傳附族子景先傳〉記載:

> 景先,字光胄,幼孤貧,無資從師,其母自授《毛詩》、《曲禮》。年十二,請其母曰:「豈可使兄傭賃

---

[79] 《梁書》,卷三八〈賀琛傳〉,頁 540、543。
[80] 《魏書》,卷四三〈房法壽傳附族子景伯傳〉,頁 976-977。

以供景先也?請自求衣,然後就學。」母哀其小,不許,苦請,從之,遂得一羊裘,忻然自足。晝則樵蘇,夜誦經史,自是精勤,遂大通贍⋯⋯時太常劉芳、侍中崔光當世儒宗,歎其精博。光遂奏兼著作佐郎,修國史。尋除司徒祭酒、員外郎。

故史官稱:「景伯兄弟,儒風雅業,良可稱也」。《魏書》卷六二〈李彪傳〉也載:

李彪,字道固,頓丘衛國人,高祖賜名焉。家世寒微,少孤貧,有大志,篤學不倦。初受業於長樂監伯陽,伯陽稱美之,晚與漁陽高悅、北平陽尼等將隱於名山,不果而罷。悅兄閭,博學高才,家富典籍,彪遂於悅家手抄口誦,不暇寢食⋯⋯高祖初,為中書教學博士,後假員外散騎常侍、建威將軍、衛國子,使於蕭賾。遷祕書丞,參著作事⋯⋯彪稍見禮遇⋯⋯高祖詔曰:「⋯⋯彪雖宿非清第,本闕華資,然識性嚴聰,學博墳籍,剛辯之才,頗堪時用⋯⋯可特遷祕書令」。

李彪由一個非清第華資出身的寒微孤貧之士,藉由篤志向學,使名聲揚於王公朝貴名流之中,並受北魏孝文帝賞識重用,甚至「六度銜命」出使南朝,[81]蕭齊武帝曾親領「群臣賦詩以送別,

---

[81] 南北朝南北通使,對於使者的挑選相當謹慎,尤其是北朝,通常是第一流才士方能膺任,蒙選者也被視為是極高的榮耀。相關論述,請參

其見重如此」。又如《魏書》卷六七〈崔光傳〉所記：

> 崔光，本名孝伯……祖曠，仕劉義隆為樂陵太守。父靈延，劉駿龍驤將軍、長廣太守，與劉彧冀州刺史崔道固共拒國軍。慕容白曜之平三齊，光年十七，隨父徙代。家貧好學，晝耕夜誦，傭書以養父母……甚為高祖所知待，常曰：「孝伯之才，浩浩如黃河東注，固今日之文宗也。」

崔光由敵國戰敗歸降子孫，在北朝，無論是政治或社會上，可說是一無依憑，經濟上更是貧苦為生。然以好學不息，得蒙聖眷，「歷事三朝，師訓少主，不出宮省，坐致台傅」，家族子孫光耀於朝廷。

類似的例子，又如北魏時，許彥，「高陽新城人也，祖茂，慕容氏高陽太守。彥少孤貧，好讀書，後從沙門法叡受《易》。世祖初，被徵，以卜筮頻驗，遂在左右，參與謀議」；邢巒，「少而好學，負笈尋師，家貧厲節，遂博覽書傳」。「為高祖所知賞，兼員外散騎常侍，使於蕭賾」，「甚見顧遇，常參座席」；陳奇，「少孤家貧，而奉母至孝」，「愛玩經典，博通墳籍，常非馬融、鄭玄解經失旨，志在著述五經。始注《孝經》、《論語》，頗傳於世，為搢紳所稱」；劉獻之，「少而孤貧，雅好《詩》、《傳》，曾受業於勃海程玄，後遂博觀眾籍」，後與中山張吾貴齊名，「海內皆曰儒宗」；劉蘭，家世無聞，好學，「受《春秋》、《詩》、

本書第五章〈聘使人選的學識考察〉。

《禮》於中山王保安」。然「家貧無以自資,且耕且學」,終有所成,遂「為儒者所宗」,「海內稱焉」;李業興,父、祖「並以儒學舉孝廉」,雖家境「貧賤」,猶「耽思」好學,「不憚勤苦」,後遂「博涉百家」,「學術精微,當時莫及」,故數次蒙召入宮為帝王侍讀講經,[82]並出使蕭梁,蕭衍親問各經經義,均能對答如流,聲聞境外;李德林,少孤,「居貧轗軻」,仍「留心典籍」,歷仕北齊、北周至隋,均受主政者器重,且為名流所賞,「大相欽重」,史官稱其「學富才優,譽重鄴中,聲飛關右」;李文博,「家道屢空」,「衣食乏絕」,然「守道居貧」,「好學不倦」;劉焯,家貧無書,聞「劉智海家,素多墳籍,焯與(劉)炫就之讀書,向經十載,雖衣食不繼,晏如也,遂以儒學知名」,「論者以為數百年已來,博學通儒無能出其右者」。[83]至於像《隋書》卷七七〈隱逸列傳・崔廓傳〉所載:

> 崔廓字士玄,博陵安平人也……廓少孤貧而母賤,由是不為邦族所齒。初為里佐,屢逢屈辱,於是感

---

[82] 北魏時期,侍讀乃朝臣入授君王經書之官銜,也就是君王實際上的師傅,入選者多為當世之鴻儒宿學。相關論述,請參郭永吉,《自漢至隋皇帝與皇太子經學教育禮制蠡測》,頁 50-57。

[83] 以上引文分見《魏書》,卷四六〈許彥傳〉,頁 1036;卷六五〈邢巒傳〉,頁 1437-1438;卷八四〈儒林列傳・陳奇傳〉,頁 1846;同卷〈儒林列傳・劉獻之傳〉,頁 1849-1850;同卷〈儒林列傳・劉蘭傳〉,頁 1851;同卷〈儒林列傳・李業興傳〉,頁 1861-1865;長孫無忌等,《隋書》(北京:中華書局,2003 年),卷四二〈李德林傳〉,頁 1194-1209;卷五八〈李文博傳〉,頁 1431-1432;卷七五〈儒林列傳・劉焯傳〉,頁 1718-1719。

> 激，逃入山中。遂博覽書籍，多所通涉，山東學者皆宗之。既還鄉里，不應辟命。與趙郡李士謙為忘言之友，每相往來，時稱崔李。

博陵崔氏乃是自東漢已來的高門大族，崔廓一房卻因少孤貧而母賤，家道中落，以致「不為邦族所齒」。因此而激憤其志，努力向學，而後憑藉著學術上的成就，使「山東學者皆宗之」，遂得重振家風。

上述這些例子，有些家世可述，但至其人時已中落無依；有些則史書未載其先世，可能是家無背景。但都因個人刻苦耐勞，立志好學，故能不為環境所限，得成學問。這也就是《隋書》卷七五〈儒林列傳‧史臣曰〉所說：

> 古語云：「容體不足觀，勇力不足恃，族姓不足道，先祖不足稱。然而顯聞四方，流聲後胤者，其唯學乎！」信哉斯言也。暉遠、榮伯之徒，篤志不倦，自求諸己，遂能聞道下風，稱珍席上。或聚徒千百，或服冕乘軒，見重明時，實惟稽古之力也。

先祖世資雖然能夠給予子孫庇蔭，但並非永久，若子孫不肖，終究有衰落淪替之時；相反的，雖無顯赫門戶家世，只要肯努力向學，還是有機會出人頭地。

欲解釋這種景況，或許正如同俗諺所言：「萬班皆下品，唯有讀書高」。從兩漢開始，便常見貧賤之士藉由學問以為翻身

之機,即班固所說的:「蓋祿利之路然也」[84]。這也就是《顏氏家訓》卷三〈勉學〉所說:

> 有學藝者,觸地而安。自荒亂已來,諸見俘虜。雖百世小人,知讀《論語》、《孝經》者,尚為人師;雖千載冠冕,不曉書記者,莫不耕田養馬。以此觀之,安可不自勉耶?若能常保數百卷書,千載終不為小人也。夫明六經之指,涉百家之書,縱不能增益德行,敦厲風俗,猶為一藝,得以自資。父兄不可常依,鄉國不可常保,一旦流離,無人庇廕,當自求諸身耳。諺曰:「積財千萬,不如薄伎在身。」伎之易習而可貴者,無過讀書也。世人不問愚智,皆欲識人之多,見事之廣,而不肯讀書,是猶求飽而嬾營饌,欲暖而惰裁衣也。夫讀書之人,自羲、農已來,宇宙之下,凡識幾人,凡見幾事,生民之成敗好惡,固不足論,天地所不能藏,鬼神所不能隱也。

所引諺曰:「積財千萬,不如薄伎在身」,與韋玄成家鄉鄒魯之諺豈不相類?所以蕭齊時裴昭明就常對人說:「人生何事須聚蓄,一身之外,亦復何須?子孫若不才,我聚彼散;若能自立,則不如一經」。因此史載他「終身不治產業」;[85]《南史》卷三八〈柳元景傳附弟子世隆傳〉又載:

---
[84] 《漢書》,卷八八〈儒林列傳・贊曰〉,頁 1555。
[85] 《南齊書》,卷五三〈良政列傳・裴昭明傳〉,頁 919。

（世隆）性清廉，唯盛事墳典，張緒問曰：「觀君舉措，當以清名遺子孫邪？」答曰：「一身之外，亦復何須？子孫不才，將為爭府；如其才也，不如一經。」

王僧虔誡其子時也說：「于時王家門中，優者則龍鳳，劣者猶虎豹，失廕之後，豈龍虎之議？況吾不能為汝廕，政應各自努力耳……或父子貴賤殊，兄弟聲名異。何也？體盡讀數百卷書耳。吾今悔無所及，欲以前車誡爾後乘也」；[86]《梁書》卷二五〈徐勉傳〉錄其〈誡子崧書〉則說：

吾家世清廉，故常居貧素，至於產業之事，所未嘗言，非直不經營而已。薄躬遭逢，遂至今日，尊官厚祿，可謂備之。每念叨竊若斯，豈由才致，仰藉先代風範及以福慶，故臻此耳。古人所謂「以清白遺子孫，不亦厚乎。」又云：「遺子黃金滿籯，不如一經。」詳求此言，信非徒語。吾雖不敏，實有本志，庶得遵奉斯義，不敢墜失。所以顯貴以來，將三十載，門人故舊，亟薦便宜，或使創闢田園，或勸興立邸店，又欲舳艫運致，亦令貨殖聚斂。若此眾事，皆距而不納。非謂拔葵去織，且欲省息紛紜。

因此徐勉「雖居顯位，不營產業，家無蓄積」，旁人或有勸說，勉則答曰：「人遺子孫以財，我遺之以清白。子孫才也，則自致輜軿；如其不才，終為他有」。北魏崔光韶則告誡子孫：「在官

---
[86] 《南齊書》，卷三三〈王僧虔傳〉，頁599。

以來,不冒一級,官雖不達,經為九卿。且吾平生素業,足以遺汝,官閥亦何足言也」。[87] 同樣認為對子孫而言,門閥世資不及學業來得有用。而《魏書》卷八四〈儒林列傳・董徵傳〉所載:

> 董徵,字文發,頓丘衛國人也。祖英,高平太守。父虬,郡功曹。徵身長七尺二寸,好古,學尚雅素。年十七,師清河監伯陽,受《論語》、《毛詩》、《春秋》、《周易》,就河內高望崇受《周官》,後於博陵劉獻之遍受諸經。數年之中,大義精練,講授生徒。太和末,為四門小學博士。後世宗詔徵入琁華宮,令孫惠蔚問以六經,仍詔徵教授京兆、清河、廣平、汝南四王,後特除員外散騎侍郎。清河王懌之為司空、司徒,引徵為長流參軍。懌遷太尉,徵為倉曹參軍。出為沛郡太守,加揚烈將軍。入為太尉司馬,俄加輔國將軍。未幾,以本將軍除安州刺史。徵因述職,路次過家,置酒高會,大享邑老,乃言曰:「腰龜返國,昔人稱榮;仗節還家,云胡不樂。」因誡二三子弟曰:「此之富貴,匪自天降,乃勤學所致耳。」時人榮之。

以及《陳書》卷三三〈儒林列傳・張譏傳〉說:

---

[87] 《魏書》,卷六六〈崔亮傳附從弟光韶傳〉,頁1484。所謂「素業」,根據《梁書》,卷三十〈裴子野傳〉,頁442,載范縝上書稱其:「家傳素業,世習儒史」,「家傳」即「世習」,則「素業」、「儒史」直易言爾,所指非二。

> 張譏字直言，清河武城人也。祖僧寶，梁散騎侍郎、太子洗馬。父仲悅，梁廬陵王府錄事參軍、尚書祠部郎中。譏幼聰俊，有思理，年十四，通《孝經》、《論語》。篤好玄言，受學于汝南周弘正，每有新意，為先輩推伏。梁大同中，召補國子正言生。梁武帝嘗於文德殿釋〈乾〉、〈坤〉文言，譏與陳郡袁憲等預焉，勑令論議，諸儒莫敢先出，譏乃整容而進，諮審循環，辭令溫雅。梁武帝甚異之，賜裙襦絹等，仍云：「表卿稽古之力」。

則與夏侯勝、桓榮之語如出一轍。都是表明：「小人」、「冠冕」並非一成不變，可能會隨時間以及各種因素而有所轉易，其中一個重要的依據即學術之有無，藉由「稽古」「勤學」之力，可以為自己帶來仕宦上的機會與優勢。而「伎之易習而可貴者，無過讀書也」。《梁書》卷三八〈朱异賀琛傳〉傳末陳吏部尚書姚察也說：

> 夏侯勝有言曰：「士患不明經術，經術明，取青紫如拾地芥耳。」朱异、賀琛並起微賤，以經術逢時，致於貴顯，符其言矣。

凡此均可見古今無別，就算是一般認為玄學盛行、儒學衰落的六朝，習經依然是獲取功名利祿的絕佳途徑。不管是出身貧寒的才學之士，或是家世中衰的子弟，若得緣此為進階之途，可以棄庶入士或復興家門，豈能不黽勉以為之？就如朱异，「年數

歲，外祖顧歡撫之，謂异祖昭之曰：『此兒非常器，當成卿門戶』」。成門戶的途徑，在於朱异「折節從師，遍治五經，尤明《禮》、《易》」，後來即以經術而獲梁武帝青睞，於仕途上平步青雲，「居權要三十餘年」。[88] 若其不學，恐門戶無以成。

二、世家大族對子弟的期望

以世家大族而言，為維繫家族門面，甚至是延續家族利益，自不能背離於社會風氣之外。而世家大族賴以存續，甚至壯大的條件，除了家族本身主觀面需有賢子孫外；客觀的外在因素則主要包括經濟、學術與政治地位。但就如上一小節所引顏之推、裴昭明以及徐勉等人所言，若子孫不肖，縱使千載冠冕、家財萬貫，也恐無所託，[89] 是知後者又常取決於前者。《世說新語》卷上〈言語〉92 條曾載：

> 謝太傅問諸子姪：「子弟亦何預人事，而正欲使其佳？」諸人莫有言者，車騎答曰：「譬如芝蘭玉樹，欲使其生於階庭耳。」

---

[88] 《梁書》，卷三八〈朱异傳〉，頁 537-540。

[89] 若子孫真的不肖，也只能徒呼奈何！如《魏書》，卷八四〈儒林列傳・平恒傳〉，頁 1845-1846 記載：平恒「祖視、父儒，並仕慕容為通宦。恒耽勤讀誦，研綜經籍，鉤深致遠，多所博聞……恒即劉或將軍王玄謨舅子。恒三子，並不率父業，好酒自棄。恒常忿其世衰，植杖巡舍側崗而哭，不為營事婚宦，任意官娶，故生聘濁碎，不得及其門流。恒婦弟鄧宗慶及外生孫玄明等每以為言。恒曰：『此輩會是衰頓，何煩勞我。』」

家有佳子弟,方能保家勢不墜,因此常見當時稱許某人足以繼承、光耀家業與家風,或興盛門戶家道,[90]如上文所引之樂廣、車胤。又如《晉書》卷三九〈荀勖傳〉:

> 荀勖字公曾,潁川潁陰人,漢司空爽曾孫也。祖棐,射聲校尉。父肸,早亡。勖依于舅氏,岐嶷夙成,年十餘歲能屬文。從外祖魏太傅鍾繇曰:「此兒當及其曾祖。」既長,遂博學,達於從政。

陸機則相當賞識其從弟陸曄,每稱之曰:「我家世不乏公矣!」[91]《宋書》卷五八〈謝弘微傳〉:

> 謝弘微,陳郡陽夏人也。祖韶,車騎司馬。父思,武昌太守。從叔峻,司空琰第二子也,無後,以弘微為嗣……童幼時,精神端審,時然後言。所繼叔父混名知人,見而異之,謂思曰:「此兒深中夙敏,方成佳器。有子如此,足矣。」

《宋書》卷七十〈袁淑傳〉:

> 少有風氣,年數歲,伯父湛謂家人曰:「此非凡兒。」至十餘歲,為姑夫王弘所賞。

---

[90] 方碧玉,《東晉南北朝世族家庭教育研究》,頁 33-39,對這種情形曾詳加列述,煩請參看。

[91] 《晉書》,卷七七〈陸曄傳〉,頁 1336。

《南齊書》卷四三〈江斅傳〉：

> 江斅字叔文，濟陽考城人也。祖湛，宋左光祿大夫、儀同三司。父恁，著作郎，為太初所殺。斅母文帝女淮陽公主。幼以戚屬召見，孝武謂謝莊曰：「此小兒方當為名器」……尚孝武女臨汝公主，拜駙馬都尉。

《梁書》卷十二〈韋叡傳〉：

> 伯父祖征……累為郡守，每攜叡之職，視之如子。時叡內兄王憕、姨弟杜惲，並有鄉里盛名。祖征謂叡曰：「汝自謂何如憕、惲？」叡謙不敢對。祖征曰：「汝文章或小減，學識當過之。然而幹國家，成功業，皆莫汝逮也。」

《陳書》卷二四〈袁憲傳〉：

> 大同八年，武帝撰《孔子正言章句》，詔下國學，宣制旨義。憲時年十四，被召為國子正言生……在學一歲，國子博士周弘正謂憲父君正曰：「賢子今茲欲策試不？」君正曰：「經義猶淺，未敢令試。」居數日，君正遣門下客岑文豪與憲候弘正，會弘正將登講坐，弟子畢集，乃延憲入室，授之麈尾，令憲樹義……弘正請起數難，終不能屈，因告文豪曰：「卿還咨袁吳郡，此郎已堪見代為博士矣。」……及

憲試，爭起劇難，憲隨問抗答，剖析如流。到溉顧憲曰：「袁君正其有後矣。」……（入陳後）嘗陪醼承香閣，賓退之後，高宗留憲與衛尉樊俊徙席山亭，談宴終日。高宗目憲而謂俊曰：「袁家故為有人」，其見重如此。

又如顧協，「幼孤，隨母養於外氏」，外從祖宋右光祿張永曾歎息曰：「顧氏興於此子」。[92]《梁書》卷二一〈王瞻傳〉又載：

> 王瞻字思範，琅邪臨沂人，宋太保弘從孫也。祖柳，光祿大夫、東亭侯。父猷，廷尉卿。瞻年數歲，嘗從師受業，時有伎經其門，同學皆出觀，瞻獨不視，習誦如初。從父尚書僕射僧達聞而異之，謂瞻父曰：「吾宗不衰，寄之此子。」

《陳書》卷三十〈陸瓊傳〉：

> 瓊……十一，丁父憂，毀瘠有至性，從祖襄歎曰：「此兒必荷門基，所謂一不為少」。及侯景作逆，攜母避地于縣之西鄉，勤苦讀書，晝夜無怠，遂博學。

都是對佳子弟的期許，對其寄予興盛家門之厚望。

北朝也不例外，北魏李孝伯，「少傳父業，博綜群言。美風

---

[92] 《梁書》，卷三十〈顧協傳〉，頁444。

儀，動有法度」，被世祖許為其「家千里駒也，遷祕書奏事中散」；而袁躍「博學儁才，性不矯俗」，其兄翻每謂人曰：「躍可謂我家千里駒也」；北齊崔昂，雖七歲而孤，然其伯父吏部尚書孝芬則對人稱讚他說：「此兒終當遠至，是吾家千里駒也」；邢晏與其甥李繪清言，歎其高遠，每稱曰：「若披雲霧，如對珠玉，宅相之寄，良在此甥」；北周杜杲，「學涉經史，有當世幹略」，為「清貞有識鑒」的族父瓊所深器重，常稱杲是「吾家千里駒也」。[93]而《北齊書》卷三五〈陸卬傳〉載：

> 陸卬……好學不倦，博覽群書……甚為河間邢卲所賞。卲又與卬父子彰交遊，嘗謂子彰曰：「吾以卿老蚌遂出明珠，意欲為群拜紀，可乎？」由是名譽日高，儒雅搢紳，尤所推許。

凡此，都表達了世家大族之長輩及其親友對子弟的期盼，希望他們能克紹箕裘，維持家世不墜，甚至是進而光大門戶。就如《周書》卷三九〈韋梁皇甫辛王杜傳‧史臣曰〉所稱：

> 韋、辛、皇甫之徒，並關右之舊族也……既茂國猷，克隆家業，美矣夫！

---

[93] 以上引文分見《魏書》，卷五三〈李孝伯傳〉，頁1167-1168；卷八五〈文苑列傳‧袁躍傳〉，頁1870；李百藥，《北齊書》（北京：中華書局，2003年），卷三十〈崔昂傳〉，頁410；卷二九〈李渾傳附弟李繪傳〉，頁394；令狐德棻等，《周書》（北京：中華書局，2003年），卷三九〈杜杲傳〉，頁701。

僅以范陽盧氏為例，自盧植開始，即為東漢以來著姓，後代子孫「世以儒業顯」。[94] 北魏盧玄，父、祖「皆以儒雅稱」，盧玄本身也是當世儒首；其子度世、從子遐「俱以學行為時流所重」；度世四子，淵「有祖父之風，敦尚學業」、敏「少有大量」、昶「學涉經史，早有時譽」、尚之「亦以儒素見重」；淵八子，多「涉獵經史」，「以學尚知名」。可見其家歷代均以經學相傳，且仕宦無絕。因此，《魏書》卷四七〈盧玄傳・史臣曰〉才會說：

> 盧玄緒業著聞，首應旌命，子孫繼迹，為世盛門。其文武功烈，殆無足紀，而見重於時，聲高冠帶，蓋德業儒素有過人者。

相對的，後世子孫背負家族門楣，也自認責任重大，《魏書》卷五二〈宋繇傳〉就載：

> 宋繇……曾祖配、祖悌，世仕張軌子孫。父僚，張玄靚龍驤將軍、武興太守。繇生而僚為張邕所誅。五歲喪母，事伯母張氏以孝聞。八歲而張氏卒，居喪過禮。繇少而有志尚，喟然謂妹夫張彥曰：「門戶傾覆，負荷在繇，不銜膽自屬，何以繼承先業！」遂隨彥至酒泉，追師就學，閉室誦書，晝夜不倦，博通經史，諸子群言，靡不覽綜。

---

[94] 《晉書》，卷四四〈盧欽傳〉，頁 867。

所以當時世家大族對子孫多會刻意栽培。正如《魏書》卷二一上〈獻文六王列傳上・廣陵王羽傳〉所載：

> 高祖引陸叡、元贊等於前曰：「北人每言北人何用知書，朕聞此，深用憮然。今知書者甚眾，豈皆聖人？朕自行禮九年，置官三載，正欲開導兆人，致之禮教。朕為天子，何假中原，欲令卿等子孫，博見多知。若永居恒北，值不好文主，卿等子孫，不免面牆也。」陸叡對曰：「實如明詔，金氏若不入仕漢朝，七世知名，亦不可得也。」高祖大悅。

可謂君臣上下皆有共識。就臣民而言，學問可保家世富貴綿延；就君王來說，臣僚能學方知禮教，知禮教則不易為亂，政權始得長治久安。

三、六朝經學家傳的情形

由以上論述，可知六朝時期雖然玄學、佛學大盛，並不代表經學的授受傳承風氣就此低迷。相反的，通過實際的檢索考察，可以發現因為六朝時期世家大族更為蓬勃發展，為了維持、延續家族之門面聲望以及實質利益，經學教育仍舊是必要的修養；而貧寒之人也希望能透過經學以求利祿聲名，改變自己乃至後世家門的地位。因此，這種經學父子相傳，乃至家世儒學、數代津延的家族化情形，也就依然常見，與兩漢時期相比，甚至更為普遍。

父子學業相傳者，如許慈，「師事劉熙，善鄭氏學，治《易》、《尚書》、三《禮》、毛《詩》、《論語》」，「子勛傳其業」；尹默，「通諸經史，又專精於左氏《春秋》」，「子宗傳其業，為博士」；李譔，「父仁，字德賢，與同縣尹默俱游荊州，從司馬徽、宋忠等學，譔具傳其業」；雷次宗，「篤志好學，尤明三《禮》、《毛詩》」，宋文帝時「為皇太子諸王講〈喪服經〉」，「子肅之頗傳其業」；褚脩，「父仲都，善《周易》」，「脩少傳父業」；司馬筠，「晉驃騎將軍譙烈王承七世孫」，「既長，博通經術，尤明三《禮》」，「子壽傳父業，明三《禮》」；范縝，「晉安北將軍汪六世孫」，「既長，博通經術，尤精三《禮》」，子胥「傳父學」；沈文阿，「父峻，以儒學聞於梁世」，文阿「少習父業，研精章句」；許亨，「晉徵士詢之六世孫也」，父懋「以學藝聞，撰《毛詩風雅比興義類》十五卷」，亨「少傳家業」，「博通羣書」。[95]

　　或是三世承襲，伏曼容，乃宋、齊二朝之名儒，「為《周易》、《毛詩》、〈喪服〉集解，《老》、《莊》、《論語》義」。其子暅「幼傳父業」。暅子挺，則「於宅講《論語》，聽者傾朝。挺三世同時聚徒教授，罕有其比」；而像明僧紹，「明經有儒術」，

---

[95] 分見《三國志》，卷四二〈許慈傳〉，頁 861-862；同卷〈尹默傳〉，頁 864；同卷〈李譔傳〉，頁 864；《宋書》，卷九三〈隱逸列傳·雷次宗傳〉，頁 2292-2294；《梁書》，卷四七〈孝行列傳·褚脩傳〉，頁 657；卷四八〈儒林列傳·司馬筠傳〉，頁 674-676；同卷〈范縝傳〉，頁 664；《陳書》，卷三三〈儒林列傳·沈文阿傳〉，頁 434；卷三四〈文學列傳·許亨傳〉，頁 458。

「子元琳、仲璋、山賓並傳家業,山賓最知名」,年「十三,博通經傳」,為蕭梁名儒。梁初「初置五經博士,山賓首應其選」,獲遣入授昭明太子經。山賓子震「亦傳父業」,史稱:「明氏南度雖晚,並有名位,自宋至梁為刺史者六人」;賀德基,「世傳禮學,祖文發、父淹,仕梁俱為祠部郎,竝有名當世」,「三世儒學,俱為祠部,時論美其不墜焉」,則是三世皆習儒術禮學。[96]

甚至是世傳儒學而成家業,如鄭默,先祖鄭興、鄭眾於東漢前期「皆為名儒」,「默遵守家業,以篤素稱,位至太常」;嵇康,「家世儒學」;氾毓,「濟北盧人也,奕世儒素,敦睦九族,客居青州,逮毓七世」,「毓少履高操,安貧有志業」;左思,「家世儒學」;韋逞母宋氏,「家世以儒學稱」,「世學《周官》,傳業相繼」;徐廣,「家世好學,至廣尤精,百家數術,無不研覽」;司馬褧,「曾祖純之,晉大司農高密敬王」,「父燮,善三《禮》」,「褧少傳家業」;顏之推,「世善《周官》、《左氏》,之推早傳家業」;杜之偉,「家世儒學,以三《禮》專門」,「之偉幼精敏,有逸才。七歲,受《尚書》,稍習《詩》、《禮》,略通其學。十五,遍觀文史及儀禮故事,時輩稱其早成」。[97] 其中又以

---

[96] 《南史》,卷七一〈儒林列傳・伏曼容傳〉,頁 1731-1733;卷五十〈明僧紹傳〉,頁 1241-1244;《陳書》,卷三三〈儒林列傳・賀德基傳〉,頁 442。

[97] 分見《三國志》,卷十六〈鄭渾傳〉,裴《注》引《晉諸公贊》,頁 470;卷二一〈王粲傳附嵇康傳〉,裴《注》引〈嵇康傳〉,頁 541;《晉書》,卷九一〈儒林列傳・氾毓傳〉,頁 1538;卷九二〈文苑列傳・左思傳〉,頁 1552;卷九六〈列女列傳・韋逞母宋氏〉,頁 1648;《宋書》,卷五五〈徐廣傳〉,頁 1547;《南史》,卷六二〈司馬褧傳〉,頁 1513;《北齊書》,卷四五〈文苑列傳・顏之推傳〉,頁

「王氏青箱學」最為世人所知,《宋書》卷六十〈王准之傳〉記載:

> 王准之,字元曾,琅邪臨沂人。高祖彬,尚書僕射;曾祖彪之,尚書令;祖臨之、父訥之,並御史中丞。彪之博聞多識,練悉朝儀,自是家世相傳,並諳江左舊事,緘之青箱,世人謂之「王氏青箱學」。准之兼明《禮傳》,贍於文辭……究識舊儀,問無不對,時大將軍彭城王義康錄尚書事,每歎曰:「何須高論玄虛,正得如王准之兩三人,天下便治矣。」然寡乏風素,不為時流所重。撰儀注,朝廷至今遵用之。

這種家族世代傳習儒學的情形,在以下幾個高門大族的案例中可以看得更清楚。

1. 弘農袁氏:

袁渙父滂與袁安並為袁良之孫,而良習孟氏《易》。渙子準,「以儒學知名,注〈喪服經〉」,又「為《易》、《周官》、《詩》傳,及論五經滯義,聖人之微言,以傳於世」。準孫質,「自渙至質五世,並以道素繼業」。質子豹,「好學博聞,多覽典籍」。豹孫粲,宋明帝泰始「六年,上於華林園茅堂講《周易》,粲為執經」,可謂續其家業。[98] 袁氏一門,自東漢以迄陳

617:《陳書》,卷三四〈文學列傳・杜之偉傳〉,頁 454。

[98] 以上引文分見《三國志》,卷十一〈袁渙傳〉,裴《注》引《袁氏世紀》,頁 347、《晉書》,卷八三〈袁瓌傳附從祖準傳〉,頁 1430-1431、《宋書》,卷五二〈袁湛傳附弟豹傳〉,頁 1498、卷八九〈袁粲傳〉,

朝,家世子孫多好學不倦,並歷世貴顯,家學門風經久不墜。所以宋明帝曾使朝士與袁顗書時就說:「汝中京冠冕,儒雅世襲,多見前載」。[99]

2. 會稽賀氏:

賀循,「其先慶普,漢世傳《禮》,世所謂慶氏學。族高祖純,博學有重名,漢安帝時為侍中,避安帝父諱,改為賀氏」。「循少玩篇籍,善屬文,博覽眾書,尤精《禮傳》」。東晉初建,「舊儀多闕」,「朝廷疑滯皆諮之於循,循輒依經禮而對,為當世儒宗」。因曾任太子太傅,故於諸南士中,「朝望特隆,遂使鑾蹕降臨,承明下拜。雖西漢之恩崇張禹,東都之禮重桓榮,弗是過也」。循孫「道力,善三《禮》,有盛名」,道力子「損亦傳家業」。損子賀瑒,「少傳家業」,梁「武帝方創定禮樂,瑒所建議多見施行」,復「為儒者宗」。「二子革、季、弟子琛並傳瑒業」,革、季均明通三《禮》。賀琛幼孤,「伯父瑒授其經業」,「尤精三《禮》」,以致被梁武帝見許為:「琛殊有世業」。可見賀氏自兩漢以來即為《禮》學名家,「世習《禮》學」,並因此

頁 2231。南朝袁氏家族景況,請見《南史》,卷二六〈袁湛傳〉,頁 697-721。又,「執經」乃六朝時期,由帝王或皇太子親臨講經集會中的一個職司,即主講者,通常以當世名儒當之,乃講經集會中地位最崇高者。袁粲既能膺此任,代表他於《周易》上的造詣不低,而這極有可能傳自家學淵源。有關執經的相關論述,請參郭永吉,《自漢至隋皇帝與皇太子經學教育禮制蠡測》,第六章〈講經集會〉,頁 129-130、頁 138。

99 《宋書》,卷八四〈袁顗傳〉,頁 2151。

而「世以儒術顯」。[100]

3. 京兆杜氏：

杜畿起於漢魏之際，曹操任命其為河東太守時，「開學宮，親自執經教授」，官至尚書僕射。畿子恕，曹魏時官至幽州刺史，著有《體論》八篇，「成一家言」。恕子預，「博學多通」，乃西晉平吳元勛，「既立功之後，從容無事，乃耽思經籍，為《春秋左氏經傳集解》。又參攷眾家譜第，謂之釋例；又作《盟會圖》、《春秋長曆》，備成一家之學」。爾後遂成家學，「預玄孫坦、坦弟驥，於宋朝並為青州刺史，傳其家業，故齊地多習之」。而梁元帝則詔稱：杜崱「京兆舊姓，元凱苗裔，家傳學業，世載忠貞」。直至隋朝時，猶有杜正玄「少傳家業，耽志經史」。[101]

4. 河東裴氏：

裴松之，「博覽墳籍」，注陳壽《三國志》。子駰，注司馬遷《史記》。駰子昭明，「少傳儒史之業」。昭明子子野，「少好學，

---

[100] 《晉書》，卷六八〈賀循傳〉，頁1217-1223、《南史》，卷六二〈賀瑒傳〉，頁1507-1509、《梁書》，卷四八〈儒林列傳‧賀瑒傳〉，頁672。

[101] 以上引文分見《三國志》，卷十六〈杜畿傳〉，頁459-466、《晉書》，卷三四〈杜預傳〉，頁717及722、李延壽，《北史》（北京：中華書局，2003年），卷八一〈儒林列傳‧序論〉，頁2708、《梁書》，卷四六〈杜崱傳〉，頁642-643、《北史》，卷二六〈杜銓傳附杜正玄傳〉，頁962。另，根據《三國志》，卷十六〈杜畿傳〉，頁458，裴《注》引《傅子》：「畿，漢御史大夫杜延年之後」，所言若屬實，則自西漢已為大族。

善屬文」,「曾祖松之,宋元嘉中受詔續修何承天《宋史》,未及成而卒,子野常欲繼成先業。及齊永明末,沈約所撰《宋書》既行,子野更刪撰為《宋略》二十卷」。故中書郎范縝將遷國子博士,上表讓之,其理由即言子野「家傳素業,世習儒史,苑囿經籍,遊息文藝。著《宋略》二十卷,彌綸首尾,勒成一代,屬辭比事,有足觀者」。[102]

上述袁、賀、杜三氏均是自兩漢以來的名家大族,且子孫世習儒學,歷代津延不絕而成家業,形成所謂的儒學世家、書香門第。

北朝也可見這樣的情形,董謐,父京「以碩學播名遼海。謐好學,傳父業」;裴宣,「家世以儒學為業」;李孝伯,「父曾,少治鄭氏《禮》、《左氏春秋》,以教授為業」,「孝伯少傳父業,博綜羣言」,孝伯兄祥也「學傳家業,鄉黨宗之」;崔鴻,當世名儒崔光從子,「少好讀書,博綜經史」,其子稱其「不殞家風,式纘世業」;孫惠蔚,「自言六世祖道恭為晉長秋卿,自道恭至惠蔚世以儒學相傳」;李神威,「曾祖融,魏中書侍郎。神威幼有風裁,傳其家業禮學,粗通義訓」;馬敬德,「少好儒術」,「留意於《春秋左氏》」,「解義為諸儒所稱」,子元熙「少傳父業」;盧辯,「范陽涿人,累世儒學」,「其兄景裕為當時碩儒」,「辯少

---

[102] 《南史》,卷三三〈裴松之傳〉,頁 863-866、《梁書》,卷三十〈裴子野傳〉,頁 442。

好學,博通經籍」;包愷,「其兄愉,明五經,愷悉傳其業」;房暉遠,「世傳儒學」。[103]

---

[103] 分見《魏書》,卷二四〈崔玄伯傳附董謐傳〉,頁 634;卷四五〈裴駿傳附子宣傳〉,頁 1023;卷五三〈李孝伯傳〉,頁 1167-1174;卷六七〈崔光傳附從子鴻傳〉,頁 1501-1505;卷八四〈儒林列傳・孫惠蔚傳〉,頁 1852;《北齊書》,卷二二〈李義深傳附族弟神威傳〉,頁 324;卷四四〈儒林列傳・馬敬德傳〉,頁 590;《周書》,卷二四〈盧辯傳〉,頁 403;《隋書》,卷七五〈儒林列傳・包愷傳〉,頁 1716;同卷〈房暉遠傳〉,頁 1716。

第三章　家庭中之經學基礎教育

　　上一章所言之家學，多為五經中的某一經，以現代情況而言，這是屬於進階教育的專業科目，如同今日之大學階段。除此之外，應該還有通識性的基礎教育，屬於小學階段，[1]本章主要處理這一部份。

第一節　家庭經學基礎教育的內容

　　西漢廣川繆王太子去「師受《易》、《論語》、《孝經》，皆通」；東漢范升，「少孤，依外家居，九歲通《論語》、《孝經》，

---

[1] 如王國維，《觀堂集林》，《王國維遺書》（上海：上海書店出版社，1996年），卷四〈藝林四‧漢魏博士考〉，頁193即曾指出：「六藝與此三者（《論語》、《孝經》、小學）皆漢時學校誦習之書，以後世之制明之：小學諸書者，漢小學之科目；《論語》、《孝經》者，漢中學之科目；而六藝則大學之科目也」。另外，畢誠，《中國古代家庭教育》（台北：臺灣商務印書館，1994年），頁61-63，將漢魏六朝仕宦之家的家庭教育分為初、中、高三種程度，學習內容分別是：初等程度為《倉頡》、《凡將》及《九章算術》等，目的是學習識字和習字、算術；中等程度是誦讀《孝經》、《論語》、《易》、《尚書》、《詩》等經書，重點在背誦與略通文義；高級程度則是專經研習，要能精通一經之內容。此等分法雖大體上沿襲王國維之說，然一來，中、高階段有很大的重疊性，差別在於理解程度的深淺，是否為漢魏六朝的實際情形，作者未引任何史料以為佐證，說服力不足；二來，根據本章下文所論，當時《孝經》、《論語》與識字習字是在同一階段——小學，所學，與《詩經》以外的四經則為不同階段。故畢氏之說恐有待商榷。

及長,習梁丘《易》、《老子》」,[2] 是不論王侯或寒庶,都讀《孝經》、《論語》。甚至帝王太子也不例外,漢昭帝於始元五年詔中自稱:朕「通保傅,傳《孝經》、《論語》、《尚書》,未云有明」;宣帝時疏廣任太子太傅,以「皇太子年十二,通《論語》、《孝經》」,完成階段性任務而欲辭任。元帝時,張禹入授太子《論語》、《孝經》。[3] 東漢時包咸、包福父子均以《論語》分別入授時為太子的明帝、和帝。[4] 漢明帝時,更是「自期門、羽林之士,悉令通《孝經章句》」。[5] 流風所及,有些地方官吏也應承聖意,如王渙為洛陽令,「小史無事,皆令讀《孝經》」。[6] 是以荀爽對策時就說:「漢制使天下皆講《孝經》」。[7] 魏晉南北朝時,此風未替。如《北齊書》卷四四〈儒林列傳・序論〉就說:

---

[2] 《漢書》,卷五三〈景十三王列傳・廣川惠王越傳〉,頁 1137;《後漢書》,卷三六〈范升傳〉,頁 441。

[3] 分見《漢書》,卷七〈昭帝紀〉,頁 105;卷七一〈疏廣傳〉,頁 1357。至於教授成帝的內容,《漢書》,卷八一〈張禹傳〉,頁 1460,僅載張禹授《論語》。然據荀悅,《漢紀》(北京:中華書局,2002 年),卷二五〈孝成皇帝紀・河平四年〉,頁 440,則《論語》、《孝經》並授。由《漢書》,卷三十〈藝文志・六藝略・論語類〉,頁 884,可知:張禹亦是《孝經》名家,則荀悅所言或不誣。

[4] 《後漢書》,卷七九〈儒林列傳・包咸傳〉,頁 917。

[5] 《後漢書》,卷七九〈儒林列傳・序論〉,頁 908。

[6] 周天游,《後漢紀校注》(天津:天津古籍出版社,1987 年),卷十四〈孝和皇帝紀・永元十五年〉,頁 414。

[7] 《後漢紀校注》,卷二二〈孝桓皇帝紀・永康元年〉,頁 629。《漢書》,卷九九上〈王莽傳〉,頁 1718-1719,載大司馬護軍褒奏言:「安漢公遭子宇陷於管、蔡之辜……喟然憤發,作書八篇,以戒子孫。宜班郡國,令學官以教授」。「事下群公,請令天下吏能誦公戒者,以著官簿,比《孝經》」,可見:當時鼓勵地方學校諸生誦讀《孝經》。

《論語》、《孝經》，諸學徒莫不通講。諸儒如權會、李鉉、刁柔、熊安生、劉軌思、馬敬德之徒多自出義疏。

而蕭齊張敬兒以軍功起家，「始不識書，晚既為方伯，乃習學讀《孝經》、《論語》」。[8] 正如顏之推所言：「雖百世小人，知讀《論語》、《孝經》者，尚為人師。」[9] 因此，漢魏六朝時，基礎教育除識字的小學外，所習大多即為《孝經》、《論語》二書。[10] 如王充，六歲時先於家中學書，八歲則入書館習字，「手書既成，辭師受《論語》、《尚書》」。[11]

至於一般研讀《論語》、《孝經》的年紀，根據史書的記載，像蕭梁昭明太子，「生而聰叡，三歲受《孝經》、《論語》，五歲徧讀五經，悉通諷誦」；顏之儀，「幼穎悟，三歲能讀《孝經》」；梁簡文帝子蕭大圜，「年四歲，能誦〈三都賦〉及《孝經》、《論語》」；庾子輿，「幼而歧嶷，五歲讀《孝經》」；王僧孺，「年五歲，讀《孝經》」；岑之敬「年五歲，讀《孝經》」；斛斯徵，「幼聰穎，五歲誦《孝經》、《周易》，識者異之」；馬樞，「六歲，能誦《孝經》、《論語》、《老子》」；馬續，「七歲能通《論

---

[8] 《南齊書》，卷二五〈張敬兒傳〉，頁 474。

[9] 《顏氏家訓集解》，卷三〈勉學〉，頁 148。

[10] 《北齊書》，卷三四〈楊愔傳〉，頁 453 記載：楊愔「六歲學史書，十一受《詩》、《易》」。從六歲到十一歲之間為小學階段，有五、六年的時間，不太可能都在學寫字，故可推測也誦讀《孝經》、《論語》。之後正式進入習經階段，以《詩經》為始，正符合本文的推論。

[11] 黃暉，《論衡校釋》（北京：中華書局，1995 年），卷三十〈自紀〉，頁 1188。

語》」；蕭梁鄱陽王蕭恢，「幼聰穎，年七歲，能通《孝經》、《論語》義，發摘無所遺」；伏挺，「幼敏寤，七歲通《孝經》、《論語》」；謝莊，「年七歲，能屬文，通《論語》」；謝貞，年七歲，「母王氏授貞《論語》、《孝經》，讀訖便誦」；王絢，「少以敏惠見知」，「年七歲，讀《論語》」[12]。這些人大概都可謂奇才，故史書特別標出，間則註明「幼穎悟」、「幼而歧嶷」、「幼敏寤」，或「識者異之」。

對照因家庭困難而失學者，如邴原，「十一而喪父，家貧，早孤」，未能入書舍，因塾師哀其處境，「徒相教，不求資」，這才得「誦《孝經》、《論語》」；葛洪，「年十有三，而慈父見背，夙失庭訓」，「年十六，始讀《孝經》、《論語》、《詩》、《易》」；賀革，「少以家貧，躬耕供養，年二十，始輟耒就父受業」，「通三《禮》。及長，偏治《孝經》、《論語》、《毛詩》、《左傳》」。[13] 復參考早年不好讀書，晚而折節向學者，如崔琰，「少樸訥，好

---

[12] 《梁書》，卷八〈昭明太子統傳〉，頁165；《周書》，卷四十〈顏之儀傳〉，頁719；卷四二〈蕭大圜傳〉，頁756；《南史》，卷五六〈庾域傳附子子輿傳〉，頁1391；《梁書》，卷三三〈王曾孺傳〉，頁469；《陳書》，卷三四〈文學列傳‧岑之敬傳〉，頁461；《周書》，卷二六〈斛斯徵傳〉，頁432；《陳書》，卷十九〈馬樞傳〉，頁264；《後漢書》，卷二四〈馬援傳附兄孫馬續傳〉，頁320；《梁書》，卷二二〈太祖五王傳‧鄱陽王恢傳〉，頁350；卷五十〈文學列傳‧伏挺傳〉，頁719；《宋書》，卷八五〈謝莊傳〉，頁2167；《陳書》，卷三二〈孝行列傳‧謝貞傳〉，頁426；《宋書》，卷八五〈王景文傳附子絢傳〉，頁2184。

[13] 分見《三國志》，卷十一〈邴原傳〉，頁357，裴《注》引《原別傳》；楊明照，《抱朴子外篇校箋》（北京：中華書局，1997年），卷五十〈自序〉，頁652-655；《南史》，卷六二〈賀瑒傳附子革傳〉，頁1507。

擊劍,尚武事。年二十三,鄉移為正,始感激,讀《論語》、《韓詩》」;皇甫謐,年二十,「不好學,游蕩無度,或以為癡」。後因所從後之叔母「流涕」切責之,「謐乃感激,就鄉人席坦受書」,「始受《孝經》、《論語》」;馮熙,「年十二,好弓馬,有勇幹……還長安。始就博士學問,從師受《孝經》、《論語》」;王頍,「年二十,尚不知書,為其兄顒所責怒。於是感激,始讀《孝經》、《論語》」;雷紹,「九歲而孤……年十八」,觀光京華之後,始「辭母求師,經年,通《孝經》、《論語》」。[14]

可以推知:當時一般狀況下,士人十歲左右應都已將這兩本書諷誦完畢。[15]

小學、大學階段之交,一般從《詩經》開始。西漢霍光於廢昌邑王後,欲援立戾太子孫,奏議皇太后時就稱:「孝武皇帝

---

[14] 分見《三國志》,卷十二〈崔琰傳〉,頁370;《晉書》,卷五一〈皇甫謐傳〉,頁963;《顏氏家訓集解》,卷八〈勉學〉,頁173;《魏書》,卷八三〈外戚列傳・馮熙傳〉,頁1818;《隋書》,卷七六〈文學列傳・王頍傳〉,頁1732;《北史》,卷四九〈雷紹傳〉,頁1807。至於高文,《漢碑集釋》(開封:河南大學出版社,1985年),頁15所錄之〈孟孝琚碑〉載:「四歲失母,十二隨官,受《韓詩》,兼通《孝經》二卷」,則可能是喪母之後,其父在外任官而失學,待年十二隨父赴任,方得就學,亦以《孝經》為始。

[15] 如《南史》,卷五二〈梁宗室列傳下・鄱陽忠烈王恢傳附子循傳〉,頁1298:「九歲通《論語》,十一能屬文」。而《梁書》,卷四八〈儒林列傳・嚴植之傳〉,頁671說:「植之少善《莊》、《老》,能玄言,精解〈喪服〉、《孝經》、《論語》。及長,徧治鄭氏《禮》、《周易》、《毛詩》、《左氏春秋》」。雖未標明確切年歲,應亦相差不遠。至於《陳書》,卷三三〈儒林列傳・張譏傳〉,頁443記載:「譏幼聰俊,有思理,年十四,通《孝經》、《論語》。篤好玄言,受學于汝南周弘正,每有新意,為先輩推伏」。或為特例。然既言「通」,則非至十四歲始誦讀,且對其內容義理應有較深入的理解。

曾孫病已,有詔掖庭養視,至今年十八,師受《詩》、《論語》、《孝經》」;東漢樊安,「幼以好學,治《韓詩》、《論語》、《孝經》」;漢魏之際的管輅,「父為琅邪即丘長,時年十五,來至官舍讀書,始讀《詩》、《論語》及《易》本」;曹植,「年十歲餘,誦讀《詩》、《論》及辭賦數十萬言」;劉宋時裴松之,「年八歲,學通《論語》、《毛詩》」;陶弘景,「七歲讀《孝經》、《毛詩》、《論語》數萬言」;蕭梁之世元帝,「及在幼學,親承慈訓,初受《孝經》,正覽《論語》、《毛詩》」;西陽王大鈞,「年七歲,高祖嘗問讀何書,對曰:『學《詩》。』因命諷誦」;陸雲公,「五歲誦《論語》、《毛詩》」;劉歊,「六歲誦《論語》、《毛詩》,意所不解,便能問難」;元魏常景,「少聰敏,初讀《論語》、《毛詩》,一受便覽。及長,有才思,雅好文章」;宇文周宋獻公震,「幼而敏達,年十歲,誦《孝經》、《論語》、《毛詩》」。[16] 而曹魏的管輅本身乃舊《易》學名家,卻表示:「《孝經》、《詩》、《論》,足為三公」;[17]《顏氏家訓》卷八〈勉學〉也記載:「近

---

[16] 《漢書》,卷八〈宣帝紀・卷首〉,頁110;洪适,《隸釋》(北京:中華書局,2003年),卷六〈中常侍樊安碑〉,頁78;《三國志》,卷二九〈方伎列傳・管輅傳〉,頁692,裴《注》引《輅別傳》;卷十九〈陳思王植傳〉,頁500;《宋書》,卷六四〈裴松之傳〉,頁1698;李昉等編,《文苑英華》(臺北:新文豐出版公司,1979年),卷八百七十三〈碑三十・隱居〉所錄蕭綸,〈隱居貞白先生陶君碑〉,頁4604;蕭繹,《金樓子》(台北:世界書局,1990年),卷二〈后妃篇・梁宣修容〉,頁75;《梁書》,卷四四〈太宗十一王列傳・西陽王大鈞傳〉,頁617;卷五十〈陸雲公傳〉,頁724;卷五一〈處士列傳・劉歊傳〉,頁747;《魏書》,卷八二〈常景傳〉,頁1800;《周書》,卷十三〈文帝諸子列傳・宋獻公震傳〉,頁201。

[17] 《三國志》,卷二九〈方伎列傳・管輅傳〉,頁702,裴《注》引《輅

世」「士大夫子弟數歲已上,莫不被教」,「少者不失《詩》、《論》」;甚至某些外族欲習華夏文化,也由此入手,《周書》卷五十〈異域列傳‧高昌傳〉記載:

> 文字亦同華夏,兼用胡書。有《毛詩》、《論語》、《孝經》,置學官弟子,以相教授。雖習讀之,而皆為胡語。

均可見:地不分南北,人無論種姓,《論語》、《孝經》、《詩經》似乎均為起始必讀之書。前二者乃小學階段的教本;後者蓋將步入大學階段一般首先接觸的,故三者經常並列,《詩》在當時頗類似現在國民義務教育至大學的中間環節。證諸蕭齊顧歡案例,尤可知。歡「家貧」,「無以受業」,因「鄉中有學舍」,他是於學舍「壁後倚聽」而得「八歲,誦《孝經》、《詩》、《論》」,可見:當時鄉黨學官或私塾所授最後止於《詩》。[18] 此所以資質「不慧」,「朝廷咸知不堪政事」的晉惠帝為皇太子時,[19] 曾三度於習經完畢後舉行釋奠禮,依其所習內容:《孝經》、《詩經》、《禮記》,分別代表初、中、高三階段,[20] 可知應

別傳》。
[18] 《南齊書》,卷五四〈高逸列傳‧顧歡傳〉,頁 928。
[19] 分見《晉書》,卷三一〈皇后列傳‧惠賈皇后傳〉,頁 677;卷四〈惠帝本紀〉,頁 100。相關記載,又見於卷三六〈衛瓘傳〉,頁 741、卷四五〈和嶠傳〉,頁 885。
[20] 見《晉書》,卷十九〈禮志上〉,頁 461-462。三次舉行的時間分別是:武帝泰始七年、咸寧三年、太康三年,對應惠帝當時的年齡則為:十三歲、十九歲、二十四歲。較之魏晉時一般皇室或士子習經的情形,

為其父武帝精心刻意的安排,蓋欲藉此向外界宣示:惠帝有能力繼承大統。乃深具政治用意的舉措。

需說明的是,上文所舉有關六朝學子習經的記載,或以五經在前,《論語》、《孝經》在後,這並不代表先習五經,再讀《論語》、《孝經》,王國維就曾針對這點作了說明:

> 漢人受書次第首小學,次《孝經》、《論語》,次一經,此事甚明。諸書或倒言之,乃以書之尊卑為次,不以受書之先後為次。受書時由卑及尊,乃其所也。[21]

因此,除非確切標明所習經籍之次序,否則王國維之說應可從。

《孝經》、《論語》雖均為啟蒙之書,但從《後漢紀》卷十四〈孝和皇帝紀・永元十四年〉記載:和熹鄧皇后年十二,「通《論語》,志在經書,不問家事。后母非之曰:『女人書足注疏,通一《孝經》而已。今不務女工,長大寧舉博士邪?』」以及《三國志》卷二八〈鍾會傳〉裴《注》引鍾會母《傳》:

> 夫人性矜嚴,明於教訓,會雖童稚,勤見規誨。年四歲授《孝經》,七歲誦《論語》,八歲誦《詩》,十歲誦《尚書》,十一誦《易》,十二誦《春秋左氏傳》、《國語》,十三誦《周禮》、《禮記》,十四誦成侯《易

年歲相對較晚,如曹魏齊王芳分別於年十、十三、十五講畢《論語》、《尚書》、《禮記》;東晉成帝年八歲時,劉超啟授《孝》、《論》,年十五講《詩》畢。

21　王國維,《觀堂集林》,卷四〈藝林四・漢魏博士考〉,頁193。

記》，十五使入太學問四方奇文異訓。謂會曰：「學
狠則倦，倦則意怠。吾懼汝之意怠，故以漸訓汝，今
可以獨學矣。」

既稱「而已」、「漸訓」來看，應可推測：《孝經》的學習次序在《論語》前，從份量上講，也合情合理。復參對《後漢書》卷二四〈馬援傳附從孫嚴傳〉：

嚴七子，唯續、融知名。續……七歲能通《論語》，十三明《尚書》，十六治《詩》，博觀羣籍。

《魏書》卷八四〈儒林列傳・孫惠蔚傳〉：

惠蔚年十三，粗通《詩》、《書》及《孝經》、《論語》；十八，師董道季，講《易》；十九，師程玄，讀《禮經》及《春秋》三傳，周流儒肆，有名於冀方。

《魏書》卷九十〈逸士列傳・李謐傳〉：

四門小學博士孔璠等學官四十五人上書曰：「竊見故處士趙郡李謐，十歲喪父，哀號罷隣人之相；幼事兄瑒，恭順盡友于之誠。十三通《孝經》、《論語》、《毛詩》、《尚書》，歷數之術尤盡其長，州閭鄉黨有神童之號。年十八，詣學受業，時博士即孔璠也……」。

《周書》卷十三〈文閔明武宣諸子列傳・宋獻公震傳〉：

> 幼而敏達，年十歲，誦《孝經》、《論語》、《毛詩》，後與世宗俱受《禮記》、《尚書》於盧誕。

《漢魏南北朝墓誌彙編》北周卷〈齊故太子太師侍中特進驃騎大將軍開府儀同三司使持節都督兗齊徐三州諸軍事兗州刺史錄尚書事司徒囗池陽縣開國伯安定縣開國子西陽王徐君誌銘〉：

> 五歲誦《孝經》，八年通《論語》……十三召為太學生，受業於博士繆昭，后、慶《禮》經涉津，知齊施、梁《易》旨。

均可看到：《孝經》、《論語》、《詩經》大都與其他經典的學習劃為兩截，[22] 後者多明言就師或入太學研習，前者則未言於何處向誰學習，可以合理推測應該是在家中，由家中長輩教導傳

---

[22] 《梁書》，卷五〈元帝紀〉，頁 135，記載梁元帝年五歲「能誦〈曲禮〉」；《魏書》，卷四三〈房法壽傳附族子景先傳〉，頁 978 則說：房景先「無資從師，其母自授《毛詩》、〈曲禮〉」，事在其十二歲前。按：〈曲禮〉乃〈內則〉、〈少儀〉之倫，幼年先學此單篇，乃教導其基礎禮節，不應據此以疑《禮》亦為基礎教育之教材。至於《梁書》，卷四八〈儒林列傳・賀瑒傳附子革傳〉，頁 673 說：賀革「少通三《禮》，及長，徧治《孝經》、《論語》、《毛詩》、《左傳》」，可能是因從東漢以來，賀氏即為禮學名家，故子弟自幼先習家學。又，既說「治」，意謂鑽研，非及長方讀《論語》、《孝經》。類似案例見諸《梁書》，卷四七〈孝行列傳・褚脩傳〉，頁 657 所載：「父仲都，善《周易》，為當時最。天監中，歷官五經博士。脩少傳父業，兼通《孝經》、《論語》，善尺牘，頗解文章」。

授。[23]而由《魏書》卷三五〈崔浩傳〉所載:

> 太宗初,拜博士祭酒,賜爵武城子,常授太宗經書……太宗好陰陽術數,聞浩說《易》及《洪範》五行,善之,因命浩筮吉凶,參觀天文,考定疑惑……(世祖太武帝時)浩又上《五寅元曆》,表曰:「太宗即位元年,敕臣解《急就章》、《孝經》、《論語》、《詩》、《尚書》、《春秋》、《禮記》、《周易》,三年成訖。復詔臣學天文、星曆、《易》式、九宮,無不盡看。」

根據上下文可知,浩〈表〉稱「解」諸書,應即教授太宗之書,其順序分別是識字的《急就章》,接著是《孝經》、《論語》二書,而後《詩經》繼之,最後遂延及餘四經,與本文所論當時學子習經次序正相同。[24]

根據《大戴禮記》卷三〈保傳〉記載:

> 及太子少長,知妃色,則入於小學。小者,所學之宮也。[25]

---

[23] 至於《周書》,卷四五〈儒林列傳‧樂遜傳〉,頁814:「魏廢帝二年,太祖召遜教授諸子,在館六年,與諸儒分授經業,遜講《孝經》、《論語》、《毛詩》及服虔所注《春秋左氏傳》」。應是因受教者身份特殊,無法由其父宇文泰親自教授,故召名儒入授。然所授以《孝經》、《論語》、《毛詩》為主,仍符合當時家庭教育的內容。

[24] 相關論述,請參周一良,《魏晉南北朝史札記》,氏著《周一良全集》(瀋陽:遼寧教育出版社,1998年),〈三國志札記‧誦《孝經》條〉,頁64-65。

[25] 「妃」,閻振益、鍾夏,《新書校注》(北京:中華書局,2000年),

> 古者（太子）年八歲而出就外舍，學小藝焉；束髮而
> 就大學，學大藝焉，履大節焉。

可見王太子的學校教育分成兩階段，年「少長」時先入小學，接受一些基礎的教育；至「束髮」，再入太學學習「大藝」。至於前者「少長」是否即後者說的八歲？「束髮」所指年歲幾何？《白虎通》卷六〈辟雍〉嘗試進行解釋：

> 古者所以年十五入大學，何？以為八歲毀齒，始有識
> 知，入學學書、計。七、八，十五，陰陽備，故十五
> 成童志明，入大學，學書籍。

且不論八歲「毀齒」，十五「志明」所指對象僅限於王太子，或可推衍至公卿、大夫之子弟，參對《春秋公羊傳》卷十一〈僖公十年〉何休《解詁》：

> 禮，諸侯之子八歲……教之以小學……十五……
> 教之以大學。

以及《太平御覽》卷一百四十六〈皇親部十二・太子一〉所錄

卷五〈保傅篇〉，頁 184，作「好」；「宮」作「官」。《漢書》，卷四八〈賈誼傳〉，頁 1075，前者與《大戴禮》同；後者與《新書》一致。「妃」蓋「好」形近之訛，「宮」之作「官」亦然。不過，「官」亦可讀作「館」，參高亨、董治安，《古字通假會典》（濟南：齊魯書社，1997 年），〈寒部第六上・官字聲系〉，頁 186，故顏師古以「官舍」訓解，則作「宮」、作「官」皆通。

第三章　家庭中之經學基礎教育　87

《尚書大傳》：

> 公卿太子、大夫元士之嫡子，十有三年始入小學……年二十入太學。[26]

---

[26] 《尚書大傳》類似的記載見引於多處，除王聘珍，《大戴禮記解詁》（北京：中華書局，1998年），卷三〈保傅〉，頁60，盧《注》所引與此相同外，其餘地方的內容略有出入。如李昉等編，《太平御覽》（台北：臺灣商務印書館，1997年），卷六百十三〈學部七・教學〉，頁2888引此文，入太學之年作十五，非二十；孔穎達，《禮記正義》（北京：北京大學出版社，1999年），卷十三〈王制〉，頁404，鄭《注》引《尚書傳》：「年十五始入小學，十八入太學」，入小學、大學的年齡均與正文所引不同；卷十三〈王制〉，頁408，孔《疏》引《尚書・周傳》：「王子、公卿、大夫、元士之適子，十三入小學，二十入太學」，雖年齡與正文所引一致，然入學者多出「王子」。首先，入學對象上，不論是十三歲或十五歲入小學，指的都是公卿以下之嫡子，不當包括「王子」在內，孔《疏》引文中之「王子」或為衍文。而陳壽祺，《尚書大傳輯校》，《續經解尚書類彙編》（台北：藝文印書館，1986年），卷二〈周傳〉，頁489-490、孫詒讓，《周禮正義》（北京：中華書局，2000年），卷二五〈地官・師氏〉，頁1000，都稱引《太平御覽》，卷一百四十八〔六〕〈皇親部十二〉。對象更包括「王太子、王子、群后之子以至公卿、大夫、元士之適子」，不知是另有所本，或誤增「王太子……以至」十一字。其次，入學年齡上，古書所載不盡相同，乃因針對對象不同，相關論述，請參《大戴禮記解詁》，卷三〈保傅篇〉，頁60-61引盧辯之說，馬端臨，《文獻通考》（北京：中華書局，2003年），卷四十〈學校考一・太學〉，頁381、《周禮正義》，卷二五〈地官・師氏〉，頁1001-1002。其中問題較大者，乃公卿、大夫、元士之適子入小學的年齡，或作十三，或作十五。若衡以王太子及諸侯之子八歲入小學，十五入大學，小學階段共七年，則或以十三為確。至於《禮記正義》，卷二八〈內則〉，頁869：「六年，教之數與方名……十年，出就外傅，居宿於外，學書記……朝夕學幼儀，請肄簡諒。十又三年，學樂誦《詩》、舞《勺》。成童，舞《象》，學射御。二十而冠，始學禮」，應是承前文，頁868：「命士以上及大夫之子」而言，故後文，頁870又說：「四十始仕」，「五十命為大夫」，「七十致事」。孔《疏》就說：「此一節論男子教之從幼及長，居官至致事之事」。與

可知：入小學、大學的年齡，王太子（可能包括王庶子）與諸侯之子一樣，分別為八歲、十五歲；公卿、大夫與元士之嫡子則比較晚，十三才入小學、二十入大學。

衡諸本節所論，大體而言，漢魏六朝時期一般學子學習經籍的階段約始於六歲至八歲，十歲左右大概已讀完《孝經》、《論語》，十五歲以前大概讀完《詩經》，以古禮比附，可算小學階段告終，後續的大學階段則接受專業科目（專經）的講授。如果說行冠禮不但意味成人，而且意味正式學校教育階段告終，一般士子，就算將資質優異者不計，始學年齡持與先秦古禮十三入小學、二十入太學的規劃相較，受業年限提早了，[27] 或許是因為有仕宦壓力在，而且一般起家年齡甚早。[28]

上文所論之對象又不同。

27 如《漢書》，卷二四上〈食貨志〉，頁513：「八歲入小學……十五入大學」；以及賈思勰，《齊民要術》（北京：團結出版社，1996年），卷三〈雜說〉，頁110 引崔寔，《四民月令》：「正旦〔月〕……命成童以上入太學，學五經……命幼童入小學」，崔氏自注：成童「謂十五以上至二十也」，幼童「謂九歲以上、十四以下」。均與兩漢六朝的情形一致，而黃暉，《論衡校釋》，卷三十〈自紀〉，頁1188 也說：「六歲教書……八歲出書館……手書既成，辭師受《論語》、《尚書》，日諷千字」，八歲出書館後始學《論語》等，與《四民月令》九歲入小學讀《孝經》、《論語》正相符合。

28 詳參呂思勉，〈限年入仕〉，《呂思勉讀史札記》（上海：上海古籍出版社，1982年），頁845-848、閻步克，《察舉制度變遷史稿》，第十章〈南朝察舉之復興及其士族化〉，頁215-220。

第二節　以《論語》、《孝經》為基礎教材的原因

　　《孝經》、《論語》之所以會作為求學的基礎讀物，一方面固然可能是因為其文字較為簡短，且淺顯易懂，適合初學者研習；另一方面，則有其他更實際的因素存在，底下分別論述之。

一、二書與五經的關係

根據《漢書》卷七五〈翼奉傳〉記載翼奉「奏封事」時說：

> 臣聞之於師曰：天地設位，懸日月、布星辰、分陰陽、定四時、列五行，以視聖人，名之曰道；聖人見道，然後知王治之象，故畫州土、建君臣、立律歷、陳成敗，以視賢者，名之曰經；賢者見經，然後知人道之務，則《詩》、《書》、《易》、《春秋》、《禮》、《樂》是也。《易》有陰陽，《詩》有五際，《春秋》有災異，皆列終始、推得失、考天心，以言王道之安危。至秦迺不說，傷之以法，是以大道不通，至於滅亡。

此處標明了一套「道──聖人──經──賢人」的法統，《論語》、《孝經》因不屬於由「道」這一貫傳承的聖王系統，不被列為經的範疇，所以在漢武帝獨置五經博士後，即不見置於王官學的博士席次中。因此，揚雄「以為經莫大於《易》，故作

《太玄》；傳莫大於《論語》，作《法言》」，[29] 也將《論語》明確歸屬於傳而非經，故史書上多稱之為傳、記。[30] 六朝時猶存此觀念，蕭齊時層級與太學相侔的國學中置《孝經》，且有專經博士，陸澄就反對說：「《孝經》，小學之類，不宜列在帝典」；北魏世宗永平四年時，國子博士孫景邕等議喪服，援引《左氏》、《詩》、《易》、《尚書》等各經與《論語》之記載以為「典證」後，則說：「斯皆正經及《論語》士以上世位之明證也」，可見《論語》非「正經」之屬。[31] 但二書的地位仍然相當高，甚至與五經等同。這由底下幾個方面可以看出。

　　第一，在漢武帝獨尊五經，並於官學系統中僅為五經置博士之前，《孝經》、《論語》都曾被納入博士體系中，趙岐於《孟子章句》卷首〈孟子題辭〉中就說：

> 孝文皇帝欲廣遊學之路，《論語》、《孝經》、《孟子》、

---

[29] 《漢書》，卷八七〈揚雄傳〉，頁 1541。

[30] 相關研究，請參田春來，〈《論語》在漢代之地位考〉，《江南大學學報（人文社會科學版）》第 6 卷第 2 期（2007 年 4 月），頁 49-50。

[31] 分見《南齊書》，卷三九〈陸澄傳〉，頁 683；《魏書》，卷一百八之四〈禮志四之四・喪服下〉，頁 2793。從下文正文所引西漢平帝元始三年王莽的奏請中將「經師」與「《孝經》師」相對，可知：《孝經》也不在「正經」之列。《太平御覽》，卷六百八〈學部二・敘經典〉，頁 2867 引三國時東吳楊泉〈物理論〉說：「夫五經則海也，他傳記則四瀆也，諸子則涇渭也」；《抱朴子外篇校箋》，卷三二〈尚博〉，頁 98 則稱：「正經為道義之淵海，子書為增深之川流」，可見正經唯限於五經，《論語》、《孝經》當屬其「他傳記」，與東漢趙岐的說法一致。所以皮錫瑞即主張兩漢時，「經」僅限定於五經，《論語》、《孝經》皆屬「傳」的範疇，不可同日而語。皮氏之說見《經學歷史・經學流傳時代》，頁 67-68。

《爾雅》皆置博士，後罷傳記博士，獨立五經而已。

就算漢武帝以後被排除在博士席次之外，中央官學系統中卻仍講授此二書。[32] 所以欲任博士者，必須通習此二書，《後漢書》卷三三〈朱浮傳〉章懷《注》引應劭《漢官儀》中存錄的博士舉狀就說：

> 生事愛敬，喪沒如禮，通《易》、《尚書》、《孝經》、《論語》，兼綜載籍，窮微闡奧……行應四科，經任博士。[33]

太學生結業時也需通《論語》，《後漢書》卷四四〈徐防傳〉載其上疏和帝：

> 伏見太學試博士弟子，皆以意說，不修家法，私相容隱，開生姦路……臣以為博士及甲乙策試，宜從其家章句，開五十難以試之。解釋多者為上第，引文明者為高說。若不依先師，義有相伐，皆正以為非。五經各取上第六人，《論語》不宜射策。雖所失或久，差可矯革。

---

[32] 參王國維，《觀堂集林》，卷四〈藝林四・漢魏博士考〉，頁 192-196。

[33] 杜佑，《通典》，卷二七〈職官九・國子監條〉，頁 161，引後漢督郵板狀與此大致無異，但多出：「師事某官，經明受謝，見授門徒尚五十人以上，正席謝坐，三郡二人」二十六字。其中所說的「行應四科」即為察舉，參勞榦，〈漢代察舉制度考〉，頁 87-88。

李賢《注》引《東觀漢記》載其疏則說：

> 試《論語》本文章句，但通度，勿以射策。

《論語》雖不射策，但須通度其本文章句。而在地方郡國官學中則為《孝經》特置講師，《漢書》卷十二〈平帝紀·元始三年〉王莽奏請：

> 立官稷及學官，郡國曰學，縣、道、邑、侯國曰校，校、學置經師一人；鄉曰庠，聚曰序，序、庠置《孝經》師一人。[34]

以《孝經》乃必定講授之書。所以《東觀漢記》卷三〈敬宗孝順皇帝紀〉才會說：

> 始入小學，誦《孝經章句》。

不僅止於《孝經》，根據《齊民要術》卷三〈雜說〉引崔寔《四民月令》所說：

> 十一月……命幼童讀《孝經》、《論語》、篇章，入小學。[35]

---

[34] 東漢時此制略易，《續漢志》，卷二七〈百官志四·司隸校尉〉，頁1358，記載地方郡國屬吏中也有「《孝經》師，主監試經」。

[35] 繆啟愉，《四民月令輯釋》（北京：農業出版社，1981年），〈十一月〉，

可知：《孝經》、《論語》均為「小學」教科書之一。甚至在東晉元帝時，《孝經》、《論語》一度又被立於學官。[36]

第二，《論語》、《孝經》雖然不在「帝典」「正經」之列，但自兩漢以來，卻常常與經書相提並論。如《三國志》卷三八〈秦宓傳〉稱：

> 文翁遣（司馬）相如東受七經，還教吏民，於是蜀學比於齊、魯。

關於七經的數算法有二：（一）以五經加上《論語》、《孝經》合為七經，由前引〈孟子題辭〉知《論語》、《孝經》於文、景時亦立於學官，武帝雖獨置五經博士，但博士官中仍講授《論語》、《孝經》；（二）參照《後漢書》卷三五〈張純傳〉說：「迺案七經讖、明堂圖」。李賢《注》說：「七經，謂《詩》、《書》、《禮》、《樂》、《易》、《春秋》及《論語》」，不數《孝經》。[37] 按：緯是相對於經而言，稱「六緯」，乃緣經數《樂》；[38] 稱「七緯」，

頁 104-105，認為：八月已載「入小學」，故十一月不當復言「入」，則此處「入」乃衍文，小學與《孝經》、《論語》、篇章並列，指的是識字教育的課本，如《倉頡篇》等字書；張政烺，〈六書古義〉，《張政烺文史論集》（北京：中華書局，2004 年），頁 218，亦同。縱繆、張之說成立，然此並不影響將《孝經》、《論語》作為當時小學教材之說法。

[36] 見《晉書》，卷七五〈荀崧傳〉，頁 1309、《宋書》，卷三九〈百官志上〉，頁 1228。

[37] 至於宋、明儒對七經的算法，可參《周予同經學史論著選集》，頁 849-850。

[38] 《漢書》，卷七五〈李尋傳〉，頁 1405：「五經六緯，尊術顯士」，顏師古《注》分別引孟康說：「六緯，五經與《樂》緯也」；以及張晏說：

則經兼數《孝經》為七經。[39] 不管如何,《論語》、《孝經》自兩漢以來都相當被看重,因為它們是孔子言行的直接記錄。《漢書》卷八一〈匡衡傳〉就記載匡衡說:

> 臣聞六經者,聖人所以統天地之心,著善惡之歸,明吉凶之分,通人道之正,使不悖於其本性者也,故審六藝之指,則天人之理可得而和,草木昆蟲可得而育,此永永不易之道也。及《論語》、《孝經》,聖人言、行之要,宜究其意。

根據匡衡的看法,六經涵蓋了一切道理,所謂「統天地之心,

「六緯,五經就《孝經》緯也」。而後下斷語:「六緯者,五經之緯及《樂》緯也,孟說是也。」

[39] 《後漢書》,卷八二上〈方術列傳・樊英傳〉,頁970:「習京氏《易》,兼明五經。又善風角、星算、河洛、七緯、推步、災異」。章懷《注》詳列七緯之書,包括:《易》、《書》、《詩》、《禮》、《樂》、《孝經》及《春秋》;《隋書》,卷三二〈經籍志・經部・緯類〉,頁483,著錄之「七經緯」亦為:《易》、《尚書》、《詩》、《禮》、《樂》、《春秋》及《孝經》。均不數《論語》。劉立夫、胡勇譯注,《弘明集》(北京:中華書局,2011年),卷一所收牟融《理惑論》第六答,頁20-21:「孔子不以五經之備,復作《春秋》、《孝經》者,欲博道術,恣人意耳。佛經雖多,其歸為一也,猶七典雖異,其貴道德仁義亦一也」,第七問易「七典」作「七經」。牟氏乃東漢末年人,與秦宓同時,則七經指涉不容有異。《論語》內學別曰讖,見《隋書》,卷三二〈經籍志・經部・緯類〉,頁483,自注中列有:「《論語讖》八卷,宋均注」,可知七經不當計入《論語》。至於《隋書》,卷三二〈經籍志一・經・小學〉,頁947:「後漢鐫刻七經,著於石碑,皆蔡邕所書」,參對頁946所錄,包括《論語》。然此乃唐人之說,考《後漢書》中僅說「五經」或「六經」,不稱「七經」,詳王國維,《觀堂集林》,卷二十〈史林十二・魏石經考一〉,頁373。

著善惡之歸,明吉凶之分,通人道之正」,「故審六藝之指,則天人之理可得而和,草木昆蟲可得而育」。但也正因此,難免如司馬談所說:「博而寡要,勞而少功」,[40] 不似《論語》、《孝經》乃「聖人言、行之要」。[41] 六經乃聖人(即孔子)有意識、有條理的著作,等於是聖人用以治世的成文法則。《論語》、《孝經》雖無此特性,但它們既是聖人言行的重要記錄,也是瞭解聖人體天道而作之經書的重要基礎與途徑,可謂是不可或缺的要素。因此,趙岐於〈孟子題辭〉裡甚至稱:「《論語》者,五經之錧鎋,六藝之喉衿也」;鄭玄《六藝論》也說:

> 孔子以六藝題目不同,指意殊別,恐道離散,後世莫知根源,故作《孝經》以摠會之。[42]

唐人猶稱:「《論語》者,六經之精華;《孝經》者,人倫之大本。窮理執要,真可謂聖人至言」。[43] 所以班固在《漢書》卷三十〈藝文志〉中,將它們置於〈六藝略〉之列,地位近同於五經;

---

[40] 瀧川龜太郎,《史記會注考證》(台北:洪氏出版社,1986年),卷一百三十〈自序〉,頁1367,所錄司馬談〈論六家要旨〉中論儒家之語。

[41] 《論語》乃孔子應答弟子、時人,及弟子相與言而接聞於孔子之語的記錄,古今無異辭。據徐彥,《春秋公羊傳注疏》(北京:北京大學出版社,1999年),何休〈序〉,頁3,引《孝經緯·鉤命決》中夫子自道:「吾志在《春秋》,行在《孝經》。」則「言、行」自當分別與《論語》、《孝經》呼應。

[42] 邢昺,《孝經注疏》(北京:北京大學出版社,1999年;以下簡稱《孝經》),〈孝經正義序〉邢《疏》引,頁6。

[43] 見《太平御覽》,卷六百八〈學部二·敘經典〉,頁2685引錄《唐書》所載薛放回答唐穆宗時之語。此條不見載於兩《唐書》。

東漢末靈帝時,蔡邕等「奏求正定六經文字,靈帝許之」,遂刻立石經於太學門外,《論語》亦在其中;[44] 北魏房景先曾「作《五經疑問》百餘篇」,也包括《論語》在內。[45] 因此,二書自兩漢以來才會均被作為正式研習經書前之基礎教材。

二、當時社會風氣重《孝經》

如上文所論,《論語》、《孝經》乃「聖人言、行之要」。儒家當然言、行並重,但若不得已而分軒輊,行的位階較高,[46]《孝

---

[44] 見《後漢書》,卷六十下〈蔡邕傳〉,頁706,及章懷《注》引《洛陽記》。有關漢石經的相關論述,請參王國維,《觀堂集林》,卷二十〈史林十二・魏石經考一〉,頁373-377;馬衡,《凡將齋金石叢稿》(北京:中華書局,1996年),卷二〈中國金石學概要下・歷代石刻〉,頁75-76、卷六〈石經〉,頁199-205。

[45] 見《魏書》,卷四三〈房法壽傳附族子景先傳〉,頁978、982。

[46]《論語注疏》,卷二〈為政〉,頁21:「言寡尤,行寡悔,祿在其中矣」、卷十三〈子路〉,頁178:「言必信,行必果」、卷十五〈衛靈公〉,頁208:「言忠信,行篤敬,雖蠻貊之邦行矣」,乃言、行並重之明據。然據卷四〈里仁〉,頁53:「君子欲訥於言,而敏於行」、卷十四〈憲問〉,頁196:「君子恥其言而過其行」、卷十七〈陽貨〉,頁241:「天何言哉?四時行焉,百物生焉」,可窺:行較言尤切要,因人儘可以言中規矩,行不足以符之。另外,《論語》、《孝經》二書的地位孰高,這從兩漢時的竹簡規制也可獲得佐證。孔穎達,《春秋左傳正義》(北京:北京大學出版社,1999年),杜預〈春秋左氏傳序〉,頁8,孔穎達《疏》引鄭玄注《論語序》:「以《鉤命決》云:『《春秋》二尺四寸書之,《孝經》一尺二寸書之。』故知六經之策,皆稱長二尺四寸」;賈公彥,《儀禮注疏》(北京:北京大學出版社,1999年),卷二四〈聘禮〉,頁450,賈《疏》引鄭玄《論語序》則云:「《易》、《詩》、《書》、《禮》、《樂》、《春秋》,皆二尺四寸;《孝經》謙半之;《論語》八寸策者,三分居一,又謙焉。」可見《孝經》的地位要比《論語》高。

經》也就成了一切的基礎。

南北朝人承襲先秦、兩漢的看法,認為:「孝,德之本」,[47]乃「百行之首,實人倫所先」。[48]《隋書》卷四六〈韋師傳〉記載:

> 初就學,始讀《孝經》,捨書而歎曰:「名教之極,其在茲乎?」

整個六朝走的都是方內、方外並行兩存的路線,方內既不容廢,「名教之極」的《孝經》自然凌駕真正的正典五經之上。對於士人來說,德的具體化,或者說名教、百行的概括,即:入則事親;出則事君。[49]而《孝經》一書的內容正是「論忠、孝二事」,[50]「讀此一經,足為立身之本」。[51] 無怪乎劉淵子安昌王盛會說:「誦此能行,足矣,安用多誦而不行乎!」[52] 這倒未必是他不好讀書的藉口,蘇綽之子蘇威當著隋文帝的面也說:「臣先人每誡臣云:唯讀《孝經》一卷,足可立身治國,何用多為?」獲得文帝認可。[53]

---

[47] 《南史》,卷五六〈庾域傳附子子輿傳〉,頁 1391。
[48] 《南齊書》,卷三九〈陸澄傳〉,頁 685。
[49] 李善注,《文選》(台北:藝文印書館,1989 年),卷三七〈表上〉,頁 527,所錄曹植〈求自試表〉就說:「臣聞士之生世,入則事父,出則事君」。
[50] 《梁書》,卷三三〈王僧孺傳〉,頁 469。
[51] 《周書》,卷十二〈齊煬王憲傳附子貴傳〉,頁 196。
[52] 胡三省注,《資治通鑑》(北京:中華書局,1995 年),卷八七〈晉紀九‧孝懷皇帝中‧永嘉四年〉,頁 2749。
[53] 《隋書》,卷七五〈儒林列傳‧何妥傳〉,頁 1710。

《三國志》卷五二〈張昭傳〉有段記載：

> 權嘗問衛尉嚴畯：「寧念小時所誾書不？」畯因誦《孝經》「仲尼居」。昭曰：「嚴畯鄙生，臣請為陛下誦之。」乃誦「君子之事上」，咸以昭為知所誦。

要體會這則故事，恐須參看南北朝時幾近雷同的案例，《南齊書》卷二三〈王儉傳〉：

> 上曲宴群臣數人，各使效伎藝……後上使陸澄誦《孝經》，自「仲尼居」而起。儉曰：「澄所謂博而寡要，臣請誦之。」乃誦「君子之事上」章。上曰：「善！張子布更覺非奇也。」

再怎麼說，《孝經》都當不上具有負面意義的「博」字品評，乃是張昭、王儉深悉最高統治者的心理，將全書「要」點化約於「事上」這點，當然會被包括孫權在內的在場者「咸」認為「所誦」得體、被蕭道成稱「善」。皇帝當然希望群臣忠於自己這一姓，可是，西漢元、成之際，士族的力量已開始抬頭，日後變本加厲，以致「殉國之感無因，保家之念宜切」，[54] 皇帝們也很清楚。這種情勢固然經常會以家事誤國事，但也正因顧家事，倒也會明哲知趣。《周書》卷二六〈長孫紹遠傳附弟澄傳〉曾載：

54　《南齊書》，卷二三〈褚淵王儉・史臣曰〉，頁 438。

> 魏文帝嘗與太祖及群公宴，從容言曰：「《孝經》一卷，人行之本，諸公宜各引要言。」澄應聲曰：「夙夜匪懈，以事一人。」座中有人次曰：「匡救其惡。」既而出閣，太祖深歎澄之合機，而譴其次答者。

該座中人稱「引」的「要言」也在「君子之事上」章，所以反遭譴，[55] 未必因為太絞切，欠禮貌，而是「匡救其惡」的「其」指誰？按照當時政局，西魏文帝形同贅旒，政出宇文，苟有惡，乃宇文之惡；而宇文欲移魏鼎，按名教論，此為尤惡，然此遲早之舉豈容臣下匡之？相對之下，「以事一人」的「一人」則具兩面含混性。無論指名義上的天子，或實權在握的丞相宇文泰，持此態度者都是「非先王之法服，不敢服；非先王之法言，不敢道；非先王之德行，不敢行」，在這一連串不敢中「夙夜匪懈，以事一人」，以便「守其宗廟」。[56] 這種「具臣」，想要與之定傾創制固然有所不足，但「弒父與君亦不從」。[57] 正因其老成世故，不致掣肘，最高統治者反而較能容納。[58]《北齊書》卷二五

---

[55] 歐陽詢，《藝文類聚》（上海：上海古籍出版社，1999年），卷五五〈雜文部一・經典・詩〉所錄傅咸《孝經詩》，頁984：「立身行道，始於事親；上下無怨，不敢惡人；孝無終始，不離其身，三者備矣，以臨其民。以孝事君，不離令名；進思盡忠，不議則爭；匡救其惡，災害不生，孝悌之至，通於神明。」這首乃摘句詩，藉此概述《孝經》的主旨。然而這僅能代表傅咸個人的領會，不同時、空下不同的人儘可不一。而在上述場合中，傳統斷章取義的意味尤重，所謂「合機」、「知所誦」。

[56]《孝經》，卷二〈卿大夫章第四〉，頁11-13。

[57]《論語注疏》，卷十一〈先進〉，頁152。

[58] 相關論述，請參唐長孺，〈魏晉南朝的君父先後論〉，氏著《魏晉南北

〈王紘傳〉記載：

> 年十三，見揚州刺史太原郭元貞。元貞撫其背曰：「汝讀何書？」對曰：「誦《孝經》。」曰：「《孝經》云何？」曰：「在上不驕，為下不亂。」元貞曰：「吾作刺史，豈其驕乎？」紘曰：「公雖不驕，君子防未萌，亦願留意。」元貞稱善。

王紘稱引的乃〈紀孝行〉章，為的是要貼合自己年幼的身份，但真正用意在上句「在上不驕」，郭元貞聽出來了。如果以《詩經》的話來表述「在上不驕」，即：「戰戰兢兢」，[59] 如此「防未萌」，方能「長守貴」、「長守富」。[60] 因此像隋蔡王智積，「有五男，止教讀《論語》、《孝經》而已」，為的是但求謹厚，免得「有才能以致禍也」。[61] 上述諸例均屬君、臣之際，但根據上文所述，自漢已降，《孝經》也是識字民眾的基礎讀物。就最高統治者而言，當然希冀藉此培養大批順民，以利政權穩定。所謂「其為人也孝弟，而好犯上者，鮮矣；不好犯上而好作亂者，未之有也」。[62] 東漢靈帝年間，「北地羌胡與邊章等寇亂隴右」，涼州刺史宋梟「欲多寫《孝經》，令家家習之，庶或使人知義」；「張角

朝史論拾遺》，頁 240-250。
[59] 孔穎達，《毛詩正義》（北京：北京大學出版社，1999 年），卷第十二〈小雅・節南山之什・小旻〉，頁 742。
[60] 《孝經》，卷二〈諸侯章第三〉，頁 9-10。
[61] 《隋書》，卷四四〈蔡王智積傳〉，頁 1225。
[62] 《論語注疏》，卷一〈學而〉，頁 3。

作亂」,向栩「不欲國家興兵,但遣將於河上北向讀《孝經》,賊自當消滅」。[63] 雖未免迂誕,但從另一角度來看,也正顯示:當時人認為若假以時日,《孝經》的確可以發揮相當大的教化功能。[64]

縱使是第一家庭本身,若不能實行孝道,也無法安享大寶。齊高帝初踐阼,向當代大儒劉瓛「問以政道」,劉瓛居然沒有回奏:政在知人、養民云云,而是:「政在《孝經》,宋氏所以亡,陛下所以得之是也。」高帝咨嗟曰:「儒者之言,可寶萬世」。[65] 因此,不僅是社會上士大夫階層風尚如此,身為統治者的

---

[63] 分見《後漢書》,卷五八〈蓋勳傳〉,頁 670-671;卷八一〈獨行列傳・向栩傳〉,頁 961。另外,《後漢紀校注》,卷二六〈孝獻皇帝紀・初平元年〉,頁 736-737:「尚書令王允奏曰:『太史王立說《孝經》六隱事,令朝廷行之,消卻災邪,有益聖躬。』詔曰:『聞王者當脩德爾,不聞孔子制《孝經》,有此而卻邪者也。』允固奏請曰:『立學深厚,此聖人秘奧,行之無損。』帝乃從之。常以良日,王允與王立入,為帝誦《孝經》一章,以丈二竹簟畫九宮其上,隨日時而去入焉。及允被害,乃不復行也」;王利器,《風俗通義校注》(台北:明文書局,1988 年),卷九〈怪神・世間多有精物妖怪〉,頁 427-428:「謹按:北部督郵西平到伯夷……日晡時到亭,敕前導人,錄事掾白:『今尚早,可至前亭。』曰:『欲作文書,便留。』吏卒惶怖,言當解去,傳云:『督郵欲於樓上觀望,丞掃除。』須臾便上,未冥樓鐙,階下復有火,敕:『我思道,不可見火,滅去。』吏知必有變,當用赴照,但藏置壺中耳。既冥,整服坐誦《六甲》、《孝經》、《易本》訖,臥有頃,更轉東首,絮巾結兩足憤冠之,密拔劍解帶。夜時,有正黑者四五尺,稍高,走至柱屋,因覆伯夷,伯夷持被掩足,跣脫幾失,再三,徐以劍帶繫魅腳,呼下火上,照視老狸正赤,略無衣毛,持下燒殺。明旦發樓屋,得所髡人結百餘,因從此絕。」所載二事更是涉於神怪。

[64] 秦進才,〈《孝經》在兩漢的傳播〉,《石家莊學院學報》第 8 卷第 1 期(2006 年 1 月),頁 95-100。

[65] 《南史》,卷五十〈劉瓛傳〉,頁 1236。

皇室，也對講習、推廣《孝經》不遺餘力。首先，根據見存史料，漢魏六朝時期幼君、儲君接受教育時，絕大多數都會包括《孝經》，而且也是作為初學之教本。甚至當他們受業告一段落後所舉行的釋奠禮，雖始於晉武帝年間，但於釋奠前舉行講經集會，則由東晉孝武帝時開始。稍事檢視，會發現一個奇特的現象：凡史書明言所講何經者，幾乎無一例外，都是《孝經》。[66]

其次，中央官學講經釋奠時，也時見至尊或當政者親臨，如《南齊書》卷三〈武帝紀‧永明四年〉：

> 三月辛亥，國子講《孝經》，車駕幸學，賜國子祭酒、博士、助教絹各有差。

《隋書》卷四六〈楊尚希傳〉：

> 周太祖嘗親臨釋奠，尚希時年十八，令講《孝經》，詞旨可觀。

《隋書》卷七五〈儒林列傳‧元善傳〉：

> 後遷國子祭酒，上嘗親臨釋奠，命善講《孝經》。於

---

[66] 唯《陳書》，卷三四〈文學列傳‧徐伯陽傳〉，頁469，所載陳宣帝太建十一年，皇太子臨辟雍，並命國子祭酒新安王講《論語》此一例外。然此次講經並未見皇太子釋奠的紀錄，因此無法確定是否為皇太子所舉行的講經、釋奠。有關漢魏六朝時期幼君、儲君接受《孝經》教育，以及南朝釋奠講經的情形，請參郭永吉，《自漢至隋皇帝與皇太子經學教育禮制蠡測》，第四章〈受業年齡及教材〉，頁83-96、124-131。

是敷陳義理,兼之以諷諫。上大悅,曰:「聞江陽之說,更起朕心。」賚絹百匹,衣一襲。

由後兩則案例,似乎顯示:講何經乃由特別親臨與會的宇文泰、隋文帝指定,而他們都選擇了《孝經》。

最後,非止於此,非釋奠場合也屢見講《孝經》的集會。《梁書》卷三八〈朱异傳〉:

高祖召見,使說《孝經》、《周易》義,甚悅之,謂左右曰:「朱异實異。」……其年,高祖自講《孝經》,使异執讀。

《陳書》卷三四〈文學列傳・岑之敬傳〉:

年十六,策《春秋左氏》、制旨《孝經》義,擢為高第……因召入面試,令之敬昇講座,敕中書舍人朱异執《孝經》,唱〈士孝章〉,武帝親自論難。之敬剖釋縱橫,應對如響,左右莫不嗟服。

《魏書》卷八〈世宗宣武帝紀・正始三年〉:

十有一月甲子,帝為京兆王愉、清河王懌、廣平王懷、汝南王悅講《孝經》於式乾殿。

皇帝或親講,或令臣下講。於皇太子主持的講經場合中同樣時

有所見,《南史》卷四四〈齊武帝諸子傳‧文惠皇太子長懋傳〉:

> 永明……五年冬,太子臨國學,親臨策試諸生,於坐問少傅王儉〈曲禮〉云:「無不敬」義,儉及竟陵王子良等各有酬答……儉又諮太子《孝經》「仲尼居,曾子侍」義,臨川王映諮「孝為德本」義,太子並應機酬答,甚有條貫。

《陳書》卷三三〈儒林列傳‧張譏傳〉:

> 簡文在東宮,出士林館,發《孝經》題,譏論議往復,甚見嗟賞。

《北齊書》卷五〈廢帝紀‧篇首〉:

> 天保……九年,文宣在晉陽,太子監國,集諸儒講《孝經》。

根據史書記載,南北朝非釋奠講經集會時,明確可知所講的尚有《易》、《禮》。[67] 當時玄、禮雙修,講《易》、《禮》,不足為異。可資注意者,不論就事或就理而言,此二經皆複雜,故屬經學教育後階段者,但在被講論的頻率上反退居初階最先之教本《孝經》後,其間當有其特殊意義存在。

---

[67] 請參郭永吉,《自漢至隋皇帝與皇太子經學教育禮制蠡測》,第六章〈講經集會〉,頁 133-138。

由上文論述可見：這種重視《孝經》的風氣，乃自皇室以至士大夫子弟。或許是因為既然不論從君或從臣的立場，《孝經》都被認為有極大的效益，皇帝、皇太子當然樂於假借各種公眾場合自講或令他人講論此書，一方面塑造自己的有德形象，有大位是合法的；一方面也可多少灌輸忠順恭謹思想。士大夫所以亦樂於從命，且不說自己實行《孝經》的訓示，能保其祿位而守其祭祀，讓皇帝、皇太子啟蒙教育的第一本書即《孝經》，目的不正在希望「明王之以孝治天下」嗎？如果〈孝治章〉描述的情況得以落實，對他們也是有利的。正如《隋書》卷七二〈孝義列傳・序論〉所說：

> 故聖帝明王行之於四海，則與天地合其德，與日月齊其明；諸侯卿大夫行之於國家，則永保其宗社，長守其祿位；匹夫匹婦行之於閭閻，則播徽烈於當年，揚休名於千載。[68]

在「孝」這頂大帽子之下，君臣各得其序，各保其位祿。

---

[68] 《魏書》，卷五四〈高閭傳〉，頁 1203 也載：「是年冬至，高祖、文明太后大饗羣官，高祖親舞於太后前，羣臣皆舞。高祖乃歌，仍率羣臣再拜上壽。閭進曰：『臣聞大夫行孝，行合一家；諸侯行孝，聲著一國；天子行孝，德被四海。今陛下聖性自天，敦行孝道⋯⋯臣等不勝慶踊，謹上千萬歲壽。』高祖大悅」。

第三節　執教者

由上文所引史書的記述中,既稱「家學」、「家業」,又常稱「父業」、「父學」,可知所傳習的乃父系家族之經業,則執教者自當為祖、父、兄或家族長輩等人。而史書上也的確可見這些人授業的記載,如《後漢書》卷二四〈馬嚴傳〉:

嚴乃退居自守,訓教子孫。

《晉書》卷四四〈華廙傳〉:

廙棲遲家巷垂十載,教誨子孫,講誦經典。

《晉書》卷四九〈嵇康傳〉載其〈與山巨源絕交書〉:

吾新失母兄之歡,意常悽切。女年十三,男年八歲,未及成人,況復多疾,顧此恨恨,如何可言。今但欲守陋巷,教養子孫。

《晉書》卷七七〈蔡謨傳〉

謨既被廢,杜門不出,終日講誦,教授子弟。

《梁書》卷十二〈韋叡傳〉:

後為護軍，居家無事，慕萬石、陸賈之為人，因畫之於壁以自玩。時雖老，暇日猶課諸兒以學。第三子稜，尤明經史，世稱其洽聞，叡每坐稜使說書，其所發摘，稜猶弗之逮也。

《魏書》卷八五〈文苑列傳・裴敬憲傳〉：

裴敬憲，字孝虞，河東聞喜人也。益州刺史宣第二子，少有志行，學博才清，撫訓諸弟，專以讀誦為業。

《隋書》卷六六〈房彥謙傳〉：

房彥謙字孝沖……世為著姓。高祖法壽，魏青、冀二州刺史，壯武侯。曾祖、伯祖，齊郡、平原二郡太守。祖翼，宋安太守，並世襲爵壯武侯。父熊，釋褐州主簿，行清河、廣川二郡守。彥謙早孤，不識父，為母兄之所鞠養。長兄彥詢，雅有清鑒，以彥謙天性穎悟，每奇之，親教讀書。年七歲，誦數萬言，為宗黨所異。

《隋書》卷七七〈隱逸列傳・張文詡傳〉：

張文詡，河東人也，父琚，開皇中為洹水令，以清正聞。有書數千卷，教訓子姪，皆以明經自達。文詡博覽文籍，特精三《禮》，其《周易》、《詩》、《書》及

> 《春秋》三傳,並皆通習。每好鄭玄注解,以為通博,其諸儒異說,亦皆詳究焉。

但由以上所引記載也可看出,家中男性長輩親自教授子弟,多是閒居在家之時。若祖、父、兄等因其他緣故,或出外任官未能在家,如《南齊書》卷二十〈皇后列傳・宣孝陳皇后傳〉所載:

> 臨淮東陽人,魏司徒陳矯後。父肇之,郡孝廉……嫁于宣帝……生太祖……宣帝從任在外,后常留家治事教子孫。

或因公事繁瑣,未得空閒、甚至已離人間,而不得親授子弟,子孫的家庭經學教育將由誰負責教授?依目前所見資料,絕大多數都是由母親擔負起這個責任。[69]《後漢書》卷十六〈鄧禹傳附孫鄧閶傳〉:

---

[69] 方碧玉,《東晉南北朝世族家庭教育研究》,頁 26-33,亦論及家中婦女教育子女之事,請參看。方氏所論之教育包括身教、言教等方面,與本文不同。本文乃專對書籍知識上的教授進行討論,至於修身養性、為人處世之道理,則不在論述範圍,故行文中不予以引述討論。又,王永平,《六朝家族》,後論〈六朝家族家風家學的基調與特質〉,頁447 說:「在家族內部教育中母親往往承擔著他人無法替代的責任,賢德與才學並重的女教最根本的目的在於培養世族的後代精英,並確保家族內部的和睦」。王氏後文所論也都集中在行為風尚、道德教化等層面,至於知識方面的傳授,則完全未及;金忠明主編,《中國教育史研究・秦漢魏晉南北朝分卷》,第五章〈漢代的私學、家教及教育思想的變遷〉,頁 201-202,論兩漢家傳學業,也全然未及女性。

閻妻耿氏有節操，痛鄧氏誅廢，子忠早卒，乃養河南尹豹子嗣為閻後。耿氏教之書學，遂以博通稱。

《三國志》卷二八〈鍾會傳〉裴《注》引鍾會母《傳》曰：

> 夫人性矜嚴，明於教訓，會雖童稚，勤見規誨。年四歲授《孝經》，七歲誦《論語》，八歲誦《詩》，十歲誦《尚書》，十一誦《易》，十二誦《春秋左氏傳》、《國語》，十三誦《周禮》、《禮記》，十四誦成侯《易記》，十五使入太學問四方奇文異訓。謂會曰：「學猥則倦，倦則意怠；吾懼汝之意怠，故以漸訓汝，今可以獨學矣。」

所教授內容以《孝經》為主，但亦兼及其他諸經。《華陽國志》卷十中〈先賢士女總贊中・犍為士女〉：

> 曹敬姬，南安人也，周紀之妻，名禁。十七出適，十九紀亡，遺生子元余。服闋，父母以許孫賓，紿母病迎還。知之，自投水，人赴之，氣已絕，一日一夜乃蘇息。送依紀弟居，訓導元余，號為學士。

既稱「學士」，則訓導內容應不僅限於行止儀態等，當包含書籍知識在內。《晉書》卷五五〈夏侯湛傳〉載其〈昆弟誥〉說：

> 我母氏羊姬，宣慈愷悌，明粹篤誠，以撫訓群子。厥

> 乃我齔齒，則受厥教于書學，不遑惟寧。敦《詩》、《書》、《禮》、《樂》，孳孳弗倦。我有識惟與汝服厥誨，惟仁義惟孝友是尚……惟我兄弟姊妹束脩慎行，用不辱于冠帶，實母氏是憑。

除書學習字之外，尚包括經書。《世說新語》卷上〈德行〉36條：

> 謝公夫人教兒，問太傅：「那得初不見君教兒？」答曰：「我自常教兒？」

根據劉孝標引劉子真之語：「吾之行事，是其耳目所聞見，而不放效，豈嚴訓所變邪？」為注，並下推論：「安石之旨，同子真之意也」；佐以《晉書》卷七九〈謝安傳〉所載：謝安「處家常以儀範訓子弟」為證，可知：謝安所言乃屬身教。則謝夫人所教應為識字書寫以及書籍等言教之謂。《宋書》卷六四〈何承天傳〉：

> 何承天，東海郯人也……五歲失父，母徐氏，廣之姊也，聰明博學，故承天幼漸訓義，儒史百家，莫不該覽。

因何母徐氏本身博學，使得何承天在其教導下遍覽儒史百家，完全不下於男性所教授的內容。《宋書》卷九三〈隱逸列傳·宗炳傳〉：

> 宗炳字少文，南陽涅陽人也。祖承，宜都太守。父繇之，湘鄉令。母同郡師氏，聰辯有學義，教授諸子。

《南齊書》卷四七〈王融傳〉：

> 王融字元長，琅邪臨沂人也。祖僧達，中書令……父道琰，廬陵內史。母臨川太守謝惠宣女，惇敏婦人也，教融書學。

至於垣曇深妻榮陽鄭氏，於曇深卒後，其子文凝四歲時，即「親教經禮，訓以義方」。[70] 又如前引梁元帝年幼時「親承慈訓，初受《孝經》，正覽《論語》、《毛詩》」；謝貞也是由「母王氏，授貞《論語》、《孝經》，讀訖便誦」。

有時情況較特殊，則由祖母負責，如《南史》卷三三〈裴松之傳附曾孫子野傳〉：

> （子野）生而母魏氏亡，為祖母殷氏所養。殷柔明有文義，以章句授之。年九歲，殷氏亡。

甚或是姐姐，東漢時有「女子張雨，早喪父母，年五十，不肯嫁，留養孤弟二人，教其學問，各得通經」。[71] 然不管是祖母或姐姐，應都屬特例。

---

[70] 《南史》，卷二五〈垣護之傳附從子曇深傳〉，頁 689-690。
[71] 《後漢書》，卷八二上〈方術列傳‧謝夷吾傳〉，頁 968，章懷《注》引謝承書。

北朝也時可見母親執教的情形,《魏書》卷九二〈列女傳‧房愛親妻崔氏〉記載:

> 清河房愛親妻崔氏者,同郡崔元孫之女。性嚴明高尚,歷覽書傳,多所聞知。子景伯、景先,崔氏親授經義,學行修明,並為當世名士。

根據《魏書》卷四三〈房景先傳〉可知所授為《毛詩》、〈曲禮〉。《北齊書》卷三五〈裴讓之傳〉說:

> 裴讓之,字士禮,年十六喪父,殆不勝哀,其母辛氏泣撫之曰:「棄我滅性,得為孝子乎?」由是自勉。辛氏,高明婦則,又閑禮度。夫喪,諸子多幼弱,廣延師友,或親自教授。內外親屬有吉凶禮制,多取則焉。

《北齊書》卷三五〈皇甫和傳〉也載:

> 皇甫和……十一而孤,母夏侯氏,才明有禮則,親授以經書。

而北周辛公義,雖因「祖徽,魏徐州刺史。父季慶,荊州刺史」,為官宦家族之「良家子」,但「早孤,為母氏所養,親授《書》、《傳》」;[72] 王士良妻董榮暉,「早該文藝」,「篤規圖史」,

---

72 《北史》,卷八六〈循吏列傳‧辛公義傳〉,頁2884。

「流略子集,皆所涉練」。「歸於王氏」後,「鞠養諸子,咸加典訓,俱得精稱,并擅才名」。[73]《北史》卷九一〈列女傳・元務光母盧氏傳〉則載:

> 元務光母盧氏者,范陽人也。少好讀書,造次必以禮。盛年寡居,諸子幼弱,家貧不能就學,盧氏每親自教授,勖以義方。

可見至晚起自東漢,延續到整個六朝時期,地不分南北,均有由家中母親或祖母、姐姐等女性執教的情形。

當然,我們必須追問:當時女子是否有機會受教育,尤其是經學教育?[74]方能親自教授子孫。根據史料顯示,從兩漢開始,豪族婦女習讀經書,尤其是《論語》、《孝經》、《詩經》等基礎讀物,並不少見。如:《漢書》卷九七下〈外戚列傳・孝成班倢伃傳〉說她:「誦《詩》,及〈窈窕〉、〈德象〉、〈女師〉

---

[73] 羅新、葉煒,《新出魏晉南北朝墓誌疏證》(北京:中華書局,2005年),〈王士良妻董榮暉墓誌〉,頁255。

[74] 近世學者有關古代女子教育的研究,內容部分多著重在女誡、婦德,少數兼及知識教育。相對的,言及婦女對家中孩童的教育,也多以人格及處世態度的修身為主。相關研究,請參朱曉鴻,〈試析漢代的婦女教育〉,《華北水利水電學院學報(社科版)》第19卷第3期(2003年8月),頁22-25;陳陽鳳,〈試論中國古代的女子家庭教育〉,《江漢大學學報》1992年第1期,頁99-102;邵正坤,〈試論北朝上層社會女子的家庭教育〉,《北方文物》2010年3期,頁54-59;黃清敏,〈魏晉南北朝時期女子在教育中的地位〉,《太原教育學院學報》第20卷第4期(2002年12月),頁37-39。其中以張白茹,〈魏晉南北朝婦女與家族教育的歷史考察〉,《江淮論壇》2003年第1期,頁92-95,所論較為詳盡。

之篇」,於〈自悼賦〉中也自承:「顧女史而問《詩》,悲晨婦之作戒兮,哀褒閻之為郵」;《後漢書》卷十上〈皇后本紀‧明德馬皇后紀〉載其:「好讀《春秋》……尤善《周官》、董仲舒書」;《後漢紀》卷十四〈孝和皇帝紀‧永元十四年〉記載:和熹鄧皇后年十二,「通《論語》,志在經書,不問家事」;《太平御覽》卷一百三十七〈皇親部三‧后妃〉所錄司馬彪《續漢書》記載:順帝梁皇后,「九歲能誦《孝經》、《論語》,遂治《韓詩》,大義略舉」。而王莽時,崔篆母師氏,更是「能通經學、百家之言」。[75] 又如《後漢書》卷八四〈列女傳‧袁隗妻傳〉所載:

> 汝南袁隗妻者,扶風馬融之女也,字倫。隗已見前傳。倫少有才辯,融家世豐豪,裝遣甚盛。及初成禮,隗問之曰:「婦奉箕箒而已,何乃過珍麗乎?」對曰:「慈親垂愛,不敢逆命。君若欲慕鮑宣、梁鴻之高者,妾亦請從少君、孟光之事矣。」……又問曰:「南郡君學窮道奧,文為辭宗,而所在之職,輒以貨財為損,何邪?」對曰:「孔子大聖,不免武叔之毀;子路至賢,猶有伯寮之愬。家君獲此,固其宜耳。」隗默然不能屈,帳外聽者為慙……倫妹芝亦有才義,少喪親,長而追感,乃作〈申情賦〉云。

公伯寮、叔孫武叔之事分載於《論語》〈憲問篇〉與〈子張篇〉,

---

[75] 《後漢書》,卷四二〈崔駰傳附父篆傳〉,頁611。

可見馬倫對《論語》必然爛熟於胸,方能隨口引以為喻。[76]而其妹有才義,能作賦,當亦曾受學知書;另有梓潼文氏女季姜,「少讀《詩》、《禮》」。[77]有些甚至可達博學之境,不遜色於鬚眉,如班彪之女昭,「博學高才」,「兄固著《漢書》,其八〈表〉及〈天文志〉未及竟而卒,和帝詔昭就東觀臧書閣踵而成之」;皇甫規妻,其「先人清德奕世」,本身「善屬文,能草書,時為規答書記」;蔡邕女蔡琰,也是「博學有才辯,又妙於音律」;崔寔母劉氏,「有母儀淑德,博覽書傳」。[78]而《三國志》卷五〈后妃列傳・文昭甄皇后傳〉,裴《注》引《魏書》也載:

年九歲,喜書,視字輒識,數用諸兄筆硯。兄謂后言:「汝當習女工,用書為學,當作女博士邪?」后答言:「聞古者賢女,未有不學前世成敗,以為己誡。不知書,何由見之?」

而鍾會母張氏,其家「世長吏二千石」,張氏「雅好書籍,涉歷

---

[76] 《後漢書》,卷八四〈列女傳・沛劉長卿妻〉,頁998,載其為「同郡桓鸞之女也」,夫、子相繼而亡,遂「豫刑其耳目以自誓」不改嫁,言談中引《詩經》:「無忝爾祖,聿修厥德」為諭以明志,可見也曾誦讀過《詩經》。

[77] 劉琳,《華陽國志校注》(台北:新文豐出版公司,1988年),卷十下〈先賢士女總贊下・梓潼士女〉,頁580。

[78] 分見《後漢書》,卷八四〈列女傳・曹世叔妻傳〉,頁994。而頁996又載:「所著賦、頌、銘……凡十六篇,子婦丁氏為撰集之,又作〈大家讚〉焉」,既能為讚,則應也曾誦習過書傳;同卷〈董祀妻傳〉,頁999;卷五二〈崔駰傳附孫寔傳〉,頁619。

眾書。特好《易》、《老子》」。[79]

魏晉已降，世家大族更為興盛，大家女子習經讀書的情形當不減於兩漢。司馬昭妻文明王皇后諱元姬，係曹魏大儒王肅之女，「年八歲，誦《詩》、《論》，尤善〈喪服〉」。王渾妻琰，乃鍾繇曾孫，「數歲能屬文，及長，聰慧弘雅，博覽記籍」。劉殷女名娥，為劉聰妻，「幼而聰慧，晝營女工，夜誦書籍，傅母恆止之，娥敦習彌厲。每與諸兄論經義，理趣超遠，諸兄深以歎伏」；「其姊英，字麗芳，亦聰敏涉學，而文詞機辯，曉達政事，過於娥」。左思雖非豪族世家，但「家世儒學」，其妹晉武帝貴嬪左芬，「少好學，善綴文，名亞于思」。[80] 而《藝文類聚》卷十六〈儲宮部‧公主〉所錄臧榮緒《晉書》也載：

> 賈后二女宣華、女彥，封宣華弘農郡公主。女彥年八歲，聰明歧嶷，便能書學，諷誦《詩》、《論》。病困，賈后欲議封女以長公主，彥語后曰：「我尚小，未及成人，禮不用公主。」及薨，謚哀獻皇女，以長公主禮葬送。

---

[79] 《三國志》，卷二八〈鍾會傳〉，裴《注》引鍾會為其母所作之《傳》，頁 672、673。

[80] 分見《晉書》，卷三一〈后妃列傳‧文明王皇后〉，頁 669；卷九六〈列女傳‧王渾妻鍾氏〉，頁 1640；同卷〈劉聰妻劉氏〉，頁 1646、1647；卷三一〈后妃列傳‧左貴嬪傳〉，頁 674。又如劉宋時鮑照妹鮑令暉、蕭梁世劉孝綽三個妹妹，皆有文才，自應習讀過不少書籍。相關論述，請參張白茹，〈魏晉南北朝婦女與家族教育的歷史考察〉，頁 93。

至於《晉書》卷九六〈列女傳・王凝之妻謝氏〉所載眾所習聞的典故：

> 字道韞，安西將軍奕之女也，聰識有才辯。叔父安嘗問：「《毛詩》何句最佳？」道韞稱：「吉甫作頌，穆如清風。仲山甫永懷，以慰其心。」安謂有雅人深致。

謝道韞至少對《詩經》相當嫻熟。《晉書》卷九六〈列女傳・韋逞母宋氏〉載：

> 不知何郡人也，家世以儒學稱……及長，授以《周官音義》，謂之曰：「吾家世學《周官》，傳業相繼，此又周公所制，經紀典誥，百官品物，備於此矣。吾今無男可傳，汝可受之，勿令絕世。」……其後為石季龍徙之於山東，宋氏與夫在徙中，推鹿車，背負父所授書，到冀州，依膠東富人程安壽，壽養護之。逞時年小，宋氏晝則樵採，夜則教逞，然紡績無廢。壽每歎曰：「學家多士大夫，得無是乎！」逞遂學成名立，仕苻堅為太常。堅嘗幸其太學，問博士經典，乃憫禮樂遺闕。時博士盧壺對曰：「廢學既久，書傳零落，比年綴撰，正經粗集，唯《周官》禮注未有其師。竊見太常韋逞母宋氏世學家女，傳其父業，得《周官音義》，今年八十，視聽無闕，自非此母無可以傳授後生。」於是就宋氏家立講堂，置生員百二十

人,隔絳紗幔而受業,號宋氏為宣文君,賜侍婢十
人。《周官》學復行於世,時稱韋氏宋母焉。

更是由女子擔負家學傳承之重任。劉宋時則有「太子左率王錫妻范,聰明婦人也,有才藻學見」。[81]而《南齊書》卷二十〈皇后列傳‧武穆裴皇后傳附韓蘭英傳〉記載:

> 吳郡韓蘭英,婦人有文辭。宋孝武世,獻〈中興賦〉,被賞入宮。〔宋〕明帝世,用為宮中職僚。世祖以為博士,教六宮書學,以其年老多識,呼為「韓公」。

甚至被任為博士,入宮教授六宮妃嬪。梁武帝郗皇后,乃高平著姓,「幼而明慧,善隸書,讀史傳」;陳後主沈皇后,「性端靜,寡嗜慾,聰敏彊記,涉獵經史,工書翰」,「後主遇后既薄」,「居處儉約,衣服無錦繡之飾,左右近侍纔百許人,唯尋閱圖史、誦佛經為事」。[82]《隋書》卷五八〈許善心傳〉載:

> 善心九歲而孤,為母范氏所鞠養。幼聰明,有思理,所聞輒能誦記……善心母范氏,梁太子中舍人孝才之女,少寡養孤,博學有高節……嘗詔范入內,侍皇后講讀,封永樂郡君。

---

[81] 《宋書》,卷五七〈蔡廓傳附子興宗傳〉,頁1584。
[82] 分見《梁書》卷七〈皇后列傳‧高祖德皇后郗氏傳〉,頁157;《陳書》,卷七〈皇后列傳‧後主沈皇后傳〉,頁130。

也是以博學而入宮授皇后,更因此受封爵位。至於《魏書》卷六二〈李彪傳〉所載:

> 彪有女,幼而聰令,彪每奇之,教之書學,讀誦經傳。嘗竊謂所親曰:「此當興我家,卿曹容得其力。」彪亡後,世宗聞其名,召為婕妤,以禮迎引。婕妤在宮,常教帝妹書,誦授經史。

則是由父親刻意栽培,冀得興盛家門。北魏都昌侯元公妻薛伯徽,乃河東著姓,其父「授以《禮經》」,「及長,於吉凶禮儀,靡不觀綜焉。雖班氏閑通,蔡女多識,詎足比也」;[83] 漁陽太守陽尼妻高氏,亦具「學識有文翰」。甚至像北魏中書侍郎清河崔

---

[83] 趙超,《漢魏南北朝墓誌彙編》(天津:天津古籍出版社,1992年),〈魏故使持節儀同三司車騎大將軍雍秦二州刺史都昌侯元公夫人薛氏墓誌銘〉,頁174。根據〈銘〉中所敘家世:「河東汾陰人,尚書之玄孫,雍秦二州之曾孫,河東府君之孫,尚書三公郎中之長女」,參對史書,《魏書》,卷四二〈薛辯傳〉,頁941-945記載:薛辯父強仕姚興,為尚書;辯仕北魏太宗世,為雍州刺史;辯子謹曾於北魏世祖時任河東太守,卒後贈秦雍二州刺史;謹子破胡,為河東太守;破胡子道智,尚書郎。道徽或即道智之女。復考薛謹死於世祖太平真君五年(444),年四四,則生於太祖天興四年(401);薛道徽死於肅宗正光二年(521),年三十,是生於高祖太和十六年(492)。則薛謹年長道徽91歲,若道徽為薛道智之女,則為薛謹之曾孫,兩人前後四代,年歲上可吻合,且符合〈銘〉文所載。〈銘〉文又言:道徽「伯祖親西河長公主」,而史書記載破胡長兄初古拔正是「尚西河長公主」。如上述推論可信,其世系當為:薛強(尚書)-辯(雍州刺史)-謹(贈秦雍二州刺史)-破胡(河東太守,兄初古拔尚西河長公主)-道智(尚書郎)-道徽。若以《魏書》所載為準,則〈銘〉文漏載薛辯一世,而誤以薛強為道徽之高祖。

覽之妻封氏，乃散騎常侍封愷之女，「有才識，聰辯強記，多所究知。時李敷、公孫文叔雖已貴重，近世故事有所不達者，皆就而諮請焉」；以及盧道虔妻元氏，「甚聰悟，常升高座講《老子》。道虔從弟元明隔紗帷以聽焉」。[84] 絲毫不遜色於一般學士，甚至令當時「貴重」、「涉歷群書」[85] 的博學多聞之士，前來「諮請」、「聽」「講」。而《隋書》卷八十〈列女傳‧鄭善果母傳〉也載：

> 母性賢明，有節操，博涉書史，通曉治方。

上列所舉多因貴為后妃，或名儒大臣之母、妻，故得寫入史傳，然由此已可見當時之風氣，女子受學，尤其是豪族世家，殆不少見。在墓誌銘中更常見到世家女子習讀經史書籍的記載。[86] 既然當時大家女子多有機會受教育，則由她們來負責家中幼子基礎教育，應非困難之事。

---

[84] 分見《北史》，卷九一〈列女傳‧漁陽太守陽尼妻高氏傳〉，頁3000；同卷〈魏中書侍郎清河崔覽妻封氏傳〉，頁2994；卷三十〈盧玄傳附曾孫道虔傳〉，頁1078。

[85]《北史》，卷三十〈盧玄傳附曾孫元明傳〉，頁1083載：元明「涉歷群書，兼有文義，風采閑潤，進退可觀，性好玄理」。

[86] 相關論述，請參張承宗、陳群，《中國婦女通史‧魏晉南北朝卷》（杭州：杭州出版社，2010年），第四章〈婦女的教育〉，頁452-454。

第四節　小結

　　既然執教者父、母均有可能，其間得無同異？由上文所舉東漢和熹鄧皇后的案例來看，可知在東漢時婦女，或說豪族婦女讀《孝經》乃普遍情形。搭配其他例子也可以看到，除去特殊情況，婦女所習經書以《論語》、《詩經》最為常見。而《論語》、《孝經》、《詩經》乃兩漢以至六朝士子教育的基礎讀物，類於今日的小學教育階段。再參對由母親執教的例子來看，所教的內容多為孩童正式讀書前的準備──識字、書學，頂多包括基礎教育部分的《孝經》、《論語》、《詩經》，極少數會涉及《詩經》外的其他四經。這從鍾會的例子可以看得很清楚，在他十四歲之前，雖然所列其母教授之書目，《孝經》、《論語》之外，遍及五經，但唯《孝經》稱「授」，其餘諸經皆僅止於「誦」，這些部分恐怕需等到十五歲入太學習經業之後才會正式深入學習研讀。因此我們可以推測：其母所真正講授的可能僅屬基礎教育的《孝經》，餘經但背誦而已。

　　因此，我們可作一推論：家中子弟書學習字以及基礎教育等，可由母親等女性負責；但進階學習的專經科目，尤其是家學淵源部分，仍以父親教授佔絕大多數，因此又稱為父學、父業。則漢魏六朝時期所謂家學，無疑乃指父系之家學。

第四章　兩漢與六朝學風比較

第一節　兩漢通儒之博學

　　兩漢時期，自漢武以降，因官方誘以利祿，故加速習經風氣的盛行，同時也因彼此競爭激烈，造成治經方式改變，由章句之學逐漸取代漢初訓詁舉大義。[1]經過一段時間的累積，章句文字膨脹驚人，正如班固於《漢書》卷八八〈儒林列傳‧贊〉中所揭示：

> 自武帝立五經博士，開弟子員，設科射策，勸以官祿，迄於元始，百有餘年，傳業者寖盛，支葉蕃滋，一經說至百餘萬言，大師眾至千餘人，蓋祿利之路使然。

學子治經時既身陷章句洪流當中，導致他們自「幼童而守一藝，白首而後能言」，[2]甚至是「學者罷老且不能究其一藝」。[3]再加上治經時伴隨著章句之學而生的家法漸趨嚴密，專經，甚至專某經

---

[1] 相關研究，請參郭永吉，〈兩漢經學師法家法考〉，江林昌等編，《中國古代文明研究與學術史》（保定：河北大學出版社，2006年），頁474-477。

[2] 《漢書》，卷三十〈藝文志‧六藝略〉，頁887。

[3] 《漢書》，卷三六〈劉歆傳〉，頁978。

中的某一家派乃當時常態。[4]學子有生之年連五經都未必能通讀,更何況於經書以外的書籍,自無暇多顧。[5]因此,在章句之學盛行的時代,博學並非易事,也不常見。

另外,就非學術本身的客觀條件而言,當時書籍流布未廣,如《漢書》卷一百上〈敘傳〉載:

> (成帝)賜(班斿)以秘書之副。時書不布,自東平思王以叔父求太史公、諸子書,大將軍白不許。

諸侯王尚且如此,更何況是一般學子?唯經書因學校、利祿而較為通行,此所以《漢書》卷八十〈宣元六王列傳‧東平思王

---

[4] 《論衡校釋》,卷十二〈謝短〉,頁577:「夫儒生不覽古今,所知不過守信經文,滑習章句,解剝互錯,分明乖異」;卷十三〈效力〉,頁580-581:「諸生能傳百萬言,不能覽古今,守信師法,雖辭說多,終不為博。殷、周以前,頗載六經,儒生所能說也;秦、漢之事,儒生不見,力劣不能覽也。周監二代,漢監周、秦,周、秦以來,儒生不知,漢欲觀覽,儒生無力。使儒生博觀覽,則為文儒。文儒者,力多於儒生。」有關師法、家法的實際指涉,請參郭永吉,〈兩漢經學師法家法考〉,頁445-481。

[5] 《論衡校釋》,卷十三〈別通〉,頁592-593:「或以說一經為是,何須博覽?夫孔子之門,講習五經,五經皆званий,庶幾之才也。顏淵曰:『博我以文。』才智高者,能為博矣。顏淵之曰『博』者,豈徒一經哉?不能博五經,又不能博眾事,守信一學,不好廣觀,無溫故知新之明,而有守愚不覽之闇,其謂一經是者,其宜也。閉戶內日之光,日光不能照幽;鑿窗啟牖,以助户明也。夫一經之說,猶日明也;助以傳書,猶窗牖也。百家之言,令人曉明,非徒窗牖之開,日光之照也」;卷十三〈超奇〉,頁607也載:「故夫能說一經者為儒生,博覽古今者為通人,采掇傳書以上書奏記者為文人,能精思著文連結篇章者為鴻儒」。「然鴻儒,世之金玉也,奇而又奇矣」。可見當時讀書風氣不以博覽為要,故王充疾呼應予以改變。

劉宇傳〉載大將軍王鳳為成帝所擬的「不許之辭」會說：

> 五經聖人所制，萬事靡不畢載。王審樂道，傅相皆儒者，旦夕講誦，足以正身虞意。夫小辯破義，小道不通，致遠恐泥，皆不足以留意。諸益於經術者，不愛於王。

可見除經書之外，其餘群書恐未能易得。東漢初期，景況猶然，《後漢書》卷四二〈光武十王列傳・東平憲王劉蒼傳〉載：

> 蒼少好經書，雅有智思……（建初七年）三月，大鴻臚奏遣諸王歸國，帝特留蒼，賜以祕書《列僊圖》、道術祕方。[6]

所賜書籍或許較為難見而特別被標出。但像《後漢書》卷七六〈循吏列傳・王景傳〉所載：

> 永平十二年，議修汴渠，乃引見景，問以理水形便。景陳其利害，應對敏給，帝善之。又以嘗修浚儀，功業有成，乃賜景《山海經》、《河渠書》、《禹貢圖》，及錢帛衣物。

---

[6] 此處標點斷句有兩種可能，一種是以《列僊圖》、道術祕方即所賜之祕書，秘書指皇宮中所收藏之中祕書而言，即本章注 7 所說的「祕閣書」、「祕閣中書」；另一種則是所賜書包括祕書、《列僊圖》、道術祕方三種。今姑從前者。

以及《北堂書鈔》卷一百一〈藝文部七・賜書〉引《東觀漢記》說：

> 章帝賜黃香《淮南》、《孟子》各一通。

這些書於後世而言則均非稀奇難得之書，卻需待蒙恩而獲賜，[7]可見當時非經書相關的書籍確實尚未普遍流傳。班氏正因受此榮寵，「家有賜書」，故「好古之士，自遠方至。父黨楊子雲以下，莫不造門」，包括桓譚等人皆「欲借其書」。[8]

職是之故，就算某些學者不受章句藩籬拘限，非僅專於某經某家之學，[9]而被標榜為治學博通，然博通內容仍多不出經書及與經書相關之傳記等範疇。此自西京已然，如褚大、夏侯始昌、

---

[7] 魏晉南北朝時仍可見人臣獲帝王賜書，如虞世南，《北堂書鈔》，董治安主編，《唐代四大類書》（北京：清華大學出版社，2003年），卷一百一〈藝文部七・賜書〉，頁427分別引《續晉陽秋》：「太元三年，詔賜會稽王秘閣書八千卷」；《義熙起居注》：「何無忌見秘閣中書勝俗，悉求賜副，詔與一千卷」；王隱《晉書》：「皇甫謐表從武帝借書，上送一車與之」；《蔡琰別傳》：「琰謂曹操曰：『亡父賜書四千卷』」。但以上均是大規模賜書，且由何無忌的案例可知：乃因秘閣圖書版本較外界的好，才求賜書。與正文所舉王景、黃香之例不同。唯《南齊書》，卷四十〈武十七王列傳・晉安王子懋傳〉，頁710載：「先是啟求所好書，上又曰：『知汝常以書讀在心，足為深欣也。』賜子懋杜預所定《左傳》及《古今善言》」。則與西漢東平思王求書的情況類同。

[8] 《漢書》，卷一百上〈敘傳〉，頁1762。

[9] 西漢武、宣以前，章句之學未盛，故學者治經尚無此患；元、成已降至東漢，章句之學籠罩學界，學子多僅能專於某經某家之學。但仍有些學者不隨時流，鄙棄章句，請參郭永吉，〈兩漢經學師法家法考〉，頁470-477。

王吉、龔舍等人兼「通五經」；韋賢至少兼通《禮》、《尚書》、《詩》三經；周霸也兼習《易》、《尚書》、《詩》三經；至如谷永則泛言「博學經書」。東京此風未改，上自帝王儲君，如光武帝「經學博覽」、明帝「通明經義，觀覽古今，儲君副主莫能專精博學若此者也」；或諸侯王，如北海王睦「博通書傳」、陳敬王羨「博涉經書」；下至士子學者更所多見，如趙典「博學經書」、桓譚「博學多通，徧習五經」、孔奇「博通經典」、梁松「博通經書」、鄭玄自稱「博稽六藝，粗覽傳記」、張霸「博覽五經」、寒朗「好經學，博通書傳」、姜肱「博通五經」、申屠蟠「隱居精學，博貫五經」、黃香「博學經典，究精道術」。[10] 此所

---

[10] 以上引文分見《漢書》，卷五八〈兒寬傳〉，頁1220；卷七五〈夏侯始昌傳〉，頁1395；卷七二〈王吉傳〉，頁1366；同卷〈龔舍傳〉，頁1372；卷七三〈韋賢傳〉，頁1378；卷八八〈儒林列傳〉，頁1546、1548、1550；卷八五〈谷永傳〉，頁1492。《後漢書》，卷二四〈馬援傳〉，頁310、卷三七〈桓榮傳〉，頁451；卷十四〈宗室四王三侯列傳・北海靖王興傳〉，頁209、卷五十〈孝明八王列傳・陳敬王羨傳〉，頁598；卷二七〈趙典傳〉，頁347、卷二八上〈桓譚傳〉，頁351、卷三一〈孔奮傳附弟奇傳〉，頁396、卷三四〈梁統傳附子松傳〉，頁420、卷三五〈鄭玄傳〉，頁434、卷三六〈張霸傳〉，頁447、卷四一〈寒朗傳〉，頁507、卷五三〈姜肱傳〉，頁625、同卷〈申屠蟠傳〉，頁626、卷八十〈文苑列傳・黃香傳〉，頁932。又如《後漢書・儒林列傳》所載任安、尹敏、景鸞、召馴、李育、何休、潁容、謝該、許慎、蔡玄等，亦皆兼學數經。以上僅為例舉，史書所載，遠多於此，恕不備數。雖然有些例外的情形，如《漢書》，卷六三〈武五子列傳・燕剌王旦傳〉，頁1262：「博學經書、雜傳，好星曆、數術」；《後漢書》，卷十九〈耿弇傳附弟子秉傳〉，頁268：「博通書記，能說司馬兵法」；卷三六〈范升傳〉，頁441：「九歲通《論語》、《孝經》。及長，習《梁丘易》、《老子》」，所讀書籍，有超出經書記傳以外的。只是相較而言，博學雜書既非當時學風主流，能為之者亦僅少數人。換言之，整體而言，兩漢經學鼎盛時期，學子普遍以修讀經書為主。而且，上

以《後漢書》卷六一〈周舉傳〉會載:

> 周舉……博學洽聞,為儒者所宗,故京師為之語曰:
> 「五經從橫周宣光」。

以「五經」作為「博學洽聞」的實際指涉。[11]

這些博學、博通之士,一般稱之為「通儒」,如劉丕「師受經傳,博學群書,號為通儒」;馬融「博通經籍」,「才高博洽,為世通儒」;董鈞「博通古今」,「當世稱為通儒」;杜林「博洽多聞,時稱通儒」。[12]「通儒」既指見聞學識博通之儒生,所學內容當然以儒家經傳為主,偶或涉及一些其他書籍。因此《後漢書》卷七八〈宦者列傳・蔡倫傳〉才會記載:

> (元初)四年,帝以經傳之文多不正定,乃選通儒謁者劉珍及博士良史詣東觀,各讎校家法,令(蔡)倫監典其事。

舉諸人,也都以經傳為主,另外涉及術數、兵法、《老子》等書,或有特別的因素。

[11] 《後漢書》,卷四五〈周榮傳附子興傳〉,頁550,載陳忠上書推薦周興時說他:「蘊匱古今,博物多聞。三墳之篇、五典之策,無所不覽」。也是以經傳之書作為博覽的內容。

[12] 以上引文分見《後漢書》,卷七六〈循吏列傳・劉寵傳〉,頁885,章懷《注》引《續漢書》;卷六十〈馬融傳〉,頁694-700;卷七九〈儒林列傳・董鈞傳〉,頁920;卷二七〈杜林傳〉,頁344。

命通儒之士來讎校各家經傳家法。[13] 又如《後漢書》卷三六〈賈逵傳〉載：

> 賈逵……父徽，從劉歆受《左氏春秋》，兼習《國語》、《周官》，又受《古文尚書》於塗惲，學《毛詩》於謝曼卿……逵悉傳父業，弱冠能誦《左氏傳》及五經本文，以大夏侯《尚書》教授，雖為古學，兼通五家《穀梁》之說……逵數為帝言《古文尚書》與經傳、《爾雅》詁訓相應，詔令撰歐陽、大小夏侯《尚書》古文同異，逵集為三卷，帝善之。復令撰齊、魯、韓《詩》與毛氏異同，并作《周官解故》……所著經傳義詁及論難百餘萬言，又作詩、頌、誄、書、連珠、酒令凡九篇，學者宗之，後世稱為通儒。

《後漢書》卷七九〈儒林列傳‧李育傳〉也載：

> 李育……少習《公羊春秋》，沈思專精，博覽書傳，知名太學……建初……四年，詔與諸儒論五經於白虎觀，育以公羊義難賈逵，往返皆有理證，最為通儒。

二人因博通諸經、博覽書傳而被稱為通儒。可見：所謂通儒，乃博通多經，或就訓詁大義的途徑以理解經書，視野較為廣闊，

---

[13] 東漢時，家法與章句有密切關連，有時甚至可等同視之，此處之家法即是章句的另種表示。相關論述，請參錢穆，〈兩漢博士家法考〉，氏著《兩漢經學今古文平議》（台北：東大圖書公司，1989年），頁201；郭永吉，〈兩漢經學師法家法考〉，頁478-480。

即西漢常見重師法的治經方式,[14]如卓茂,「元帝時學於長安,事博士江生,習《詩》、《禮》及歷筭,究極師法,稱為通儒」;劉寬,「少學《歐陽尚書》、《京氏易》,尤明《韓詩外傳》,星官、風角、筭歷,皆究極師法,稱為通儒」。[15]而非專守鑽研於某經某家章句之學,故多能不受章句拘限,如桓譚,「博學多通,徧習五經,皆詁訓大義,不為章句」;班固,「博貫載籍,九流百家之言,無不窮究。所學無常師,不為章句,舉大義而已」;王充,「好博覽而不守章句」,「博通眾流百家之言」;荀淑,「博學而不好章句」;韓融,「少能辯理而不為章句學」;盧植,「少與鄭玄俱事馬融,能通古今學,好研精而不守章句」;梁鴻,「博覽無不通,而不為章句」。[16]當然,除了經傳之外,多少也會涉及其他書籍,然此並無損於「通儒」之稱。

與「通儒」相對的乃「俗儒」,見於《後漢書》卷六二〈荀淑傳〉記載:

> 荀淑……少有高行,博學而不好章句,多為俗儒所非,而州里稱其知人。

---

[14] 兩漢經學中師法與家法的一項差異在於治經途徑,師法乃以訓詁舉大義為主,家法則專於章句之學。有關這一部份,請參郭永吉,〈兩漢經學師法家法考〉,頁 465-480。

[15] 以上引文分見《後漢書》,卷二五〈卓茂傳〉,頁 323;同卷〈劉寬傳〉,頁 328,章懷《注》引謝承《後漢書》。

[16] 以上引文分見《後漢書》,卷二八〈桓譚傳〉,頁 351;卷四十〈班固傳〉,頁 479;卷四九〈王充傳〉,頁 585;卷六二〈荀淑傳〉,頁 730;同卷〈韓韶傳附子融傳〉,頁 735;卷六四〈盧植傳〉,頁 754;卷八三〈逸民列傳・梁鴻傳〉,頁 987。

以及《後漢書》卷二八〈桓譚傳〉所載：

> 桓譚……博學多通，徧習五經，皆詁訓大義，不為章句……而憙非毀俗儒，由是多見排抵。

或稱「鄙儒」，徐幹《中論》卷上〈治學〉說：

> 凡學者大義為先，物名為後，大義舉而物名從之。然鄙儒之博學也，務於物名，詳於器械，矜於詁訓，摘其章句，而不能統其大義之所極，以獲先王之心。

根據其治經方式，又可稱為「守文之徒」，此自西漢中後期章句之學漸盛後，已然出現。《後漢書》卷六七〈黨錮列傳〉記載：

> 自武帝以後，崇尚儒學，懷經協術，所在霧會，至有石渠分爭之論，黨同伐異之說，守文之徒，盛於時矣。

參對《後漢書》卷三五〈鄭玄傳‧論〉所說：

> 自秦焚六經，聖文埃滅。漢興，諸儒頗修藝文；及東京，學者亦各名家。而守文之徒，滯固所稟，異端紛紜，互相詭激，遂令經有數家，家有數說，章句多者或乃百餘萬言，學徒勞而少功，後生疑而莫正。

可知：所謂的「守文之徒」，指的是拘守「滯固」於一經中某一

家章句之學,因為其文字數量龐大驚人,「多者或乃百餘萬言」,導致他們一方面陷溺於章句洪流之中,無法廣泛閱讀其他家派或經書,縱然認真好學,卻也不免「勞而少功」的命運;另一方面也因章句多僅計較於錙銖細節,且各家彼此「互相詭激」而不能相容,易走向偏執之「異端」,因此無法真正探知經書大義,以明聖人先王創作經書之真恉用心所在。如此一來,見識上難逃孤陋寡聞之譏,所以又稱為「俗儒」、「鄙儒」。正因守文之徒治學時不知變通、不肯多聞,則理解認知之程度僅於皮毛,必然鄙俗,二者實是一體之兩面,此所以《後漢書》卷四九〈王充傳〉會說:

> 充好論說,始若詭異,終有理實。以為俗儒守文,多失其真。

直接以「俗儒守文」並稱。通儒、俗儒於治學態度上既有此差異,[17]其對經書之認知與理解自然無法同轍,就像《後漢書》卷七九〈儒林列傳‧何休傳〉載:

---

[17] 兩漢時「通儒」、「俗儒」除了指治學態度與見聞範圍外,另有不同的意涵。《後漢書》,卷二七〈杜林傳〉,頁344,章懷《注》引《風俗通》說:「儒者,區也。言其區別古今,居則玩聖哲之詞,動則行典籍之道,稽先王之制,立當時之事,此通儒也;若能納而不能出,能言而不能行,講誦而已,無能往來,此俗儒也。」應劭此乃就儒生能將所學發揮的功效程度立論,與本文所著重的層面不同。有關東漢時期的「通儒」,葛兆光,《中國思想史》(上海:復旦大學出版社,2005年),第一卷,頁306-310,亦曾論及,然著重點與本文不同,煩請自行參看。

休坐廢錮,乃作《春秋公羊解詁》,覃思不闚門十有七年。又注訓《孝經》、《論語》、風角七分,皆經緯典謨,不與守文同說。

則二者之間常常相互「非毀」、「排抵」,也就勢所難免。

由上文所述,也可以發現:研讀書籍多限於經書相關範疇的學風,自東漢,尤其是中晚期,已開始逐漸有所轉變,[18]這與史書於此時所列「通儒」之士漸多正桴鼓相應。所以像上文所引杜林、王充、班固等人,均能「博通眾流百家之言」。或有質疑他們不是因家中藏書豐富,就是因游市肆而得閱所賣書,屬較特殊的狀況。[19]但像《後漢書》卷五二〈崔駰傳〉所載:

毅生駰,年十三能通《詩》、《易》、《春秋》,博學有偉才,盡通古今訓詁百家之言,善屬文。少游太學,與班固、傅毅同時齊名。

以及《後漢書》卷六四〈延篤傳〉所記:

---

[18] 至於《漢書》,卷六二〈司馬遷傳‧贊〉,頁 1258 所稱:「劉向、揚雄博極群書」,乃因二人均曾校書禁中,故能博覽眾書,正如《論衡校釋》,卷二七〈定賢〉,頁 1115 所說:「若典官文書,若太史公及劉子政之徒,有主領書記之職,則有博覽通達之名矣。」

[19] 班固家多書,已見上文。杜林,《漢書》,卷八五〈杜鄴傳〉,頁 1501:「鄴少孤,其母張敞女,鄴壯,從敞子吉學問,得其家書」;《後漢書》,卷二七〈杜林傳〉,頁 344:「林少好學沈深,家既多書。又外氏張竦父子喜文采,林從竦受學」。王充,《後漢書》,卷四九〈王充傳〉,頁 585:「家貧無書,常游洛陽市肆,閱所賣書,一見輒能誦憶,遂博通眾流百家之言」。

> 延篤……從馬融受業，博通經傳及百家之言，能著文章，有名京師。

也都強調博學內容旁及諸子百家，甚至文章篇賦等，不再限於經書及相關的傳記。至於像伏無忌，「亦傳家學，博物多識」，「永和元年，詔無忌與議郎黃景校定中書五經、諸子百家、藝術」；仲長統「少好學，博涉書記，贍於文辭」；蔡邕，「少博學，師事太傅胡廣。好辭章、數術、天文」；孔融，「性好學，博涉多該覽」；應劭，「博學多識」，「所撰述《風俗通》等，凡百餘篇，辭雖不典，世服其博聞」；曹丕，「博貫古今經傳諸子百家之書」；周昕，「少游京師，師事太傅陳蕃，博覽群書，明於風角，善推災異」；陸績，「博學多識，星曆算數無不該覽」。[20]所讀之書廣泛不一，可見這種風氣逐漸在形成中，且時間越到晚期，涉及的內容越顯龐雜，六朝時期的博學風氣正與此相呼應、傳承。

第二節　六朝博學風氣

博學風氣發展到六朝時期，學子所讀書籍範圍不再囿於兩漢舊習，已經相當廣泛。如南朝官方因國學未立，另立四館以

---

[20] 《後漢書》，卷二六〈伏湛傳附玄孫無忌傳〉，頁332；卷四九〈仲長統傳〉，頁589；卷六十下〈蔡邕傳〉，頁703；卷七十〈孔融傳〉，頁809；《三國志》，卷二一〈王粲傳附應瑒傳〉，裴《注》引華嶠《後漢書》，頁535；卷二〈文帝本紀〉，頁86；卷五一〈吳宗室列傳‧孫靜傳〉，頁1000，裴《注》引《會稽典錄》；卷五七〈陸績傳〉，頁1088。

代之,除儒學外,尚有史學、玄學、文學與之並立,[21] 皆聚生徒以教。非官方系統,則更是常見學涉廣博的記載,是以《晉書》等八書中常見以「博學」、「博聞」、「博物」等作為讚譽士人學養的一項重要指標,「博」的實際內容則已不再限於「三墳之篇,五典之策」[22] 等經書傳記之屬,而是大大逸出此藩籬。《三國志》卷三八〈秦宓傳〉就記載一則案例:

> 先是,李權從宓借《戰國策》,宓曰:「《戰國》從橫,用之何為?」權曰:「仲尼、嚴平,會聚群書,以成《春秋》、《指歸》之文,故海以合流為大,君子以博識為弘。」

在閱讀上強調的是「博識為弘」。少則延及諸子百家與史傳,此風氣自東漢初已萌,如上一節所引述之王充、班固、崔駰及延篤等人。六朝時則是更為常見,西晉皇甫謐,「博綜典籍、百家之言」;蕭梁時庾詵,「幼聰警篤學,經史百家無不該綜」;沈洙,「精識彊記,五經章句,諸子史書,問無不答」。北朝李琰

---

[21] 《南史》,卷二二〈王儉傳〉,頁 595:「宋時國學頹廢,未暇修復,宋明帝泰始六年,置總明觀以集學士,或謂之東觀,置東觀祭酒一人,總明訪舉郎二人。儒、玄、文、史四科,科置學士十人,其餘令史以下各有差」。《南齊書》,卷五四〈高逸列傳・杜京產傳〉,頁 942:「永明十年,稚珪及光祿大夫陸澄、祠部尚書虞悰、太子右率沈約、司徒右長史張融表薦京產曰:『竊見吳郡杜京產,潔靜為心,謙虛成性,通和發於天挺,敏達表於自然。學遍玄、儒,博通史、子,流連文藝,沈吟道奧』」。

[22] 《後漢書》,卷四五〈周榮傳附子興傳〉,頁 550。

之,「經史百家,無所不覽」;宋繇,「博通經史,諸子群言,靡不覽綜」;柳虬,「遍受五經,略通大義,兼博涉子史」;辛德源,「博覽書記」,「枕藉六經,漁獵百氏」;李文博,「本為經學,後讀史書,於諸子及論尤所該洽」。[23] 多者包括各種雜學或文學作品等,《三國志》卷四二〈郤正傳〉載其:

> 博覽墳籍,弱冠能屬文……尤耽意文章,自司馬、王、揚、班、傅、張、蔡之儔遺文篇賦,及當世美書善論,益部有者,則鑽鑿推求,略皆寓目。

劉殷,也是除「博通經史,綜核群言」外,對「文章詩賦,靡不該覽」;杜之偉,史書記載他「遍觀文史及儀禮故事」。[24] 所以史書稱:梁武帝時「學者多涉獵文史」。[25] 至於《南史》卷四九〈何憲傳〉則載:

> 何憲……博涉該通,群集畢覽,天閣寶秘,人間散逸,無遺漏焉。任昉、劉渢共執秘閣四部書,試問其

---

[23] 《晉書》,卷五一〈皇甫謐傳〉,頁 963;《梁書》,卷五一〈處士列傳・庾詵傳〉,頁 750;《陳書》,卷三三〈儒林列傳・沈洙傳〉,頁 436;《魏書》,卷八二〈李琰之傳〉,頁 1798;卷五二〈宋繇傳〉,頁 1152;《周書》,卷三八〈柳虬傳〉,頁 680;《隋書》,卷五八〈辛德源傳〉,頁 1422;卷五八〈李文博傳〉,頁 1432。又如《魏書》,卷八五〈文苑列傳・溫子昇傳〉,頁 1875:「長乃博覽百家」;卷九十〈逸士列傳・李謐傳〉,頁 1932:「少好學,博通諸經,周覽百氏」。

[24] 《晉書》,卷八八〈孝友列傳・劉殷傳〉,頁 1504;《陳書》,卷三四〈文學列傳・杜之偉傳〉,頁 454。

[25] 《陳書》,卷三三〈儒林列傳・沈洙傳〉,頁 436。

> 所知,自甲至丁,書說一事,并敘述作之體,連日累
> 夜,莫見所遺。

所讀遍及四部及各種雜學。又如杜夷,「博覽經籍百家之書,算曆圖緯,靡不畢究」;庾承,「玄經釋典,靡不該悉;九流七略,咸所精練」;而顧協,則是「博極群書」,且對「於文字及禽獸草木,尤稱精詳」;顧野王,也是「遍觀經史,精記嘿識,天文地理、蓍龜占候、蟲篆奇字,無所不通」。[26] 以至於像「少好學,博覽羣書」的謝靈運,於〈山居賦〉中自述「平生之所流覽」的包括有:

> 六藝以宣聖教,九流以判賢徒;國史以載前紀,家傳
> 以申世模;篇章以陳美刺,論難以覈有無;兵技醫
> 日,龜筴筮夢之法;風角冢宅,算數律曆之書。[27]

北朝學者博學如斯者更不在少數,《魏書》卷八四〈儒林列傳・刁沖傳〉載其:

> 學通諸經,偏修鄭說,陰陽、圖緯、算數、天文、風
> 氣之書,莫不關綜,當世服其精博。

---

[26] 《晉書》,卷九一〈儒林列傳・杜夷傳〉,頁 1539;《梁書》,卷五一〈處士列傳・庾承傳〉,頁 753;卷三十〈顧協傳〉,頁 446;《陳書》,卷三十〈顧野王傳〉,頁 399。
[27] 《宋書》,卷六七〈謝靈運傳〉,頁 1770。

而崔㥄所學較之刁沖也不遑多讓，史稱其：「讀書不廢，凡手抄八千餘紙，天文、律曆、醫方、卜相、風角、鳥言，靡不閑解」。[28] 其餘像崔浩，「少好文學，博覽經史，玄象陰陽、百家之言，無不關綜」；高允，「博通經史、天文術數」；李業興，「博涉百家，圖緯、風角、天文、占候，無不詳練，尤長算歷」；樊深，「既專經，又讀諸史及蒼雅篆籀、陰陽卜筮之書。學雖博贍，訥於辭辯」；劉炫，曾自表狀學通諸經外，「史子文集，嘉言美事，咸誦於心；天文律曆，窮覈微妙」，獲得「在朝知名之士十餘人，保明炫所陳不謬」，可知其言非浮誇虛妄；李德林，「年十五，誦五經及古今文集，日數千言。俄而該博墳典，陰陽緯候，無不通涉」。[29]

由上引諸人博學廣聞的情形來看，經傳注記、史書、諸子百家及文章詩賦之外，尚包括小學文字類的蒼雅篆籀，甚至蟲篆奇字；天文地理、算數律曆；陰陽術數類的圖緯、蓍龜、占候、風氣、卜相、風角、卜筮、醫方等；或是宗教類的玄經、釋典；甚至是禽獸、草木、鳥言，真可謂是「無書不覽」、「無所不覩」，正如北周時王頍所說：「書無不可讀者！」[30] 因此，經常可見六朝時期的史書上稱呼當時的學者們「博覽群書，學無

---

[28] 《北史》，卷二四〈崔逞傳附㥄傳〉，頁 879-880。

[29] 《魏書》，卷三五〈崔浩傳〉，頁 807；卷四八〈高允傳〉，頁 1067；卷八四〈儒林列傳·李業興傳〉，頁 1861；《周書》，卷四五〈儒林列傳·樊深傳〉，頁 811；《隋書》，卷七五〈儒林列傳·劉炫傳〉，頁 1720；卷四二〈李德林傳〉，頁 1193。

[30] 《三國志》，卷四二〈孟光傳〉，頁 862；《陳書》，卷二七〈姚察傳〉，頁 353；《隋書》，卷七六〈文學列傳·王頍傳〉，頁 1732。

不綜」之類記載。[31] 凡此均可見：士人「博學」在兩漢時期與六朝階段指涉的範圍並不盡相同。就如顏之推於《顏氏家訓》卷三〈勉學〉中告誡其子所說：

> 學之興廢，隨世輕重。漢時賢俊，皆以一經弘聖人之道，上明天時，下該人事，用此致卿相者多矣。末俗已來不復爾，空守章句，但誦師言，施之世務，殆無一可。故士大夫子弟，皆以博涉為貴，不肯專儒。梁朝皇孫以下，總丱之年，必先入學，觀其志尚；出身已後，便從文史，略無卒業者。冠冕為此者，則有何胤、劉巘、明山賓、周捨、朱异、周弘正、賀琛、賀革、蕭子政、劉縚等，兼通文史，不徒講說也；洛陽亦聞崔浩、張偉、劉芳，鄴下又見邢子才，此四儒者，雖好經術，亦以才博擅名。如此諸賢，故為上品⋯⋯光陰可惜，譬諸逝水。當博覽機要，以濟功業⋯⋯夫學者貴能博聞也，郡國山川、官位姓族、衣服飲食、器皿制度，皆欲根尋，得其原本。

明白指出：不論南北，時人所學「皆以博涉為貴」，而「博覽」的範圍「兼通文史」、地理、譜牒、日常衣食器物制度等，「不肯專儒」。這也就是《史通》卷十〈雜述〉所說：「故學者欲博聞舊事，多識奇物，若不窺別錄，不討異書，專治周、孔之章句，直守遷、固之紀傳，亦何能自致於此乎？」

---

[31] 《周書》，卷四八〈蕭詧傳附蔡大寶傳〉，頁868。

而且,縱使天才橫逸,若能以博學為根柢,更能取重士林。[32]《晉書》卷九十〈良吏列傳·潘京傳〉記載:

> 京仍舉秀才,到洛。尚書令樂廣,京州人也,共談累日,深歎其才,謂京曰:「君天才過人,恨不學耳。若學,必為一代談宗。」京感其言,遂勤學不倦。

《世說新語》卷上〈文學〉13 條載:

> 諸葛宏年少不肯學問,始與王夷甫談,便已超詣。王歎曰:「卿天才卓出,若復小加研尋,一無所愧。」後看《莊》、《老》,更與王語,便足相抗衡。

《世說新語》卷上〈文學〉99 條又載:

> 殷仲文天才宏贍,而讀書不甚廣,傅〔博〕亮歎曰:「若使殷仲文讀書半袁豹,才不減班固。」[33]

王夷甫等三人之所以「歎」,乃均以對方寡學為憾,如果肯「學問」,讀書廣博,不論在言談或文才方面,皆能有所助益。所以劉勰才會說:雖然「才為盟主」,但仍須「學為輔佐」,而「綜

---

[32] 六朝時期士人重博學或天才,學者已有論述,請參張蓓蓓,〈魏晉學風窺豹〉,氏著《中古學術論略》(台北:大安出版社,1991 年),頁 94-104;朱曉海先生,〈魏晉時期文學自覺說的省思〉,《淡江大學中文學報》第九期(2003 年 12 月),頁 33-40。

[33] 《晉書》,卷九九〈殷仲文傳〉,頁 1707 載此乃謝靈運所言。

學在博」。故「將贍才力,務在博見」,若此則「文采必霸」。[34] 至如《世說新語》卷中〈賞譽〉155 條所載:

> 王恭有清辭簡旨,能敘說,而讀書少,頗有重出。有人道孝伯常有新意,不覺為煩。

因「讀書少」以致敘說時「頗有重出」,本應是其短處,故結果當是「煩」。但由於其中「常有新意」,方能化解其短,以達「不」「煩」。可見一般而言,要避免「重出」的方式是讀書須廣多,也就是博學。因此,《抱朴子外篇》卷三八〈博喻〉就說:

> 南威青琴,姣冶之極,而必俟盛飾以增麗;回賜游夏,雖天才雋朗,而實須墳誥以廣智。

否則,就將如《文心雕龍》卷八〈事類〉所載:

> 魏武稱張子之文為拙,然[35]學問膚淺,所見不博,專拾掇崔、杜小文。所作不可悉難,難便不知所出,斯則寡聞之病也。

以及《世說新語》卷下〈排調〉48 條所說:

---

[34] 范文瀾,《文心雕龍注》(台北:臺灣開明書店,1993 年),卷八〈事類〉,頁 9b-10a。

[35] 楊明照,《增訂文心雕龍校注》(北京:中華書局,2005 年),卷八〈事類〉,頁 479 引范文瀾說:「『然』字疑衍。」楊氏按:「『然』,猶乃也,見《經傳釋辭》卷七,非衍文。」此從其說。

> 魏長齊雅有體量,而才學非所經。初宦當出,虞存嘲之曰:「與卿約法三章:談者死,文筆者刑,商略抵罪。」魏怡然而笑,無忤於色。

因「淺」「學」「寡聞」而導致為文、談論不免「病」「拙」之累,將被他人所鄙「嘲」。凡此均昭示:不論為文、口談,皆須以博學為基本條件。

六朝時期,在一般社交場合中文人士大夫彼此討論學問、酬唱談講乃司空見慣之事,這種面對面的直接較量,無可取巧,甚少有可作弊的機會,[36] 所以常見有因淺學寡聞而貽笑他人面前者。[37] 如《顏氏家訓》卷三〈勉學〉所載案例:

> 《書》曰:「好問則裕。」《禮》云:「獨學而無友,則孤陋而寡聞。」蓋須切磋相起明也。見有閉門讀書,師心自是,稠人廣坐,謬誤差失者多矣。《穀梁傳》稱公子友與莒挐相搏,左右呼曰「孟勞」。孟勞者,魯之寶刀名,亦見《廣雅》。近在齊時,有姜仲岳謂:「孟勞者,公子左右,姓孟名勞,多力之人,

---

[36] 《顏氏家訓集解》,卷三〈勉學〉,頁 148:「梁朝全盛之時,貴遊子弟,多無學術,至於諺云:『上車不落則著作,體中何如則祕書。』……列器玩於左右,從容出入,望若神仙。明經求第,則顧人答策;三九公讌,則假手賦詩」。又如下文所舉裴子野〈雕蟲論序〉中所言。雖然顏、裴之言認為當時可能有顧人作假的情形,但想必也會遭受他人譏笑。

[37] 類似案例,顏之推多有舉列,請見《顏氏家訓集解》,卷三〈勉學〉,頁 183-184、207。

為國所寶。」與吾苦諍。時清河郡守邢峙，當世碩儒，助吾證之，赧然而伏。又《三輔決錄》云：「靈帝殿柱題曰：『堂堂乎張，京兆田郎。』」蓋引《論語》，偶以四言，目京兆人田鳳也。有一才士，乃言：「時張京兆及田郎二人皆堂堂耳。」聞吾此說，初大驚駭，其後尋媿悔焉。

皆是與人談學卻因學問不廣而「赧然」「媿悔焉」。更有甚者，恐無立足處，如《顏氏家訓》卷三〈勉學〉又載當時景況：

多見士大夫……或因家世餘緒，得一階半級，便自為足，全忘修學。及有吉凶大事，議論得失，蒙然張口，如坐雲霧；公私宴集，談古賦詩，塞默低頭，欠伸而已……長受一生愧辱哉！

像不管是西晉時石崇為送迎而主辦的金谷園集，或東晉王羲之參加祓禊的蘭亭集，由二人所作的〈序〉中可知在「遊宴」賞會之餘，都需臨場「賦詩，以敘中懷。或不能者，罰酒三斗」。王羲之〈序〉中就明載：「前餘姚令會稽謝勝等十五人不能賦詩，罰酒各三斗」。[38] 餞別迎接或是由祓禊演變而來的曲水流觴之雅集，都是當時士人生活中常會遭遇到的社交活動，試想：在這種場合中受罰者，豈能無愧赧之色？就如《北齊書》卷四三

---

[38] 分見余嘉錫，《世說新語箋疏》（台北：華正書局，1989年），卷中〈品藻〉，條57劉孝標《注》引石崇〈金谷詩敘〉，頁530、卷下〈企羨〉，條3劉孝標《注》引王羲之〈臨河敘〉（即〈蘭亭集序〉），頁631。

〈許惇傳〉所載：

> 許惇……清識敏速，達於從政，任司徒主簿，以能判斷，見知時人，號為入鐵主簿……雖久處朝行，歷官清顯，與邢卲、魏收、陽休之、崔劼、徐之才之徒比肩同列。諸人或談說經史，或吟詠詩賦，更相嘲戲，欣笑滿堂。惇不解劇談，又無學術，或竟坐杜口，或隱几而睡，深為勝流所輕。

許惇雖然善於為官，卻因「不解劇談，又無學術」，無法融入這種場合而「深為勝流所輕」。因此，為應付這種社交風氣，遂導致當時之人趨向博學文采的景況，如裴子野〈雕蟲論并序〉就載：

> 宋明帝聰博好文史，才思朗捷，省讀書奏，號七行俱下。每國有禎祥及行幸讌集，輒陳詩展義，且以命朝臣。其戎士武夫，則託請不暇，困於課限，或買以應詔焉。於是天下向風，人自藻飾，雕蟲之藝，盛於時矣。又論曰：「……宋初迄於元嘉，多為經史；大明之代，實好斯文。高才逸韻，頗謝前哲。波流同尚，滋有篤焉。自是閭閻少年、貴游總角，罔不擯落六藝，吟詠情性。學者以博依為急務，謂章句為專魯……」。[39]

---

[39] 文見《通典》，卷十六〈選舉四・雜議論上・梁〉，頁91。

論中所斥實乃當時潮流所趨。

凡此,均可見六朝時期對博學的重視及需求,因而常見時人多方設法的努力向學以增廣見聞。除上文所舉三國時蜀漢郤正外,又如《晉書》卷七二〈葛洪傳〉記載:

> 洪少好學,家貧,躬自伐薪以貿紙筆,夜輒寫書誦習,遂以儒學知名……或尋書問義,不遠數千里,崎嶇冒涉,期於必得,遂究覽典籍……太安中,石冰作亂,吳興太守顧祕為義軍都督,與周玘等起兵討之。祕檄洪為將兵都尉,攻冰別率,破之,遷伏波將軍。冰平,洪不論功賞,逕至洛陽,欲搜求異書以廣其學。

蕭齊時劉峻「好學」,「自謂所見不博,更求異書,聞京師有者,必往祈借,清河崔慰祖謂之書淫」;[40]《梁書》卷三四〈張纘傳〉也曾載:

> 起家祕書郎,時年十七……纘好學,兄緬有書萬餘卷,晝夜披讀,殆不輟手。祕書郎有四員,宋、齊以來,為甲族起家之選,待次入補,其居職,例數十百日便遷任。纘固求不徙,欲遍觀閣內圖籍。嘗執四部書目曰:「若讀此畢,乃可言優仕矣。」如此數載,方遷太子舍人。

---

[40] 《梁書》,卷五十〈文學列傳下‧劉峻傳〉,頁701。

為了能夠讀到平時不易得見的內閣藏書，寧願放棄依照慣例的晉升途徑，「固求」留任「不徙」，「數載方遷」，付出的代價不可謂小。北魏常景，「遇新異之書，殷勤求訪，或復質買，不問價之貴賤，必以得為期」，甚至因此而致生活困乏，猶然不悔；北齊李鉉則「以鄉里寡文籍，來遊京師，讀所未見書」。[41] 均是為能得書以廣聞知，不惜一切。

第三節　小結

　　一代之學風，隨著政治條件、社會文化以及思想文學潮流等各個領域的變化，也必然會有所轉變。六朝時期雖然仍相當重視兩漢以來的經學研習，但因時代的進展，為順應新的生活環境與需求，導致他們對知識的學習也有不同於、甚至是超出兩漢的地方。當然，一種不同以往之潮流或風氣的形成，必有複雜的諸多原因所造成，實無法一言以蔽之。本章僅先就整體之景況進行論述，至於所以然的細節部分，留待下文作更詳盡的分析與探討。

---

[41] 《北齊書》，卷四四〈儒林列傳・李鉉傳〉，頁585。

第五章　聘使人選的學識考察

　　本章主要針對六朝時期政治層面的博學需求進行探討，政治上涉及的議題相當廣泛，最常見的便是廟堂朝議上常見有關政事、禮制的參與、論辯或表章陳述。兩漢時經書具有無比崇高的地位，尤其是《春秋》，因託名孔子為漢制法，故漢儒會說：「孔子立新王之道」,「以《春秋》當新王」，因為「《春秋》應天，作新王之事」。「然則《春秋》，漢之經，孔子制作，垂遺於漢。」也就是東漢初郅惲所說：「孔為赤制」。[1] 是則，《春秋》可謂如同漢朝昭代憲法。所以一般論政時，常見援引包括《春秋》在內的各經經義來支持己說。[2] 東漢初梁松便因「博通經書，

---

[1] 以上引文分見蘇輿，《春秋繁露義證》（北京：中華書局，1996年），卷一〈玉杯〉，頁28；卷七〈三代改制質文〉，頁198、187；《論衡校釋》，卷十二〈程材篇〉，頁542-543；《後漢書》，卷二九〈郅惲傳〉，頁372。

[2] 《漢書》，卷六四〈賈捐之傳〉，頁1290：「元帝初元元年，珠崖又反……上與有司議大發軍，捐之建議以為不當擊。上使侍中駙馬都尉樂昌侯王商詰問捐之曰：『……經義何以處之？』」卷七二〈龔勝傳〉，頁1370：「尚書劾奏（王）嘉言事恣意……下將軍中朝者議。左將軍公孫祿……等十四人皆以為嘉應迷國不道法。勝獨書議曰：……左將軍祿問勝：『君議亡所據，今奏當上，宜何從？』」可見當時議事常被要求需有經義依據來支持自己的主張。類似的例子在史書上時常可見，如卷二五下〈郊祀志下〉，頁561載成帝時大臣論議遷郊祀於長安事、卷六十〈杜周傳附曾孫業傳〉，頁1236載杜業於成帝時上書劾師丹事、卷八一〈匡衡傳〉，頁1459-1460載成帝時王駿等劾匡衡事，皆以經書為據。有關這一部份，請參郭永吉，〈先秦至西漢博士論考〉，頁107-108。

明習故事」,故「與諸儒脩明堂、辟廱、郊祀、封禪禮儀,常與論議,寵幸莫比」。[3]六朝時朝臣論政,除經義本身外,則還需兼及兩漢以來經生大儒的各種說法,甚至各朝實際執行的情況,這已遠遠超出經書本身所載。三國時東吳孫桓,即因「博學彊記,能論議應對,權常稱為宗室顏淵」。[4]《晉書》卷三五〈裴頠傳〉則記載:

> 頠……博學稽古……通博多聞……表疏十餘上,博引古今成敗以為言,覽之者莫不寒心。

《晉書》卷九十〈良吏列傳·杜軫傳〉也載:

> 杜軫……師事譙周,博涉經書……博聞廣涉,奏議駁論多見施用。

《南齊書》卷二三〈王儉傳〉說:

> 幼有神彩,專心篤學,手不釋卷……儉長禮學,諳究朝儀,每博議,證引先儒,罕有其例。八坐丞郎,無能異者。

均可見:在這些朝政論議的場合中,若個人學識能博覽廣通,

---

[3] 《後漢書》,卷三四〈梁統傳附子松傳〉,頁420。
[4] 《三國志》,卷五一〈吳宗室列傳·孫桓傳〉,頁1008,裴《注》引《吳書》。

於論述時多所徵引以為佐證,自能壓服群僚,使自己的意見得蒙見採施用。《魏書》卷五五〈劉芳傳〉就說:

> 先是,高祖於代都詔中書監高閭、太常少卿陸琇并公孫崇等十餘人修理金石及八音之器。後崇為太樂令,乃上請尚書僕射高肇更共營理。世宗詔芳共主之,芳表以禮樂事大,不容輒決,自非博延公卿,廣集儒彥,討論得失,研窮是非,則無以垂之萬葉,為不朽之式。被報聽許,數旬之間,頻煩三議。于時,朝士頗以崇專綜既久,不應乖謬,各默然無發論者。芳乃探引經誥,搜括舊文,共相難質,皆有明據,以為盈縮有差,不合典式。崇雖示相酬答,而不會問意,卒無以自通。尚書述奏,仍詔委芳別更考制,於是學者彌歸宗焉。

因劉芳「篤志墳典」,「博聞強記」,故能「探引經誥,搜括舊文」,「皆有明據」,使得對方「雖」勉強「酬答」,卻「不會問意,卒無以自通」。封偉伯也因「博學有才思,弱冠除太學博士,每朝廷大議,偉伯皆預焉」。[5]《北齊書》卷三六〈邢邵傳〉則說:

> 邵……博覽墳籍,無不通曉,晚年尤以五經章句為意,窮其指要。吉凶禮儀,公私諮稟,質疑去惑,為世指南。每公卿會議,事關典故,邵援筆立成,證引

---
[5] 《魏書》,卷三二〈封懿傳附族人偉伯傳〉,頁766。

該洽，帝命朝章，取定俄頃。詞致宏遠，獨步當時，與濟陰溫子昇為文士之冠，世論謂之溫、邢。

至如《陳書》卷二七〈姚察傳〉記載：

父上開府僧坦〔垣〕，知名梁武代，二宮禮遇優厚，每得供賜，皆回給察兄弟，為遊學之資。察竝用聚蓄圖書，由是聞見日博……遷尚書祠部侍郎，此曹職司郊廟，昔魏王肅奏祀天地，設宮縣之樂，八佾之舞，爾後因循不革。梁武帝以為事人禮縟，事神禮簡，古無宮縣之文。陳初承用，莫有損益。高宗欲設備樂，付有司立議，以梁武帝為非。時碩學名儒朝端在位者，咸希上旨，竝即注同。察乃博引經籍，獨違眾議，據梁樂為是，當時驚駭，莫不懾服，僕射徐陵因改同察議。

甚至「獨違眾議」而忤「上旨」，然因博學故得「博引經籍」以據理力爭，遂使「在位」之「碩學名儒」「莫不」「驚駭」而「懾服」。猶如《隋書》卷五八〈明克讓傳〉所載：

明克讓……少好儒雅，善談論，博涉書史，所覽將萬卷。三《禮》禮論，尤所研精，龜策曆象，咸得其妙……高祖受禪，拜太子內舍人，轉率更令……于時東宮盛徵天下才學之士，至於博物洽聞，皆出其下。詔與太常牛弘等修禮議樂，當朝典故多所裁正。

凡此,均可見:博學廣識,有助於朝堂論議上的爭難,也能因此而獲聲名讚揚。

除了內政方面,六朝時期的外交場合上也不例外,參與人員在言語往來時,必須多所徵引以為談助,期能壓服對方,以達成己方之目的。本章即針對六朝時期聘使往來的相關情形進行論述。

第一節　六朝時期的外交局勢

根據《漢書》卷六四下〈終軍傳〉記載:

> 元鼎中,博士徐偃使行風俗,偃矯制使膠東、魯國鼓鑄鹽鐵,還奏事,徙為太常丞。御史大夫張湯劾偃矯制,大害法,至死。偃以為:「《春秋》之義,大夫出疆,有可以安社稷,存萬民,顓之可也。」湯以致其法,不能詘其義。有詔下軍問狀,軍詰偃曰:「古者諸侯國異俗分,百里不通,時有聘會之事,安危之勢,呼吸成變,故有不受辭造命顓己之宜。今天下為一,萬里同風,故《春秋》:『王者無外』。偃巡封域之中,稱以出疆何也?……」……偃窮詘,服罪當死。軍奏:「偃矯制顓行,非奉使體,請下御史徵偃即罪。」奏可。

徐偃雖想以「大夫出疆」的《春秋》大義為由來為自己矯詔行為脫罪,一開始也的確讓想「致其法」的張湯束手無策。但當

改由終軍出面論辯時,以當時情勢乃「天下為一」,令徐偃辭「窮」「服罪」。由此可見:兩漢大一統時,除外夷,並無如春秋戰國時的境外之交。雖然當時中央政府也常派遣使者到地方進行各種任務,因使命多端,幾乎無所不包,對膺任者的要求也就各不相同。[6]若說就其學識上的要求,一般而言頂多也就是需通經書。《史記》卷一二一〈儒林列傳〉又載:

> (呂)步舒至長史,持節使決淮南獄,於諸侯,擅專斷不報,以《春秋》之義正之,天子皆以為是。

由徐偃矯制與終軍之詰問,到呂步舒決淮南獄,依據的都是經書,更確切來說,都是《春秋》。

六朝時的情況與兩漢明顯不同,自東漢末年,王綱解紐,造成兩漢以來大一統政權的崩解,遂成三國鼎立。西晉雖曾再度混一車書,但僅如曇花一現,不過維持三十餘載,因八王之亂而告終。[7]而後,五馬南渡,在江東勉力延續典午政權;北方則陷入五胡十六國的混亂局面,最後由拓拔氏掃平諸胡政權,建

---

[6] 有關兩漢使者的相關情形,請參廖伯源,《使者與官制演變:秦漢皇帝使者考論》(台北:文津出版社,2006年)。

[7] 晉武帝司馬炎雖於泰始元年(265)受曹魏禪政,建立晉王朝,但當時江東孫吳政權猶在。直到太康元年(280),方滅吳,一統天下,此時距武帝即位已經16年。又過了10年,太熙元年(290),武帝崩、惠帝即位。晉懷帝永嘉五年(311),劉曜攻陷京師洛陽,懷帝被俘,2年後(313)遇弒於平陽。愍帝於是年即位,改元建興,建興四年(316),帝出降於劉曜,隔年被殺。因此,若從太康元年(280)滅吳算起,到永嘉五年(311),京師淪陷、懷帝被俘為止,前後共32年;就算將西晉享國下限延至建興四年(316),則一統時間維持37年。

立魏朝，與劉裕取代司馬晉政權而建立的宋朝形成南北對峙形勢。爾後南方雖政權幾經迭替，至少仍維持統一態勢；北朝拓拔魏則又東西分裂而後分別為北齊與北周所篡，與陳朝又成三方並立。在這段三百多年的歷史中，不論是三國鼎立，或南北分裂，雖然在政治立場上，彼此相互敵對，征戰不休，但境外之交乃無可避免，故常有遣使往來聘問之需。如《三國志》卷四八〈孫晧傳〉裴《注》引《吳錄》說：

> （張儼）拜大鴻臚，使於晉。（孫）晧謂儼曰：「今南北通好，以君有出境之才，故相屈行。」

《宋書》卷九五《索虜傳》記載：

> （晉安帝義熙）十三年，高祖西伐長安，（北魏主拓拔）嗣先娶姚興女，乃遣十萬騎屯結河北以救之，大為高祖所破，事在朱超石等傳。於是遣使求和，自是使命歲通。[8]

《資治通鑑》卷一百三十二〈宋紀十四・明帝泰始五年〉：

> 十一月，丁未，魏復遣使來脩和親，自是信使歲通。

---

[8] 除了拓拔魏，東晉也與後秦姚氏往來通使，《晉書》，卷一百一十七〈載記・姚興傳〉，頁 1929 載：「時劉裕誅桓玄，迎復安帝……劉裕遣大參軍衡凱之詣姚顯，請通和，顯遣吉默報之，自是聘使不絕。」

《南齊書》卷五七〈魏虜傳〉也載：

> 永明元年冬，遣驍騎將軍劉纘、前軍將軍張謨使虜。明年冬，虜使李道固報聘，世祖於玄武湖水步軍講武，登龍舟引見之。自此歲使往來，疆埸無事。

《北齊書》卷三五〈陸卬傳〉則說：

> 自梁、魏通和，歲有交聘。

徐陵〈為陳武帝與周宰相書〉：

> 昔賓門之始，境外無交，雖遣行人，未申嘉好。今上天有命，光膺寶曆，……宜脩朝聘。今遣侍中、都官尚書周弘正銜使長安。[9]

從「使命歲通」、「歲使往來」及「歲有交聘」等用辭來看，均可見南北朝時期南北雙方聘使往來相當頻繁。[10]

---

[9] 文見吳兆宜，《徐孝穆集箋》（台北：世界書局，1968年），卷三〈書〉，頁20a。自陳武帝永定元年至陳宣帝太建十一年的23年間，陳、周雙方幾乎年年通聘，請參朱曉海先生，〈論庾信〈擬詠懷〉二十七首〉，《台灣學術新視野：中國文學之部（一）》（台北：五南圖書出版公司，2007年），頁161-163。

[10] 學者曾根據史書所載統計南北朝時期雙方互派使節的情形與次數，請見龔詩堯，《從外交活動之發展論北朝漢文化地位之變遷》（新竹：國立清華大學中國文學系博士論文，2012年），頁215-276，附錄〈南北朝官方重要交流事件表〉。根據龔氏所整理，從劉宋建國開始，直到陳

而也正因彼此之間對立的態勢,導致外交場合競爭之色彩相當濃厚,甚至可以說外交是軍事征戰的延伸。只是將場所由狼煙密佈的戰場轉移到觥籌交錯的宴席上,化干戈為言語,雙方以內涵素養、口辯取代武力、兵器,持續爭勝。聘使與主客各逞其才,以達宣揚國威、光顯本朝之目的。在這種情勢之下,雙方接對人員已非再是個人小我,而是代表著國家;勝負也就非止於個人顏面,而是關乎一國之榮辱。是則,這些使者除肩負政治使命之外,也常常作為雙方學術文化素養較量的代言人,故其人選備受各方主政者的重視而審慎挑選。[11]如孫策初據江東,

---

朝滅亡,南北朝之間,在承平時期幾乎年年通聘,甚至同一年一方兩次派人出使。除非是雙方關係惡化、戰爭,或是各自內部有動亂,才會暫時中斷往來。即使是北朝之周、齊,自周武帝天和三年初修鄰好,互通使節,至周武帝建德四年出兵伐齊,其間 8 年,雙方也是年年通聘。可見正文所引諸史書之言乃實情,而非誇張說法。另外,簡修煒等著,《六朝史稿》(上海:華東師範大學出版社,1994 年),頁 303,則統計南朝向北朝遣使 77 次,北朝則曾遣使南朝 79 次,南北雙方平均約每兩年便有一次。有關六朝時期聘使往來的統計,又可參逯耀東,〈北魏與南朝對峙期間的外交關係〉,氏著《從平城到洛陽:拓拔魏文化轉變的歷程》(台北:聯經出版事業公司,1979 年)、張金龍,《北魏政治史》(蘭州:甘肅教育出版社,2008 年)、韓雪松,《北魏外交制度研究》(長春:吉林大學古籍研究所博士論文,2009 年)、鄭欽仁,〈宋魏交聘表〉,《大陸雜誌》第 22 卷第 6 期(1961 年 3 月)、呂春盛,《北齊政治史研究》(台北:國立臺灣大學出版委員會,1987 年)。其中論述較完整的乃黃寶實,《中國歷代行人考》(台北:臺灣中華書局,1969 年)、周春元,《南北朝交聘考》(貴陽:貴州師大學報編輯部,1989 年)、蔡宗憲,《中古前期的交聘與南北互動》(台北:稻香出版社,2008 年)。最近的研究成果,請參前引龔詩堯書。

11 有關南北朝時通使的情形,王樹民,《廿二史劄記校證》(訂補本),卷十四〈魏齊周隋書並北史 ‧ 南北朝通好以使命為重條〉,頁 294-297;王允亮,《南北朝文學交流研究》,第一章〈南北朝文學交流的主要渠

想起曾於北方「與中州士大夫會,語我東方人多才耳,但恨學問不博,語議之間,有所不及」。因此想請「博學洽聞」的虞翻出使許昌,「交見朝士,以折中國妄語兒」,「結兒輩舌」,洗雪因自身淺學而致使己方遭受輕視之恥。後來張儼就因「博聞多識」被孫晧許為「有出境之才」,而獲遣「使於晉」,果憑其才學而令中朝「車騎將軍賈充、尚書令裴秀、侍中荀勗等」權貴名流「欲傲以所不知而不能屈」。[12] 較之孫策,情勢已然完全不同,令妄語兒結舌之願,終得以償!可見在外交場合上,言語交鋒乃常有之事。而外交場合中各種狀況都可能發生,聘使徒憑經書已不足以應變,唯有博學多聞方能因應各種可能涉及的論題。就像《酉陽雜俎》卷十二〈語資‧梁宴魏使〉所載:

> 梁宴魏使李騫、崔劼。樂作,梁舍人賀季曰:「音聲感人深也。」劼曰:「昔申喜聽歌愴然,知是其母,理實精妙然也。」梁主客王克曰:「聽音觀俗,轉是精者。」劼曰:「延陵昔聘上國,實有觀風之美。」季曰:「卿發此言,乃欲挑戰?」騫曰:「請執鞭

道〉第一節〈南北朝期間的聘使往來〉,頁2-25,均曾論及,煩請自行參看。至於聘使或主客人選的條件,李大偉,〈南北朝時期交聘現象淺析〉,《哈爾濱學院學報》第31卷第12期(2010年12月),頁64-66、王琛,〈南北朝的交聘與文學〉,《古典文學知識》1997年2期,頁46-49、牟發松,〈南北朝交聘中所見南北文化關係略論〉,《魏晉南北朝隋唐史資料》第14期(1996年),頁30-38,亦皆曾論及,煩請參看。

[12] 分見《三國志》,卷五七〈虞翻傳〉,頁1079,裴《注》引《江表傳》;卷四八〈孫晧傳〉,頁967,裴《注》引《吳錄》。

弭,與君周旋。」季曰:「未敢三舍。」劼曰:「數奔
之事,久已相謝。」季曰:「車亂旗靡,恐有所歸。」
劼曰:「平陰之役,先鳴已久。」克曰:「吾方欲舘、
穀而旌武功。」騫曰:「王夷師熸,將以誰屬?」遂
共大笑而止。樂欲訖,有馬數十匹馳過,末有閽人。
騫曰:「巷伯乃同趣馬,詎非侵官?」季曰:「此乃
貌似。」劼曰:「若值袁紹,恐不能免。」

雙方表明以「言」談「挑戰」,相互「周旋」以爭勝,彼此引
用《淮南子》、《後漢書》以及多條《左傳》中的典故相互往來
較勁,[13] 若學不及此,恐將瞠目而無言以對,因辭窮而見譏。南
北朝時,這類情形並不少見。《北史》卷四三〈李崇傳附弟子諧
傳〉:

天平末,魏欲與梁和好……於是以諧兼常侍、盧元
明兼吏部郎、李業興兼通直常侍聘焉。梁武使朱异覘
客,异言諧、元明之美。諧等見,及出,梁武目送
之,謂左右曰:「朕今日遇勍敵,卿輩常言北間都無
人物,此等何處來?」謂异曰:「過卿所談。」……
既南北通好,務以俊乂相矜,銜命接客,必盡一時之
選,無才地者不得與焉。梁使每入,鄴下為之傾動,
貴勝子弟盛飾聚觀,禮贈優渥,館門成市。宴日,齊
文襄使左右覘之,賓司一言制勝,文襄為之拊掌;魏

---

[13] 詳細情形請參許逸民注評,《酉陽雜俎》(北京:學苑出版社,2001
年),卷十二〈語資・梁宴魏使〉,頁 164-168,許氏注評。

使至梁,亦如梁使至魏,梁武親與談說,甚相愛重。

外交場合上的言論辭語往來,視同「勍敵」「相矜」,故雙方「必盡一時之選」的「俊乂」「與焉」,以相「制勝」,期許能夠在折衝樽俎之間為國增光。

第二節　聘使主客言論交鋒涉及之議題

在外交場合中除了正式任務之外,較量論爭涉及的話題層面甚廣。或論經史禮制,[14] 如北魏遣劉善明來聘,於席間「遍論經史」,梁朝對接者王錫、張纘「隨方酬對,無所稽疑」。[15] 至於《魏書》卷八四〈儒林列傳‧李業興傳〉所載:

> (業興)博涉百家,圖緯、風角、天文、占候無不詳練……(天平)四年,與兼散騎常侍李諧、兼吏部郎盧元明使蕭衍。衍散騎常侍朱异問業興曰:「魏洛中委粟山是南郊邪?」業興曰:「委粟是圓丘,非南郊。」异曰:「北間郊、丘異所,是用鄭義。我此中用王義。」業興曰:「然,洛京郊、丘之處專用鄭解。」异曰:「若然,女子逆降傍親亦從鄭義不?」

---

[14] 除了公開場合的往來論爭,也有私下討教的,如《陳書》,卷二七〈姚察傳〉,頁 348-349:「太建初,補宣明殿學士,除散騎侍郎、左通直。尋兼通直散騎常侍,報聘于周。江左耆舊先在關右者,咸相傾慕。沛國劉臻竊於公館訪《漢書》疑事十餘條,並為剖析,皆有經據。臻謂所親曰:『名下定無虛士。』」

[15] 《梁書》,卷二一〈王錫傳〉,頁 326。

業興曰:「此之一事,亦不專從。若卿此間用王義,除禪應用二十五月,何以王儉喪禮禪用二十七月也?」异遂不答。業興曰:「我昨見明堂四柱方屋,都無五九之室,當是裴頠所制。明堂上圓下方,裴唯除室耳,此上不圓何也?」异曰:「圓方之說,經典無文,何怪於方?」業興曰:「圓方之言,出處甚明,卿自不見。卿錄梁主《孝經義》亦云上圓下方,卿言豈非自相矛盾!」异曰:「若然,圓方竟出何經?」業興曰:「出《孝經援神契》。」异曰:「緯候之書,何用信也!」業興曰:「卿若不信,《靈威仰》、《叶光紀》之類經典亦無出者,卿復信不?」异不答。

辯論內容雖是經學禮制問題,但並非僅拘限經書所載,引證材料包括讖緯之學及漢魏經生的說法,甚至涉及雙方當時最新的研究成果及實際施行景況,若非博學廣聞,何以應對?[16] 而根據記載兩事都是「异不答」,可知北朝史官認為結果是南方處於下風。而後甚至由蕭衍親自下場與北使李業興論對,內容遍及《詩》、《易》、《尚書》、《禮》等書。又據《魏書》卷五三〈李安世傳〉載:

蕭賾使劉纘朝貢,安世美容貌,善舉止,纘等自相謂曰:「不有君子,其能國乎?」纘等呼安世為典客,

---

[16] 《魏書》,卷六二〈李彪傳〉,頁1389-1390,也載南北外交場合的論辯,所論主題乃喪服,煩請自行參看。

> 安世曰：「三代不共禮，五帝各異樂，安足以亡秦之官，稱於上國。」纘曰：「世異之號，凡有幾也？」安世曰：「周謂掌客，秦改典客，漢名鴻臚，今日主客。君等不欲影響文武，而殷勤亡秦。」纘又指方山曰：「此山去燕然遠近？」安世曰：「亦由石頭之於番禺耳。」

主要論述的是官制的演變，雙方言語交鋒，各有政治性的隱喻，最後更互指為化外蠻狄，北朝便藉著南使之語，反將一軍，保住己方陣營之正統地位與顏面。而《隋書》卷七五〈儒林列傳・元善傳〉所載：

> 元善，河南洛陽人也，祖义，魏侍中。父羅，初為梁州刺史，及义被誅，奔於梁，官至征北大將軍、青冀二州刺史。善少隨父至江南，性好學，遂通涉五經，尤明《左氏傳》。及侯景之亂，善歸於周……開皇初，拜內史侍郎，上每望之曰：「人倫儀表也。」凡有敷奏，詞氣抑揚，觀者屬目。陳使袁雅來聘，上令善就館受書，雅出門不拜。善論舊事有拜之儀，雅不能對，遂拜，成禮而去。

則是涉及交聘之禮儀，元善因博學廣聞，故能舉「舊事」以折服對方，令陳使「不能對」，遂依禮拜成而去。[17]

---

[17] 又如《北史》，卷四二〈劉芳傳附曾孫逖傳〉，頁 1552 也載：劉逖於北齊時曾任「聘周副使，二國始通，禮儀未定，逖與周朝議論往復，斟

或賦詩論文，有的是賦前人之作，如《魏書》卷六二〈李彪傳〉所載：

> 加員外散騎常侍，使於蕭賾……彪將還，賾親謂曰：「卿前使還日，賦阮詩云：『但願長閒暇，後歲復來遊』，果如今日。卿此還也，復有來理否？」彪答言：「使臣請重賦阮詩，曰：『宴衍清都中，一去永矣哉』。」賾惘然曰：「清都可爾，一去何事？觀卿此言，似成長闊，朕當以殊禮相送。」賾遂親至琅邪城，登山臨水，命群臣賦詩以送別，其見重如此。

頗有春秋時期賦詩言志之遺風。而由「命群臣賦詩以送別」一句，也可覘知：除援引舊詩外，更常見的是即席自作。《北齊書》卷三五〈陸卬傳〉就記載：

> 陸卬……博覽群書……善屬文……自梁、魏通和，歲有交聘，卬每兼官燕接，在〔帝〕席賦詩，卬必先成，雖未能盡工，以敏速見美。

又《隋書》卷五七〈薛道衡傳〉也載：

> 薛道衡……兼散騎常侍，接對周、陳二使。武平初……陳使傅縡聘齊，以道衡兼主客郎接對之。縡贈詩五十韻，道衡和之，南北稱美。魏收曰：「傅縡

酌古今，事多合禮，兼文辭可觀，甚得名譽」。

所謂以蚓投魚耳。」

因此北魏孝文帝時，遣盧昶為正使、王清石為副使，聘於蕭齊，臨行前特別交代王清石：「盧昶正是寬柔君子，無多文才，或主客命卿作詩，可率卿所知，莫以昶不作，便復罷也」；陳後主以阮卓「副王話聘隋，隋主夙聞卓名，乃遣河東薛道衡、琅邪顏之推等，與卓談讌賦詩」，[18]足見當時於外交場合中即席作詩乃常有之事。若是文才卓越，當能藉此揚名。所以才會有像《北史》卷四二〈劉芳傳附曾孫逖傳〉所載：

> 逖……專精讀書……遇有文集所未見者，則終日諷誦，或通夜不歸，其好學如此。亦留心文藻，頗工詩詠……兼散騎常侍，聘陳使主，逖欲獨擅文藻，不願與文士同行。時黃門侍郎王松年妹夫盧士游，性沈密，逖求以為副。

想要在外交場合「獨擅文藻」而不欲他人分之。又如《酉陽雜俎》卷十二〈語資〉載魏使來聘，庾信與徐君房接待魏使時：

> 庾信作詩用《西京雜記》事，旋自追改，曰：「此

---

[18] 分見《魏書》，卷四七〈盧昶傳〉，頁1055；《陳書》，卷三四〈文學列傳・阮卓〉，頁472。又道宣，《續高僧傳》，《高僧傳合集》（上海：上海古籍出版社，2011年），卷八〈義解篇四・隋京師延興寺釋曇延傳〉，頁169，記載陳朝周弘正出使北周，歸國前「預構風雲山海詩四十首，並抽拔奇思，用上於延，以留後別。及一經目，竟不重尋，命筆和之，題如宿誦，酬同本韻。」也是賦詩相和以展才學。

> 吳均語，恐不足用也。」魏肇師曰：「古人托曲者多矣！然〈鸚鵡賦〉，禰衡、潘尼二集并載；〈弈賦〉，曹植、左思之言正同。古人用意，何至於此？」君房曰：「辭人自是好相采取，一字不異，良是後人莫辨。」魏尉瑾曰：「〈九錫〉或稱王粲，〈六代〉亦言曹植。」庾信曰：「我江南才士，今日亦無。舉世所推如溫子升獨擅鄴下，嘗見其辭筆，亦足稱是遠名。近得魏收數卷碑，製作富逸，特是高才。」

不但即席作詩，而且由此而引發文學作品相關問題的討論，[19] 北使博知前代故事，方能隨口而答，遂獲得庾信的讚揚。

或隱喻諸子雜學，《魏書》卷三六〈李順傳附族人李同軌傳〉載：

> 同軌……學綜諸經，多所治誦，兼讀釋氏……興和中，兼通直散騎常侍，使蕭衍。衍深耽釋學，遂集名僧於其愛敬、同泰二寺，講《涅槃大品經》，引同軌預席，衍兼遣其臣並共觀聽。同軌論難久之，道俗咸以為善。

梁武帝耽於釋教，時常有講佛經活動，北使躬逢其會，遂與南

---

[19] 段成式，《酉陽雜俎》（上海：上海古籍出版社，2012 年），卷十二〈語資〉，頁 65，又記載蕭梁遣明少遐等人宴請魏使李騫、崔劼，席中雙方各引詩言志，並及天候、動物之屬性等，煩請自行參看。

朝諸臣論難佛學，因平日亦多涉獵，故能不落下風。[20]《酉陽雜俎》卷三〈貝編‧同泰寺〉也載：

> 魏李騫、崔劼至梁同泰寺，主客王克、舍人賀季及三僧迎門引接。至浮圖中，佛旁有執板筆者，僧謂騫曰：「此是尸頭，專記人罪。」騫曰：「便是僧之董狐。」復入二堂，佛前有銅鉢，中燃燈。劼曰：「可謂『日月出矣，爝火不息。』」

崔劼之語典出《莊子‧逍遙遊》：「日月出矣，而爝火不息，其於火也，不亦難乎！」意謂蕭梁王朝如螢燭末光，豈能與大魏日月之光爭輝？[21]《酉陽雜俎》卷十一〈廣知‧陸緬〉又載：

---

[20] 《續高僧傳》，卷八〈義解篇四‧隋京師延興寺釋曇延傳〉，頁168，記載陳朝遣周弘正出使北周，周武帝也召集群臣與之談論佛法。

[21] 請參許逸民注評，《酉陽雜俎》，卷三〈貝編‧同泰寺〉，頁53。類似例證，又可見卷七〈酒食‧劉孝儀〉，頁102-105所載，在接待聘使的宴飲場合中，南北雙方藉由食物而引用《左傳》、《公羊傳》、《孟子》、《呂氏春秋》、《漢書》及鄭玄注解經傳等相關記載，相互較量，為各自陣營的地位一爭長短，詳見許氏注評。所謂「僧之董狐」，表面上化用《晉書》，卷八二〈干寶傳〉，頁1419，所載：干寶「撰集古今神祇靈異人物變化，名為《搜神記》，凡三十卷，以示劉惔。惔曰：『卿可謂鬼之董狐。』」世俗誤以為劉惔此說乃稱譽，不悉實為挖苦之辭，故《世說新語》置諸〈排調〉中。所以挖苦，是因為鬼神既非經驗界的存有，本諸經驗界建立的真、假判準即不適用，「鬼之董狐」猶同「上帝的家譜」，乃二律背反之辭，詳參朱曉海先生，〈魏晉時期文學自覺說的省思〉，頁32。但實際上李騫在此則應非挖苦之辭，唐代釋道宣所撰的《續高僧傳》，卷一〈譯經‧寶唱傳〉，頁107，曾記載寶唱撰有僧史，蓋指《名僧傳》，並稱引其傳後自序：「豈敢謂僧之董狐，庶無曲筆耳」。既說「無曲筆」，可見「僧之董狐」重在秉筆直書，是正面推許的話。日後贊寧，《宋高僧傳》（北京：中華書局，1997

> 梁主客陸緬謂魏使尉瑾曰:「我至鄴,見雙闕極高,圖飾甚麗,此間石闕亦為不下。我家有荀勖尺,以銅為之,金字成銘,家世所寶此物。往昭明太子好集古器,遂將入內。此闕既成,用銅尺量之,其高六丈。」瑾曰:「我京師象闕,固中天之華闕。此間地勢過下,理不得高。」魏肇師曰:「荀勖之尺是積黍所為,用調鐘律,阮咸譏其聲有湫隘之韵,後得玉尺度之,過短。」

陸緬原本欲以其家曾收藏之寶物炫耀來使,並藉由象徵國家政權之「闕」來顯示梁朝要比魏朝高,是為正統所在。[22] 但反遭魏使引《世說新語・術解》所載荀勖、阮咸之事予以反駁,並語含譏斥。更有甚者,魏肇師以西周玉尺對比荀勖「積黍所為」之銅尺,言其因「湫隘」「過短」而不得作為準範,以此強調魏朝之正統性,也顯現出本朝較梁朝猶高一籌,實乃陸緬始料未及。[23]

年),〈序〉,頁 1-2,提到寶唱此作時,推許他撰僧史之功不易,還說:「空門不出於董狐」。至於「尸頭」,恐怕是改自道教的語詞,饒宗頤,《老子想爾注校證》(上海:上海古籍出版社,1991 年),頁 27、31 分別講到有天曹左契、天曹右契專記人在世間犯的功錯,也合乎佛教講究個人種什麼因,得什麼果。

22 有關「闕」作為國家政權正統之象徵,請參程章燦,〈象闕與蕭梁政權始建期的正統焦慮 —— 讀陸倕〈石闕銘〉〉,王次澄、齊茂吉主編,《融通與新變 —— 世變下的中國知識分子與文化》(新北市:華藝學術出版社,2013 年),頁 106-114、121-129。

23 相關情形,請參許逸民注評,《酉陽雜俎》,卷十一〈廣知・陸緬〉,頁 151-152,許氏注評。

或純粹機鋒才變,如《三國志》卷三八〈秦宓傳〉載:

> 吳遣使張溫來聘,百官皆往餞焉。眾人皆集而宓未往,亮累遣使促之,溫曰:「彼何人也?」亮曰:「益州學士也。」及至,溫問曰:「君學乎?」宓曰:「五尺童子皆學,何必小人!」溫復問曰:「天有頭乎?」宓曰:「有之。」溫曰:「在何方也?」宓曰:「在西方。《詩》曰:『乃眷西顧。』以此推之,頭在西方。」溫曰:「天有耳乎?」宓曰:「天處高而聽卑,《詩》云:『鶴鳴于九皋,聲聞于天。』若其無耳,何以聽之?」溫曰:「天有足乎?」宓曰:「有。《詩》云:『天步艱難,之子不猶。』若其無足,何以步之?」溫曰:「天有姓乎?」宓曰:「有。」溫曰:「何姓?」宓曰:「姓劉。」溫曰:「何以知之?」答曰:「天子姓劉,故以此知之。」溫曰:「日生於東乎?」宓曰:「雖生于東而沒於西。」答問如響,應聲而出,於是溫大敬服。

秦宓在此除展現其應對機變之敏捷外,並藉機強調蜀漢在當時的正統天子之地位。[24] 至如《晉書》卷八六〈張軌傳附曾孫天錫

---

[24] 《三國志》,卷五三〈薛綜傳〉,頁 1033 則載:「薛綜……守謁者僕射。西使張奉於權前列尚書闞澤姓名以嘲澤,澤不能答。綜下行酒,因勸酒曰:『蜀者何也?有犬為獨,無犬為蜀。橫目苟身,虫入其腹。』奉曰:『不當復列君吳邪?』綜應聲曰:『無口為天,有口為吳,君臨萬邦,天子之都。』於是眾坐喜笑,而奉無以對。其樞機敏捷,皆此類也」。亦屬此類。

傳〉所載：

> （張天錫）遣從事中郎韓博、奮節將軍康妙奉表，并送盟文。博有口才，（桓）溫甚稱之。嘗大會，溫使司馬刁彝嘲之，彝謂博曰：「君是韓盧後邪？」博曰：「卿是韓盧後。」溫笑曰：「刁以君姓韓，故相問焉。他自姓刁，那得韓盧後邪？」博曰：「明公脫未之思，短尾者則為刁也。」一坐推歎焉。

則是借由個人機辯與博學多聞，而回應對方有意的嘲弄，甚至能夠反將對方一軍。[25]《北史》卷三三〈李繪傳〉也載：

> 武定初，兼散騎常侍，為聘梁使主。梁武問高相今在何處？黑獺若為形容？高相作何經略？繪敷對明辯，梁武稱佳。與梁人汎言氏族，袁狎曰：「未若我本出自黃帝，姓在十四之限。」繪曰：「兄所出雖遠，當共車千秋分一字耳！」一坐皆笑。

李繪於談笑間化解袁狎以黃帝子孫自居的高傲態度。且氏族譜

---

[25] 韓盧，狗之名，典出繆文遠，《戰國策新校注》（成都：巴蜀書社，1992 年），卷十〈齊三・齊欲伐魏淳于髡謂齊王章〉，頁 378。若韓博不知此典，將不知何以回應，桓溫欲嘲之心便得遂願。又如《南史》，卷四九〈庾杲之傳〉，頁 1210 記載：「杲之嘗兼主客郎對魏使，使問杲之曰：『百姓那得家家題門帖賣宅？』答曰：『朝廷既欲掃蕩京洛，剋復神州，所以家家賣宅耳。』魏使縮鼻而不答。」也是在言語間反將對方一軍，使己方不落下風。

牒,亦六朝時士人必備涵養之一,[26] 既稱「汎言」,可見是博通廣知方能勝任。《陳書》卷二六〈徐陵傳〉則載:

> 徐陵……博涉史籍,縱橫有口辯……太清二年,兼通直散騎常侍,使魏,魏人授館宴賓。是日甚熱,其主客魏收嘲陵曰:「今日之熱,當由徐常侍來。」陵即答曰:「昔王肅至此,為魏始制禮儀;今我來聘,使卿復知寒暑。」收大慙。

徐陵借對談中暗諷北方原乃無禮儀、不知寒暑的蠻夷之邦,須待南朝人士為之制訂、開解。凡此,均為聘使應對時才學口舌之爭,佔上風者不僅得譽彼邦,同時也為己方陣營爭光,甚至在國家定位上的論述獲得優勢。然而,由上引諸例也可得知,機鋒論辯非徒依口才之利便能制勝,猶需以博學多聞為根基,方能令己方於彼我往來時,隨口引論以為佐證,不至因寡學無知而結舌語塞。[27] 否則,恐將難逃羞「慙」被「嘲」「笑」的境地,空餘憾恨,甚至可能因此而獲罪本朝。

最後,兩國交使,於往來文書用辭上,更是錙銖必較,《魏書》卷一百四〈自序傳〉載:

---

[26] 有關這一部分,請見本書第六章〈地方志與譜牒之學〉。

[27] 至於像《魏書》,卷四六〈許彥傳附許赤虎傳〉,頁 1038 記載:「許赤虎,涉獵經史,善嘲謔。延興中,著作佐郎」,「後使江南,應對敏捷,雖言不典故,而南人頗稱機辯滑稽焉。使還,為東郡太守」。似與此處立論不符。然既稱「雖言不典故」,可見一般而言使者應對時多需言及典故。

自南北和好，書下紙每云：「想彼境內寧靜，此率土安和。」蕭衍後使，其書乃去「彼」字，自稱猶著「此」，欲示無外之意。收定報書云：「想境內清晏，今萬國安和。」南人復書，依以為體。

儘管只是一字之差，但因涉及國家政權之定位，故絲毫馬虎不得。至於像《隋書》卷七六〈文學列傳・潘徽傳〉所載：

潘徽……少受《禮》於鄭灼，受《毛詩》於施公，受《書》於張沖，講《莊》、《老》於張譏，並通大義。尤精三史，善屬文，能持論……選為客館令。隋遣魏澹聘于陳，陳人使徽接對之。澹將返命，為啟於陳主曰：「敬奉弘慈，曲垂餞送。」徽以為「伏奉」為重，「敬奉」為輕，却其啟而不奏。澹立議曰：「《曲禮》注曰：『禮主於敬。』《詩》曰：『維桑與梓，必恭敬止。』《孝經》曰：『宗廟致敬。』又云：『不敬其親，謂之悖禮。』孔子敬天之怒，成湯聖敬日躋。宗廟極重，上天極高，父極尊，君極貴，四者咸同一敬，五經未有異文，不知以敬為輕，竟何所據？」徽難之曰：「向所論敬字，本不全以為輕，但施用處殊，義成通別。禮主於敬，此是通言，猶如男子『冠而字之』，注云『成人敬其名也』。《春秋有冀缺》，夫妻亦云『相敬』。既於子則有敬名之義，在夫亦有敬妻之說，此可復並謂極重乎？至若『敬謝諸公』，固非尊地；『公子敬愛』，止施賓友。『敬

問』、『敬報』,彌見雷同;『敬聽』、『敬酬』,何關貴隔!當知敬之為義,雖是不輕,但敬之於語,則有時混漫。今云『敬奉』,所以成疑。聊舉一隅,未為深據。」澹不能對,遂從而改焉。

更是為一字之爭,雙方雖均引述繁博,以期證成己方之立場。南朝潘徽就是因博學多知,遂能在對方引經據典之下,仍令北使「不能對」而屈「從」己意。

由上文所論,可見六朝時期在外交場合中的論對議題,幾乎無所限制,聘使、主客根據當時的情形,可作任何的引發聯想而進行才鋒論辯,為己方陣營爭取勝績,以顯國光。今再引一則小說家言為例,《太平廣記》卷八一〈異人一・梁四公〉記載:

後魏天平之歲,當大同之際,彼此俗阜時康,賢才鼎盛。其朝廷專對,稱人物士流,及應對禮賓,則臀公獨預之為問答,皆得先鳴。所以出使外郊,宴會賓客,使彼落其術內,動挫詞鋒,機不虛發,舉無遺策,臀公之力也。魏興和二年,遣崔敏、陽休之來聘,敏字長謙,清河東武城人。博學贍文,當朝第一,與太原王延業齊名,加以天文、律曆、醫方、藥品、卜筮。既至,帝選碩學沙門十人於御,對百寮與之談論,多屈於敏。帝賜敏書五百餘卷,他物倍之。四公進曰:「崔敏學問疎淺,不足上斡沖襟,命臣臀敵之,必死。」帝從之。初江東論學,有《十二沙門

論》，以條疏徵覈；有《中觀論》，以乘寄蕭然。言名理者，宗仰其術。北朝有《如實論》，質定宗禮；有《迴諍論》，借機破義。敏總南北，二業皆精。又桑門所專，唯在釋氏，若儒之與道，蔽於未聞，敏兼三教而擅之，頗有得〔德〕色。腎公嘗於五天竺國以梵語精理問論中《分別論》、《大無畏論》、《因明論》，皆窮理盡妙。腎公貌寢形陋，而聲氣清暢；敏既頻勝群僧，而乃傲形於物。其日，帝於淨居殿命腎公與敏談論，至苦，三光四氣、五行十二支、十干八宿、風雲氣候、金丹玉液、藥性針道、六性五蘊、陰陽曆數、韜略機權、飛伏孤虛、鬼神情狀，始自經史，終於老釋。凡十餘日，辯揚六藝百氏，與敏互為主客，立談絕倒，觀者莫不盈量忘歸。然敏詞氣既沮於腎，不自得，因而成病。興疾北歸，未達中路而卒。

雖是小說家言，未見載於正史，然於當時景況之描述，頗能入木三分。談辯內容除經史老釋等習見之書，尚及許多術數雜學，下場者若非博學廣聞，將何以應之？

另一方面，也可看到其中唯少見談論玄學者。北方雖亦時見善談論、玄言者，如北魏清河王懌「善談理」、邢晏「博涉經史，善談釋老」、閻慶胤「博識洽聞，善於談論，聽其言說，不覺忘疲」、張僧晧「工於談說，有名於當世」、長孫兕「彊記博聞，雅重賓遊，尤善談論」、盧光「好玄言」、王頍「善談論」，又如長孫熾，北周「武帝尚道法，尤好玄言，求學兼經史、善於談論者，為通道館學士，熾應其選」，則也應該是擅長玄言談

論之人。[28] 至於《洛陽伽藍記》卷二〈城東‧景寧寺〉所載：

> （楊）元慎，弘農人，晉冀州刺史嶠六世孫。曾祖泰，從宋武入關……背偽來朝……世以學行著聞，名高州里。元慎清尚卓逸，少有高操，任心自放，不為時羈。樂水愛山，好游林澤。博識文淵，清言入神。造次應對，莫有稱者。讀《老》、《莊》，善言玄理。性嗜酒，飲至一石神不亂，常慷慨歎不得與阮籍同時生。

楊元慎家世為「中原士族」，其行徑也的確有名士風流之姿，且善談玄理。尤其上引文之前花大篇幅記載楊元慎與蕭梁陳慶之言語相對的情形，最後結局是：「慶之等見元慎清辭雅句，縱橫奔發。杜口流汗，合聲不答」。此次兩人雖非外交人員之間的對話，但大體上仍是代表南北不同陣營，各有立場。遂有學者認為這是北方中原士族「以清言玄談」「震攝了南方士人」。[29] 但一來，楊元慎與陳慶之的對話內容全屬政治層面，絲毫未涉

---

[28] 《魏書》，卷二二〈孝文五王列傳‧清河王懌傳〉，頁591、卷六五〈邢巒傳附弟晏傳〉，頁1448、卷七一〈裴叔業傳附閻慶胤傳〉，頁1580、卷七六〈張烈傳附弟僧晧傳〉，頁1687；《周書》，卷二六〈長孫紹遠傳附兄子兕傳〉，頁431、卷四五〈儒林列傳‧盧光傳〉，頁807；《隋書》，卷七六〈文學列傳‧王頍傳〉，頁732、卷五一〈長孫覽傳附從子熾傳〉，頁1328。

[29] 張天來，〈魏晉南北朝儒學、家學與家族觀念〉，《江海學刊》1997年2期，頁112。

及玄學課題;二來陳慶之乃道地武人出身,[30] 非士人清流之屬。因此不得據此而主張當時外交場合北人亦能玄談,甚至壓伏南方。這還可從盧元明的情形獲得佐證,盧元明「涉歷群書,兼有文義。風彩閒潤,進退可觀」。「善自標置,不妄交遊。飲酒賦詩,遇興忘返,性好玄理」。早年曾與「博識之士」中山王元熙相遇,元熙見而嘆曰:「盧郎有如此風神,唯須誦〈離騷〉,飲美酒,自為佳器」。是則,盧元明也是一派名士風流,所以元熙才會引《世說新語・任誕》中王恭所言:「名士不必須奇才,但使常得無事,痛飲酒,熟讀〈離騷〉,便可稱名士。」以相況比。而且盧元明曾「副李諧使蕭衍」,[31] 卻全然未見在南方有清談玄言的相關記載。可見,整體而言,在這一方面較之南方當為遜色,正如田餘慶先生所說:

> 永嘉後留在北方的士族舊門,歷十六國和北朝,與南遷士族相比,維持著比較保守的門風……他們也較多地保持著東漢世家大族的特點,一般地以儒學傳家而不重玄學。[32]

故於外交場合中鮮見以玄學作為論辯議題,誠如魏使李業興答

---

[30] 《梁書》,卷三二〈陳慶之傳〉,頁 459、467「史臣曰」。

[31] 《魏書》,卷四七〈盧玄傳附曾孫元明傳〉,頁 1060-1061。

[32] 田餘慶,《東晉門閥政治》,〈後論・東晉僑姓門閥士族的主要來源〉,頁 337-338。相關論述可參方碧玉,《東晉南北朝世族家庭教育研究》,第四章〈社會風氣與世族家學文化〉,頁 200-201,然方氏之說有些猶待商榷。

梁武帝之問時說:「素不玄學,何敢輒酬?」[33]

第三節　聘使主客人選的學養要求

上述諸例,[34] 多屬臨時而起的偶發事件,不限於某些固定場所或事項,更非事先安排的儀序節目。而所涉及的層面與議題均相當廣泛,遍及經史諸子、禮制器物,或文學才華、三教義理、術數雜學,甚至連飲宴時的音樂、食物等,都可能是論辯題材。從實際情形來看,可說是無法預期,也無從準備,所以膺任者本身的才學機變就顯得格外重要。[35] 尤其為了顯示自身才學廣博,並令對方屈處下風,導致當時外交場合的對答中常援引典故而未明言出處,如《魏書》卷六五〈李平傳附子諧傳〉:

---

[33]　《魏書》,卷八四〈儒林列傳・李業興傳〉,頁 1864。

[34]　除了以上所舉,另有以其他技藝相較,如《魏書》,卷九一〈術藝列傳・范寧兒傳〉,頁 1972 記載:「高祖時,有范寧兒者善圍棋,曾與李彪使蕭賾,賾令江南上品王抗與寧兒,制勝而還」;《北齊書》,卷四一〈綦連猛傳〉,頁 540 也載:「梁使來聘,云有武藝,求訪北人,欲與相角。世宗遣猛就館接之,雙帶兩鞬,左右馳射。兼共試力挽彊,梁人引弓兩張,力皆三石,猛遂併取四張,疊而挽之,過度,梁人嗟服之。」

[35]　前輩學者亦多曾論及這一時期聘使與主客等外交人員的選擇標準,一般多從門第、容止、博學、才辯等方面著手。然因所論範圍較廣,故每個項目多僅略述而過。相關論述,請參逯耀東,〈北魏與南朝對峙期間的外交關係〉,氏著《從平城到洛陽——拓拔魏文化轉變的歷程》,頁 350-368;黎虎,《漢唐外交制度史》(蘭州:蘭州大學出版社,1998年),頁 183-185;蔡宗憲,《中古前期的交聘與南北互動》,第二章〈聘使的遴選與交聘流程〉,頁 92-101。

諧……博學有文辯……蕭衍求通和好……以諧兼散騎常侍,為聘使主。諧至石頭,蕭衍遣其主客郎范胥當接……胥問曰:「今猶尚暖,北間當小寒於此?」諧答曰:「地居陰陽之正,寒暑適時,不知多少。」胥曰:「所訪鄴下,豈是測影之地?」諧答曰:「皆是皇居帝里,相去不遠,可得統而言之。」胥曰:「洛陽既稱盛美,何事遷鄴?」諧答曰:「不常厥邑,于茲五邦,王者無外,所在關河,復何所怪?」胥曰:「殷人否危,故遷相耿,貴朝何為而遷?」諧答:「聖人藏往知來,相時而動,何必俟於隆替?」胥曰:「金陵王氣,兆於先代;黃旗紫蓋,本出東南。君臨萬邦,故宜在此。」諧答曰:「帝王符命,豈得與中國比隆?紫蓋黃旗,終於入洛,無乃自害也?有口之說,乃是俳諧,亦何足道!」蕭衍親問諧曰:「……」諧對曰:「……」……衍曰:「故宜輔弼幼主,永固基業,深不可言。」江南稱其才辯。

李諧所說:「不常厥邑,于茲五邦」,典出《尚書・盤庚》;「王者無外」,數見於《春秋》;「藏往知來」,語出《周易・繫辭上》;「相時而動」,乃《春秋左傳・隱公》中之語;「有口之說」,則引自《三國志・薛綜傳》所載孫吳薛綜答蜀使之辭。范胥舉「測影之地」、「金陵王氣」、「黃旗紫蓋,本出東南」、「君臨萬邦」,則分見於張衡〈東京賦〉[36]、《史記・高祖本紀》

---

[36] 「測影」更早出處為賈公彥,《周禮注疏》(北京:北京大學出版社,1999年),卷十〈地官・大司徒〉,頁250-253:「以土圭之法測土

載秦始皇事、《三國志・孫晧傳》裴《注》引《江表傳》載司馬徽與劉廙論運命曆數事、《三國志・薛綜傳》載薛綜與蜀使張奉之語。可見二人皆博學之士，故都能扣緊對方所引用的典故來進行攻防，無非強調自身陣營才是帝王正統之所在。如范胥以「殷人」「遷相耿」回應李諧「不常厥邑」之說；李諧更是順勢借用范胥所舉《江表傳》之典，坐實孫晧「紫蓋黃旗，終於入洛」的下場，喻北方終將再度一統天下，而以薛綜之言乃「俳諧」不經，不足為據。可想而知，倘若有一方學問不廣，未曉對方所言之出處，恐將茫然不知所云，徒瞠目結舌，無以應對。《周書》卷二二〈柳慶傳附子弘傳〉就載：

> 弘……博涉群書……陳遣王偃民來聘，高祖令弘勞之。偃民謂弘曰：「來日，至於藍田，正逢滋水暴長，所齎國信，溺而從流。今所進者，假之從吏。請勒下流人，見為追尋此物也。」弘曰：「昔淳于之獻空籠，前史稱以為美。足下假物而進，詎是陳君之命乎？」偃民憨不能對。高祖聞而嘉之，盡以偃民所進之物賜弘，仍令報聘。

柳弘因博學多涉，所以面對陳使的說辭，能夠馬上舉出「空籠」

深，正日景，以求地中……日至之景尺有五寸，謂之地中。天地之所合也，四時之所交也，風雨之所會也，陰陽之所和也。然則百物阜安，乃建王國焉」。然至《文選》，卷三〈賦乙・京都中〉所錄張衡〈東京賦〉，頁 54 始曰：「昔先王之經邑也，掩觀九隩，靡地不營。土圭測景，不縮不盈……以建王城」，用以形容建都洛陽，故「測影之地」乃喻洛陽也。

典故來加以質疑、嘲諷。而陳使「憖」的原因可能有二，一乃說辭為對方所識破，卻無機辯以回應；二則根本聽不懂柳弘所引「淳于之獻空籠」的典故乃出自《史記・滑稽列傳》所載齊王遣淳于髡使楚之事，[37] 故不知如何應對。不管熟是，這場論爭無疑是北方獲勝，故宇文泰相當滿意而嘉賞柳弘的表現。又如《南齊書》卷四七〈王融傳〉曾載：

> 融少而神明警惠，博涉有文才……上以融才辯，十一年，使兼主客，接虜使房景高、宋弁。弁見融年少，問主客年幾？融曰：「五十之年，久踰其半。」因問：「在朝聞主客作〈曲水詩序〉。」景高又云：「在北聞主客此製，勝於顏延年，實願一見。」融乃示之。後日，宋弁於瑤池堂謂融曰：「昔觀相如〈封禪〉，以知漢武之德；今覽王生〈詩序〉，用見齊王之盛。」融曰：「皇家盛明，豈直比蹤漢武；更慙鄙製，無以遠匹相如。」上以虜獻馬不稱，使融問曰：「秦西冀北，實多駿驥。而魏主所獻良馬，乃駑駘之

---

[37] 《史記》，卷一百二十六〈滑稽列傳・淳于髡傳〉，頁1331褚先生補曰：「昔者，齊王使淳于髡獻鵠於楚。出邑門，道飛其鵠，徒揭空籠，造詐成辭，往見楚王曰：『齊王使臣來獻鵠，過於水上，不忍鵠之渴，出而飲之，去我飛亡。吾欲刺腹絞頸而死，恐人之議吾王以鳥獸之故令士自傷殺也。鵠，毛物，多相類者，吾欲買而代之，是不信而欺吾王也。欲赴佗國奔亡，痛吾兩主使不通。故來服過，叩頭受罪大王。』楚王曰：『善，齊王有信士若此哉！』厚賜之，財倍鵠在也。」類似記載又見於屈守元，《韓詩外傳箋疏》（成都：巴蜀書社，1996年），卷十，頁836載齊使人獻鴻於楚，但不言使者為淳于髡；向宗魯，《說苑校證》（北京：中華書局，2000年），卷十二〈奉使〉，頁309則說魏文侯使舍人毋擇獻鵠於齊。

> 不若。求名檢事,殊為未孚。將旦旦信誓,有時而爽;駉駉之牧,不能復嗣?」宋弁曰:「不容虛偽之名,當是不習土地。」融曰:「周穆馬跡徧於天下,若騏驥之性,因地而遷,則造父之策,有時而躓。」弁曰:「王主客何為勤勤於千里?」融曰:「卿國既異其優劣,聊復相訪。若千里日至,聖上當駕鼓車。」弁曰:「向意既須,必不能駕鼓車也。」融曰:「買死馬之骨,亦〔以〕郭隗之故。」弁不能答。

王融不僅以文才令北使「見齊王之盛」而心生欽佩,更於對談中舉《詩經・衛風・氓》:「信誓旦旦,不思其反」、《詩經・魯頌・駉》:「駉駉牡馬」,以及《史記・燕召公世家》中燕昭王禮遇郭隗以招致群賢的典故,一方面既能夠申明齊主之意,另方面又能免除己方貪愛獻物之惡名而被譏笑,且令對方啞口無言而「不能答」,可謂佔足上風。可見,寡學之人在這種帶有爭勝較量的外交場合中,極可能受辱而無能還手,如上文所引孫策在北方之事。又如《三國志》卷五二〈張昭傳〉所載:

> 張昭……少好學……博覽眾書……以直言逆旨,中不進見。後蜀使來,稱蜀德美而群臣莫拒。(孫)權歎曰:「使張公在坐,彼不折自廢,安復自誇乎?」

唯有飽學之人方能與對方抗衡取勝,如孫權曾先後派遣「博覽群書」的陳化、「博聞多識」的趙咨以及「少總經藝」,「有智謀,能專對」的沈珩出使曹魏,面對魏文帝曹丕有意的「嘲

問」，均能「隨事響應，無所屈服」，令對方「無以難」，反而因「善之」轉為以「禮」相待。[38] 因此，有時甚至不惜陣前換將，以求己方不因受屈而損及國威，《魏書》卷七九〈成淹傳〉就載：

> 太和中，文明太后崩，蕭賾遣其散騎常侍裴昭明、散騎侍郎謝竣等來弔，欲以朝服行事。主客執之，云：「弔有常式，何得以朱衣入山庭！」昭明等言：「本奉朝命，不容改易。」如此者數四，執志不移。高祖敕尚書李沖，令選一學識者更與論執，沖奏遣淹。昭明言：「未解魏朝不聽朝服行禮，義出何典？」淹言：「吉凶不同，禮有成數，玄冠不弔，童孺共聞。昔季孫將行，請遭喪之禮，千載之下，猶共稱之。卿遠自江南奉慰，不能式遵成事，方謂議出何典，行人得失，何其異哉！」昭明言：「二國交和既久，南北皆須準望。齊高帝崩，魏遣李彪通弔，於時初不素服，齊朝亦不以為疑，那得苦見要逼。」淹言：「彪通弔之日，朝命以弔服自隨，而彼不遵高宗追遠之慕，乃踰月即吉，彪行弔之時，齊之君臣皆已鳴玉盈庭，貂璫曜日，百僚內外，朱服煥然。彪行人不被主人之命，復何容獨以素服間衣冠之中？來責雖高，未敢聞命。我皇帝仁孝之性，侔於有虞，處諒闇以來，百官聽於冢宰，卿豈得以此方彼也。」昭明乃搖膝而

---

[38] 有關三人的記載，分見《三國志》卷四七〈吳主權傳〉，頁933-934，裴《注》引《吳書》，頁934，裴《注》引《吳書》，頁939-940，裴《注》引《吳書》。

言:「三皇不同禮,亦安知得失所歸。」淹言:「若如來談,卿以虞舜、高宗為非也?」昭明遂相顧而笑曰:「非孝者,宣尼有成責,行人亦弗敢言。希主人裁以弔服,使人唯齎袴褶,比既戎服,不可以弔,幸借緇衣幍,以申國命。今為魏朝所逼,違負指授,還南之日,必得罪本朝。」淹言:「彼有君子也,卿將命折中,還南之日,應有高賞;若無君子也,但令有光國之譽,雖復非理見罪,亦復何嫌。南史、董狐,自當直筆。」既而,高祖遣李沖問淹、昭明所言,淹以狀對。高祖詔沖曰:「我所用得人。」

北朝主客無法反駁南使之言,但若真允許南使「以朝服行事」,將是對國家莫大的羞辱。故迫使北魏孝文帝另選有「學識者更與論執」,終於讓南使被「逼」「違負指授」,抱著「得罪本朝」的無奈讓步順從主人家安排,末了還要被調侃一番。此次論爭的主題乃是弔喪服制禮儀,這本是一向自詡為禮義之邦、以文化正統自居的南朝所擅長的,[39] 不料卻被對方責以所行不合經典,並在言語中貶斥南方不謹守禮儀,遠不如北方遵行聖王之

---

[39] 《北齊書》,卷二四〈杜弼傳〉,頁 347,載高歡向杜弼說:「江東復有一吳兒老翁蕭衍者,專事衣冠禮樂,中原士大夫望之以為正朔所在」。根據《晉書》,卷一百十四〈載記・苻堅傳附王猛傳〉,頁 1901 載王猛臨死前勸諫苻堅不可伐晉時說:「晉雖僻陋吳越,乃正朔相承」;《資治通鑑》,卷一百四〈晉紀二十六・孝武帝太元七年〉,頁 3304 也載苻融諫苻堅東晉不可伐:「國家本戎狄也,正朔會不歸人。江東雖微弱僅存,然中華正統,天意必不絕之」。可見此非僅漢族華人之見,戎狄有國者亦同。

教。[40] 難怪孝文帝得知己方扳回一城的結果後,掩不住內心喜悅而自豪的說:「我所用得人」。相反的,南朝也有佔上風之時,如《梁書》卷二六〈蕭琛傳〉所載:

> 永明九年,魏始通好,琛再銜命至桑乾,還為通直散騎侍郎。時魏遣李道固來使,齊帝讌之,琛於御筵舉酒勸道固,道固不受,曰:「公庭無私禮,不容受勸。」琛徐答曰:「《詩》所謂『雨我公田,遂及我私』。」座者皆服,道固乃受琛酒。

然而,誠如上文所舉諸例,不管所論辯內容為何,言談間常會導向國家地位、正統之爭,絕非僅止於單純言語上的較勁、戲謔,故雙方都相當謹慎與重視。如前文引李諧於對談中以「居陰陽之正」、「皇居帝里」、「王者無外」自喻己方乃正統所在;以「紫蓋黃旗,終於入洛」,指涉對方實屬割據一方之霸,終將臣服於「中國」。也因此,才會有像《三國志》卷五七〈張溫傳〉記載孫權派遣張溫使蜀時,特別叮嚀:

> 卿不宜遠出,恐諸葛孔明不知吾所以與曹氏通意,故〔以〕屈卿行。若山越都除,便欲大構於丕〔蜀〕。

---

[40] 雙方論爭時皆引用經典作為依據,詳細情形請參黃大宏,《八代談藪校箋》(北京:中華書局,2010年),卷上〈北朝・成淹令齊素服行弔〉,頁 28-29。然這次事件的論爭並非就此而止,隔年北魏遣使南來,雙方戰火延續,在言語上繼續交鋒,請見《魏書》,卷六二〈李彪傳〉,頁 1389-1390 所載。

以及《魏書》卷四七〈盧昶傳〉所載：

> 昶……學涉經史，早有時譽。太和初，為太子中舍人、兼員外散騎常侍，使於蕭昭業。高祖詔昶曰：「卿便至彼，勿存彼我。密邇江揚，不早當晚，會是朕物。卿等欲言，便無相疑難。」又敕副使王清石曰：「卿莫以本是南人，言語致慮。若彼先有所知所識，欲見便見，須論即論。盧昶正是寬柔君子，無多文才，或主客命卿作詩，可率卿所知，莫以昶不作，便復罷也。凡使人之體，以和為貴，勿遞相矜誇，見於色貌，失將命之體。卿等各率所知，以相規誨。」

於出使前由帝王諄諄告誡的情形。[41] 最重要的就是不能「失將命之體」，顯示當時對於聘使往來慎重之程度，是以對聘使之人的挑選也就不得不謹慎在意了。

既然使者或主客常需與對方言語交接，並互有爭勝，而且外交場合中面臨的情況無可預見，要能從容應付，使己方立於不敗之地，甚至占得上風，端賴於使者視機「隨宜變之」[42] 的能

---

[41]《魏書》，卷六八〈高聰傳〉，頁1520，記載北魏孝文帝於太和十七年，遣高聰「使於蕭昭業」，於途中追詔叮嚀之；《隋書》，卷五七〈薛道衡傳〉，頁1406，也載隋文帝遣道衡使陳，特別交代他「勿以言辭相折，識朕意焉」。甚至針對某些敏感問題預作準備，如《南史》，卷五十〈明僧紹傳附弟僧暠傳〉，頁1242記載：宋孝武帝遣明僧暠出使北魏，因內部政爭新誅宗室廣陵王劉誕，擔心北朝藉此發難，故先問曰：「若問廣陵之事，何以答之？」明僧暠答曰：「周之管、蔡，漢之淮南。」

[42]《魏書》，卷六八〈高聰傳〉，頁1520。

第五章　聘使人選的學識考察　183

力。論爭時，一方面常需旁徵博引以顯才學，增強自身論述的依據，甚至令對方無力招架；另一方面要能聽懂對方言談中隱喻之典，方可籌思因應之道。[43] 是以彼此雙方均會「盛選行人」或主客郎。[44] 如《魏書》卷六五〈李平傳附子諧傳〉載李諧聘梁：

> 蕭衍遣其主客郎范胥當接。諧問胥曰：「主客在郎官幾時？」胥答曰：「我本訓冑虎門，適復今任。」諧言：「國子博士不應左轉為郎。」胥答曰：「特為應接遠賓，故權兼耳。」

《北齊書》卷三九〈祖珽傳附弟孝隱傳〉也載：

---

[43] 《續高僧傳》，卷八〈義解篇四・隋京師延興寺釋曇延傳〉，頁168，記載陳朝遣周弘正出使北周，周武「帝乃總集賢能，期ישׁ釋奠，躬御禮筵，朝宰畢至。時周國僧望二人，倫次登座，發言將訖，尋被正難。徵據重疊，投解莫通，帝及群僚，一朝失色」。周弘正正因論難時旁徵博引，導致對方君臣莫知所出，無力因應而舉朝失色。相反的，《梁書》，卷四十〈劉顯傳〉，頁570-571記載另一則案例：劉顯「博聞強記」，「時魏人獻古器，有隱起字，無能識者，顯案文讀之，無有滯礙，考校年月，一字不差，高祖甚嘉焉」。北魏或許想藉此刁難對方，如果蕭梁真的舉朝「無能識者」，豈不使國蒙羞，遺人笑柄！難怪劉顯能識而化解此次危機時，武帝會「甚嘉焉」。

[44] 《魏書》，卷六五〈李諧傳〉，頁1460。這種情形，齊、梁已降南北雙方基本上一樣，除正文所引之外，又見《梁書》，卷十九〈宗夬傳〉，頁299：蕭齊武帝「永明中，與魏和親，敕夬與尚書殿中郎任昉同接魏使，皆時選也」；《隋書》，卷七二〈孝義列傳・陸彥師傳〉，頁1662：「每陳使至，必令高選主客」。甚至北方周、齊之間聘使往來，也不例外，見《周書》，卷三二〈陸通傳附弟逞傳〉，頁559：「天和三年，齊遣侍中斛斯文略、中書侍郎劉逖來聘。初修隣好，盛選行人，詔逞為使主，尹公正為副以報之。逞美容止，善辭令，敏而有禮，齊人稱焉」。

> 珽弟孝隱,亦有文學,早知名。詞章雖不逮兄,亦機警有辯,兼解音律。魏末為散騎常侍,迎梁使。時徐君房、庾信來聘,名譽甚高,魏朝聞而重之,接對者多取一時之秀,盧元景之徒並降階攝職,更遞司賓,孝隱少處其中,物議稱美。

均顯示:南北雙方的聘使與對接之臣都是經過刻意挑選以充任,甚至不惜暫時降階以因應。而像《續高僧傳》卷八〈義解篇四·隋京師延興寺釋曇延傳〉所載:

> 有陳躬使周弘正者,博考經籍,辯逸懸河。遊說三國,抗敵無擬。以周建德中年銜命入秦,帝訝其機捷,舉朝惡采。敕境內能言之士不限道俗,及搜採巖穴遁逸高世者,可與弘正對論,不得墜於國風。

更是為因應來使而博求可資應對者。之所以如此,乃因使者與他國對接時,不再是個人小我的身份,而是作為國家、君王的代表,故「不得墜於國風」。《三國志》卷五七〈張溫傳〉記載張溫獲譴於孫權時,將軍駱統表理之時就說:

> 古人有言,欲知其君,觀其所使,見其下之明明,知其上之赫赫。溫若譽禮,能使彼歎之,誠所以昭我臣之多良,明使之得其人,顯國美於異境,揚君命於他邦。

也就是說,使臣或主客等外交人員的主要任務,於己方要能「宣明至懷」,「善覘皇華,無替指意」;於彼方則足以「對揚盛美」,「磨厲鋒鍔,思不辱命」,[45]以光國之美,並免貽笑他邦。如《三國志》卷六〈劉表傳〉裴《注》引《零陵先賢傳》記載:

> (劉)先字始宗,博學彊記,尤好黃老言,明習漢家典故。為劉表別駕,奉章詣許,見太祖。時賓客並會,太祖問先:「劉牧如何郊天也?」先對曰:「劉牧託漢室肺腑,處牧伯之位,而遭王道未平,羣凶塞路,抱玉帛而無所聘頫,修章表而不獲達御,是以郊天祀地,昭告赤誠。」太祖曰:「羣凶為誰?」先曰:「舉目皆是。」太祖曰:「今孤有熊羆之士,步騎十萬,奉辭伐罪,誰敢不服?」先曰:「漢道陵遲,羣生憔悴,既無忠義之士,翼戴天子,綏寧海內,使萬邦歸德,而阻兵安忍,曰莫己若,既蚩尤、智伯復見于今也。」太祖嘿然。

以及《南齊書》卷五七〈魏虜傳〉所載:

> (齊高帝)遣後軍參軍車僧朗北使,虜問僧朗曰:「齊輔宋日淺,何故便登天位?」僧朗曰:「虞、夏登庸,親當革禪;魏、晉匡輔,貽厥子孫。豈二聖促

---

[45] 以上引文分見《三國志》,卷四八〈孫晧傳〉,頁 966、《魏書》,卷六八〈高聰傳〉,頁 1520、卷六五〈李平傳附子諧傳〉,頁 1460、《三國志》,卷四八〈孫晧傳〉,頁 967 裴《注》引《吳錄》。

促於天位,兩賢謙虛以獨善?時宜各異,豈得一揆?苟曰事宜,故屈己應物。」虜又問:「齊主悉有何功業?」僧朗曰:「主上聖性寬仁,天識弘遠。少為宋文皇所器遇,入參禁旅。泰始之初,四方寇叛,東平劉子房、張淹,北討薛索兒,兼掌軍國,豫司顧命。宋桂陽、建平二王阻兵內侮,一麾殄滅。蒼梧王反道敗德,有過桀、紂,遠遵伊、霍,行廢立之事……此功此德,可謂物無異議。」虜又問:「南國無復齊土,何故封齊?」僧朗曰:「營丘表海,實為大國。宋朝光啟土宇,謂是呂尚先封。今淮海之間,自有青、齊,非無地也。」又問:「蒼梧何故遽加斬戮?」僧朗曰:「蒼梧暴虐,書契未聞,武王斬紂,懸之黃鉞,共是所聞,何傷於義?」

劉先、車僧朗均是將己方原屬篡逆僭越之舉,透過廣博的引經據典予以合理、合法化,甚至視這些行為乃上應天命,足以與古代聖王比蹤,而令對方「嘿然」無以辯駁,真可謂「不辱命」矣。[46] 因此,外交場合上的言談勝負就不僅關乎使者自身榮辱,更重要的是時常涉及國家顏面與地位,所具意義不可謂不

---

46 類似場景,見於《魏書》,卷七九〈成淹傳〉,頁 1753 記載:蕭齊武帝遣庾蓽、何憲、邢宗慶使魏,北魏由成淹出面接對,邢宗慶首先發難譴責北朝背棄雙方和好之誠信,原本是要興師問罪,討個公道。不料反被對方譏嘲本朝開國先王「欺奪」宋室江山之篡逆醜行,而南使竟「皆相顧失色」,無法應答。與正文所引車僧朗之事相比,面對同樣問題,使者表現卻天差地遠,庾蓽等人實是有「失將命之體」,「墜於國風」而貽笑他邦。

第五章　聘使人選的學識考察　187

重。而臨場表現靠的是自身才學與反應，即所謂「行人之義，受命不受辭也」，[47]是以膺任者自多為各陣營中的才學聞見廣博之士。[48]《魏書》卷四五〈裴駿傳〉記載：

> 裴駿，通涉經史……劉駿遣使明僧暠朝貢，以駿有才學，乃假給事中、散騎常侍，於境勞接……駿弟宣，字叔令，通辯博物，早有聲譽……舉秀才，至都，見司空李訢，與言自旦及夕，訢嗟善不已。司空李沖有人倫鑒識，見而重之。高祖初，徵為尚書主客郎，與蕭賾使顏幼明、劉思效、蕭琛、范雲等對接。[49]

---

[47]《三國志》，卷五七〈張溫傳〉，頁1090。向宗魯，《說苑校證》，卷十二〈奉使・趙王遣使者之楚條〉，頁293記載：「趙王遣使者之楚，方鼓瑟而遣之，誡之曰：『必如吾言。』使者曰：『王之鼓瑟，未嘗悲若此也！』王曰：『宮商固方調矣！』使者曰：『調則何不書其柱耶？』王曰：『天有燥濕，絃有緩急，宮商移徙不可知，是以不書。』使者曰：『明君之使人也，任之以事，不制以辭。遇吉則賀之，凶則弔之。今楚、趙相去千有餘里，吉凶憂患，不可豫知，猶柱之不可書也。』」正是此義。

[48] 當然，聘問使者的挑選，博學才高並非是唯一條件，尚有許多其他的考量。如《北史》，卷四三〈邢邵傳〉，頁1591-1592記載：北魏邢邵雖「博覽墳籍，無不通曉」，「于時與梁和，妙簡聘使，邵與魏收及從子子明被徵入朝。當時文人，皆邵之下，但以不持威儀，名高難副，朝廷不令出境。南人曾問賓司：『邢子才故應是北間第一才士，何為不入聘使』答云：『子才文辭實無所愧，但官位已高，恐非復行限。』南人曰：『鄭伯猷，護軍猶得將命，國子祭酒何為不可？』邵既不行，復請還故郡。」即以「不持威儀」而未受任。但從南人的質疑中也可見一般而言，聘使人選當以才學廣博之士為優先考量。

[49] 根據《魏書》，卷五六〈崔辯傳附子逸傳〉，頁1251記載：崔逸，「好古博涉，以經明行修，徵拜中書博士」，「受敕接蕭賾使蕭琛、范雲」。可見崔逸也以博學而被派任為接對者。

裴駿、裴宣均以「通涉經史」、「通辯博物」而受詔接使。《梁書》卷四八〈儒林列傳・范縝傳〉則說：

> 永明年中，與魏氏和親，歲通聘好，特簡才學之士，以為行人，縝及從弟雲、蕭琛、琅邪顏幼明、河東裴昭明相繼將命，皆著名鄰國。

因此，像北魏太武帝「太延中，以前後南使不稱，妙簡行人。游雅薦（高）䪫應選，詔兼散騎常侍使劉義隆，南人稱其才辯」；蕭齊武帝「永明中，魏使至，有詔妙選朝士有詞辯者，接使於界首」，遂以「博涉多通」的范岫「兼淮陰長史迎焉」；梁武帝也因蕭撝「博觀經史」，「辭令可觀」，當「東魏遣李諧、盧元明使於梁」時，「令兼中書侍郎」以接對之；又以傅岐「美容止，博涉能占對。大同中，與魏和親，其使歲中再至，常遣岐接對焉」；隋文帝則以陸爽「博學有口辯，陳人至境，常令迎勞」。[50] 均可見對使者的挑選，博學乃相當重要的一個考量。[51]

---

[50] 以上引文分見《魏書》，卷四八〈高䪫傳〉，頁 1091；《梁書》，卷二六〈范岫傳〉，頁 391-392；《周書》，卷四二〈蕭撝傳〉，頁 751；《梁書》，卷四二〈傅岐傳〉，頁 602；《隋書》，卷五八〈陸爽傳〉，頁 1420。《北史》，卷三十〈盧玄傳附玄孫昌衡傳〉，頁 1078-1079：「沈靖有才識，風神澹雅，容止可法。博涉經史……陳使賀徹、周墳相繼來聘，朝廷每令昌衡接對之。」其餘例證請參蔡宗憲，《中古前期的交聘與南北互動》，第三章〈北朝的聘使與主客〉，頁 178-180 及注 75。

[51] 又如《魏書》，卷七二〈李叔虎傳附從孫象傳〉，頁 1617-1618 載：象「博涉群書」，「興和二年，兼散騎常侍，使於蕭衍」；《隋書》，卷五八〈辛德源傳〉，頁 1422 記載：「德源沉靜好學，年十四，解屬文。

第四節　對聘使主客表現的獎罰

六朝時期外交場合既猶如戰陣交鋒，雙方各憑才識以相往來，因此也當遵循有功者賞，敗陣則罰的規範。故擔任聘使或主客若能表現得宜，不辱使命，通常多能獲得讚譽或賞賜。如《三國志》卷四七〈吳主權傳〉裴《注》引《吳書》說：

> （陳）化字元耀……博覽群書……為郎中令，使魏。魏文帝因酒酣，嘲問曰：「吳、魏峙立，誰將平一海內者乎？」化對曰：「《易》稱帝出乎震，加聞先哲知命，舊說紫蓋黃旗，運在東南。」帝曰：「昔文王以西伯王天下，豈復在東乎？」化曰：「周之初基，太伯在東，是以文王能興於西。」帝笑，無以難，心奇其辭。使畢當還，禮送甚厚。權以化奉命光國，拜犍為太守，置官屬。頃之，遷太常，兼尚書令。

因應對得體，光國於境外，故得升遷禮遇。至於《南齊書》卷五三〈良吏列傳・裴昭明傳〉記載：

> 裴昭明……宋太中大夫松之孫也。父駰，南中郎參軍。昭明少傳儒史之業……永明三年，使虜，世祖謂之曰：「以卿有將命之才，使還，當以一郡相賞。」

及長，博覽書記，少有重名」，於北齊時先後以副使、主使聘於梁、陳；卷七六〈文學列傳・崔儦傳〉，頁1733：「博覽群言，多所通涉，解屬文」，「兼散騎侍郎，聘于陳。使還，待詔文林館」。

還為始安內史。

則是於出行前已經先給了承諾。當然,得賞的前提是要能不辱使命,《魏書》卷三十〈張濟傳〉即載:

> 濟涉獵書傳,清辯、美儀容……與公孫表等俱為行人……以累使稱旨,拜為勝兵將軍。

《周書》卷三五〈鄭孝穆傳〉也載:

> 梁雍州刺史、岳陽王蕭詧稱藩來附,時議欲遣使,盛選行人。太祖歷觀內外,無逾孝穆者……乃假孝穆散騎常侍,持節策拜詧為梁王。使還稱旨,進車騎大將軍、儀同三司,加散騎常侍。

張濟、鄭孝穆都是因奉使稱旨,回國後獲得官位進升。《陳書》卷三四〈文學列傳・陸琰傳〉也載:

> 世祖聽覽餘暇,頗留心史籍,以琰博學,善占誦,引置左右……兼通直散騎常侍,副琅邪王厚聘齊,及至鄴下而厚病卒,琰自為使主。時年二十餘,風神韶亮,占對閑敏,齊士大夫甚傾心焉。還為雲麾新安王主簿,遷安成王長史,寧遠府記室參軍。

陸琰出任聘使，不僅深得對方君臣讚譽，且仕途蒙光。[52] 又如上文所引北魏孝文帝時成淹接對齊使，在立場論辯上佔了上風而屈使對方順從己方安排，令孝文帝大悅，遂「賜淹果食」；西魏柳弘因與陳使王偃民言語對接時，佔了上風，「高祖聞而嘉之，盡以偃民所進之物賜弘」。

有的甚至不吝以爵位賞人，像《三國志》卷八〈公孫度傳附孫淵傳〉裴《注》引《魏名臣奏》載中領軍夏侯獻表稱：

> 公孫淵昔年敢違王命，廢絕計貢者，實挾兩端……奉車都尉酈弘，武皇帝時始奉使命，開通道路。文皇帝即位，欲通使命，遣弘……身奉使命，公孫康遂稱臣妾。以弘奉使稱意，賜爵關內侯。弘……少好學問，博通書記，多所關涉，口論速捷，辯而不俗，附依典誥，若出胸臆。

以及《三國志》卷四七〈吳主權傳〉裴《注》引《吳書》所說：

> （沈）珩……少總經藝，尤善《春秋》內、外傳。權以珩有智謀，能專對，乃使至魏……文帝善之，乃引珩自近，談語終日。珩隨事響應，無所屈服……以奉使有稱，封永安鄉侯，官至少府。

---

[52] 類似案例又可見《三國志》，卷四七〈吳主權傳〉，頁933，裴《注》引《吳書》曰：孫權時趙「咨頻載使北，魏人敬異。權聞而嘉之，拜騎都尉」；卷六五〈王蕃傳〉，頁1166：「王蕃……博覽多聞，兼通術藝……遣使至蜀，蜀人稱焉，還為夏口監軍。」

蜀漢陳震出使東吳，也因成功達成使命，「還，封城陽亭侯」。[53]這種情形在北朝尤為常見，《魏書》卷六五〈邢巒傳附叔祖祐傳〉記載：

> 巒叔祖祐，字宗祐，少有學尚，知名於時……使於劉彧。以將命之勤，除建威將軍、平原太守，賜爵城平男。

宋宣，也以「兼散騎常侍，使劉義隆。加冠軍將軍，賜爵中都侯，領中書侍郎，行司隸校尉」；高推，出使劉宋，「南人稱其才辯」，雖不幸「遇疾卒於建業，朝廷悼惜之」，於「喪還，贈輔國將軍、臨邑子」；張偉，「學通諸經」，「聘劉義隆，還，拜給事中、建威將軍，賜爵成皋子」。或是原已有封爵，因奉使稱職，使其爵位更上一層樓，如鄧穎，先是襲父爵下博子，於北魏太武帝時以「兼散騎常侍，使於劉義隆。進爵為侯，加龍驤將軍」；李孝伯則與劉宋張暢於戰陣之前相互較勁，二人均博引經典作為論述根據，達到揚己貶彼的目的，而「孝伯風容閑雅，應答如流，暢及左右甚相嗟歎。世祖大喜，進爵宣城公」。[54]都是憑藉自身才學優博，於外交場合應對時順利完成使命，而得以

---

[53] 《三國志》，卷三九〈陳震傳〉，頁838。

[54] 《魏書》，卷三三〈宋隱傳附子宣傳〉，頁774；卷四八〈高允傳附弟推傳〉，頁1091；卷八四〈儒林列傳・張偉傳〉，頁1844。卷二四〈鄧淵傳附子穎傳〉，頁635；卷五三〈李孝伯傳〉，頁1172，而頁1167-1168記載：「父曾，少治《鄭氏禮》、《左氏春秋》」，「孝伯少傳父業，博綜群言」，先被「賜爵南昌子」，後「以頻從征伐規略之功，進爵壽光侯」，至此又進爵為公。

獲賜爵位。

反之，若出使或對接時有辱國體，則可能遭受處分。[55] 如上文所舉三國時孫吳使者張溫至蜀，與蜀臣秦宓的一番對話，顯然是蜀國佔了上風。張溫非但不能扭轉頹勢，竟還「大敬服」對方。《三國志》卷五七〈張溫傳〉又載：

> 溫至蜀，詣闕拜章曰：「昔高宗以諒闇昌殷祚於再興，成王以幼沖隆周德於太平，功冒溥天，聲貫罔極。今陛下以聰明之姿，等契往古，總百揆於良佐，參列精之炳燿，遐邇望風，莫不欣賴。吳國勤任旅力，清澄江滸，願與有道平一宇內，委心協規，有如河水，軍事興〔凶〕煩，使役乏少，是以忍鄙倍之羞，使下臣溫通致情好。陛下敦崇禮義，未便恥忽。臣自（入）遠境，及即近郊，頻蒙勞來，恩詔輒加，以榮自懼，悚怛若驚，謹奉所齎函書一封。」

以殷高宗中興之事推崇對方，而以下國自處。故返國後，孫權「陰銜溫稱美蜀政」，相當不滿，遂藉事將其罷黜，其中一條罪名就是：「殷禮者，本占候召，而溫先後乞將到蜀，扇揚異國，為之譚論」；又如北魏派遣盧度世「使劉駿，遣其侍中柳元景與

---

[55] 甚至罪至死，《魏書》卷三二〈崔逞傳〉，頁 758：「天興初，姚興侵司馬德宗襄陽戍，戍將郗恢馳使乞師於常山王遵，遵以聞。太祖詔逞與張袞為遵書以答。初，恢與遵書云：『賢兄虎步中原』，太祖以言悖君臣之體，敕逞、袞亦貶其主號以報之。逞、袞乃云『貴主』。太祖怒曰：『使汝貶其主以答，乃稱貴主，何若賢兄也！』遂賜死。」雖非外交場合直接面對，但屬外交文書之用辭，仍可視同外交辭令。

度世對接,度世應對失衷。還,被禁劾,經年乃釋」;[56] 前引徐陵使魏,主客魏收於言語上屈居下風,時「齊文襄為相,以收失言,囚之累日」;[57] 北齊皇甫亮,曾任「聘陳使主,以不稱免官」。[58] 又如《隋書》卷七十〈李子雄傳〉記載:

> 子雄明辯有器幹,帝甚任之。新羅嘗遣使朝貢,子雄至朝堂與語,因問其冠制所由。其使者曰:「皮弁遺象,安有大國君子而不識皮弁也!」子雄因曰:「中國無禮,求諸四夷。」使者曰:「自至已來,此言之外,未見無禮。」憲司以子雄失詞,奏劾其事,竟坐免。

李子雄此次雖非擔任外交人員,但朝堂上與外使談論而失詞,有損國家顏面,故遭彈劾而免官。均可見在外交場合中一言一行都要相當謹慎,絲毫輕忽不得。

　　使者或主客既如此重要而受重視,所選又多為一時之秀的才學之士,故獲選者多被視為榮耀。如孫吳張儼獲遣使於晉時說:「皇皇者華,蒙其榮耀,無古人延譽之美」。北朝對此更是看重,如北魏邢祐及祐子產、邢巒及巒弟子亢皆曾出使南方,

---

[56] 《魏書》,卷四七〈盧度世傳〉,頁1046。另外,像同卷〈盧昶傳〉,頁1055載盧昶、張思寧出使蕭齊,正逢兩國交兵,齊明帝遷怒使臣,張思寧「辭氣謇諤,曾不屈撓,遂以壯烈死於館中」。盧昶則貪生而受辱,有違「銜命之體」,歸國後「遂見罷黜」。

[57] 魏收遭罰,前引《陳書》未載,見於《南史》,卷六二〈徐陵傳〉,頁1523。

[58] 《北史》,卷三八〈皇甫和附弟亮傳〉,頁1395。

「仍世將命,時人美之」;祖孝隱,「魏末為散騎常侍,迎梁使。時徐君房、庾信來聘,名譽甚高,魏朝聞而重之,接對者多取一時之秀,盧元景之徒並降階攝職,更遞司賓,孝隱少處其中,物議稱美」;北魏李渾「與弟繪、緯俱為聘梁使主,(子)湛又為使副,是以趙郡人士目為四使之門」,「時人稱之」。[59] 不論個人感受或世人觀感,對於得任聘使均予以高度的評價。

使者與主客既是代表國家顏面,因此有經驗且奉使、接對稱職者,遂得數度銜命往來,彷若今日之專業外交官,[60] 如上文所舉陸卬、傅岐、陸爽三人,「每」「常」代表本國「迎勞」「接對」來使。[61] 而《三國志》卷四四〈費禕傳〉也載:

---

[59] 分見《三國志》,卷四八〈孫晧傳〉,裴《注》引《吳錄》,頁967;《魏書》,卷六五〈邢巒傳附叔祖祐傳〉,頁1449;《北齊書》,卷三九〈祖瑩傳附弟孝隱傳〉,頁521;卷二九〈李渾傳〉,頁394、《魏書》,卷四九〈李靈傳附李系(緯)傳〉,頁1100。至於《晉書》,卷六七〈溫嶠傳〉,頁1196所載:「是時天下凋弊,國用不足,詔公卿以下詣都坐論時政之所先,嶠因奏軍國要務……其六曰使命愈遠,益宜得才,宣揚王化,延譽四方。人情不樂,遂取卑品之人,虧辱國命,生長患害。故宜重其選,不可減二千石、見居二品者。」似乎與上說抵捂。此或因東晉初建,北方五胡紛亂,爭戰不休,故出使北方一則途中不靖,二則雙方敵對立場鮮明尖銳,恐有不測,朝臣遂不樂為使。如《三國志》,卷十一〈田疇傳〉,頁349記載:漢末天下大亂時,幽州牧劉虞遣田疇為使進京,欲「具其車騎」,田疇卻說:「今道路阻絕,寇虜縱橫,稱官奉使,為眾所指名。願以私行,期於得達而已。」

[60] 有關當時個人或家族成員屢次出使的情形,侯廷生,〈南北朝時期的北南通和使者身份、地位和作用疏議〉,《邯鄲職業技術學院學報》1998年1期,頁47亦有論列,然只及北朝數人。

[61] 又如《北齊書》,卷二三〈崔肇師傳〉,頁338:「數以中舍人接梁使」;《北史》,卷七七〈李諤傳〉,頁2613:「博學善屬文,生齊,為中書舍人,有口辯,每接對陳使」。

> （諸葛）亮以初從南歸，以禕為昭信校尉使吳。孫權性既滑稽，嘲啁無方，諸葛恪、羊衜等才博果辯，論難鋒至。禕辭順義篤，據理以答，終不能屈。權甚器之，謂禕曰：「君天下淑德，必當股肱蜀朝，恐不能數來也。」還，遷為侍中。亮北住漢中，請禕為參軍。以奉使稱旨，頻煩至吳。

又如東吳趙咨，「博聞多識，應對辯捷」，故「頻載使北」；北魏游明根出使劉宋，「前後三返，（劉）駿稱其長者，迎送之禮，有加常使」、李彪「前後六度銜命」、李系，「蕭衍遣使朝貢」，系為主客郎，「前後接對凡十八人，頗為稱職」、李庶「常攝賓司，接對梁客」、劉騭，「頗涉文史」，「於時與蕭衍和通」，「前後受敕接對其使十六人」；岑善方為蕭詧「充使詣闕，應對閑敏，深為太祖所嘉，自此往來，凡數十反」；北齊時陸彥師，常為主客郎接待陳使，「所接對者，前後六輩」；隋朝柳謇之，「每梁、陳使至，輒令謇之對接」、盧昌衡，「博涉經史」，「陳使賀徹、周墳相繼來聘，朝廷每令昌衡接對之」。[62] 又如劉宋時期黃延年四次充任聘使、趙道生三使北魏；蕭齊裴昭明三使；北魏蘭

---

[62] 以上引文分見《三國志》，卷四七〈吳主權傳〉，裴《注》引《吳書》，頁 934；《魏書》，卷五五〈游明根傳〉，頁 1214、卷六二〈李彪傳〉，頁 1390、卷四九〈李靈傳附李系傳〉，頁 1100、《北史》，卷四三〈李崇傳附李庶傳〉，頁 1605、卷五五〈劉芳傳附孫騭傳〉，頁 1228；《周書》，卷四八〈蕭詧傳附岑善方傳〉，頁 872；《隋書》，卷七二〈孝義列傳・陸彥師傳〉，頁 1662、卷四七〈柳機傳附族子謇之傳〉，頁 1275、卷五七〈盧思道傳附從父兄昌衡傳〉，頁 1404。

英曾三次南使;⁶³ 北周與陳時有通聘,杜杲至少曾五次代表北周出使陳廷。⁶⁴ 甚至同一家族多人曾擔任斯職,宛如外交世家,如前引北魏范陽盧氏,五代均有人擔任聘南史臣;河間邢氏「仍世將命」,至少三世;趙郡李氏號「四使之門」,則跨越兩代;宋宣、宋愔也是父子均為使者;陸卬、陸彥師乃為兄弟。

第五節　小結

春秋時期,各國聘使往來頻繁,需視現場情況而採取適當的應對,以當時「賦詩言志」的風氣而言,《詩經》乃外交人員不可或缺的基本素養。《漢書》卷三十〈藝文志‧詩賦略〉中班固就說:

> 傳曰:「不歌而誦謂之賦,登高能賦可以為大夫。」言感物造耑,材知深美,可與圖事,故可以為列大夫也。古者諸侯卿大夫交接鄰國,以微言相感,當揖讓之時,必稱詩以諭其志,蓋以別賢不肖而觀盛衰焉。故孔子曰:「不學《詩》,無以言」也。

當晉國公子重耳流亡至秦國時,秦穆公宴饗款待,《左傳》卷十五〈僖公〉二十三年傳文記載其事:

63　請參龔詩堯,〈從外交活動之發展論北朝漢文化地位的變遷〉,附錄〈南北朝官方重要交流事件表〉,頁 215-276。
64　請參朱曉海先生,〈論庾信〈擬詠懷〉二十七首〉,頁 161-163。

> 子犯曰:「吾不如衰之文也,請使衰從。」公子賦〈河水〉,公賦〈六月〉。趙衰曰:「重耳拜賜。」公子降,拜稽首,公降一級而辭焉。衰曰:「君稱所以佐天子者命重耳,重耳敢不拜?」

子犯知道這是重要的外交場合,而自己賦詩言志的外交專業素養不及趙衰,故推薦趙衰隨行。趙衰果然不負所託,運用所學為重耳取得秦國此一強援,遂得返國奪取政權。反之,若缺乏這方面的素養,將取辱於境外,如《左傳》卷三八〈襄公〉二十七年傳文:

> 齊慶封來聘,其車美。孟孫謂叔孫曰:「慶季之車,不亦美乎!」叔孫曰:「豹聞之:『服美不稱,必以惡終』。美車何為?」叔孫與慶封食,不敬。為賦〈相鼠〉,亦不知也。

因此,孔子庭訓時也才會特別強調:「不學《詩》,無以言」。

六朝時期的情況與春秋頗為相似,不論是三方鼎足或南北分立對峙,境外之交乃無可避免。當時聘使、主客言語對答間常會引用典故以顯才學,也彷彿是春秋時期「賦詩言志」情景之再現![65] 然誠如上文所述,此時外交場合中各種狀況都可能發生,雙方引據用以對陣的相關記載無所不包,徒憑《詩經》,或

65　如上文引蕭齊時蕭琛接對北魏使李道固、王融兼主客接魏使房景高、宋弁時,均引《詩經》以諭;而李彪南使蕭齊時,曾兩次於將歸時賦引阮籍詩以達己意。

是其他經傳之類，勢必不足以應變。因此，當時外交人員所需「學」的範圍相當廣泛，與春秋時期又不相同，唯有博學多聞方能使己方立於不敗之地。尤其是當時士人於言談中喜掉書袋的風氣，寡學之人極可能受辱而無能還手。但是在外交場合中，關係到的乃國家顏面，如果也是「竟坐杜口，或隱几而睡」、「塞默低頭，欠伸而已」的表現，丟的豈只是自己的臉？而是有「墜於國風」，「失將命之體」。正如前引班固所言，不僅是「以別」使臣個人之「賢不肖」，更是藉此以「觀」察其國之「盛衰」。因此，《北史》卷四三〈李諧傳〉就載：

> 天平末，魏欲與梁和好……是時鄴下言風流者，以（李）諧及隴西李神儁、范陽盧元明、北海王元景、弘農楊遵彥、清河崔瞻為首。初通梁國，妙簡行人，神儁位已高，故諧等五人繼踵，而遵彥遇疾道還，竟不行。

可謂精銳盡出，輪番上陣，為的就是不使對方陣營輕視己方「都無人物」。甚至，有時為預知對方底細，會事先派人探訪，張鷟於《朝野僉載》卷四就載：

> 陳朝嘗令人聘隋，不知其使機辨深淺，乃密令侯白變形貌，著故獘衣，為賤人供承。

是則，得君王賞識派為聘使，雖是光榮，若圓滿完成使命，

為國家爭取利益,也多能獲得相對應的賞賜報酬。但若無真才實學以達成任務,且保住國家地位與聲譽,甚至宣揚國威,那麼遭受懲罰也是在所難免。輕則訓斥貶退,嚴重的話,可能連命都沒了。此所以當時聘使人選多以博學多聞之士膺任,乃有其實際上的需求。

雖然南北雙方於聘使或主客郎的人選上,多以博學之人充任,但從上文所論來看,這種情形隨著時間有所變化。自劉宋到蕭梁中期以前,相對而言,以北朝為甚。[66] 南朝這一段期間所遣聘使,或非當時望重士林、有譽文壇之人。雖如此,當「梁使每入,鄴下為之傾動,貴勝子弟盛飾聚觀,禮贈優渥,館門成市」。反觀南朝,則「常言北間都無人物」,乃當時普遍看法。所以當北使來聘,接對排場則遠不如北朝對待南使,這由南方史臣所載的一則例案可以覘知。《梁書》卷二一〈王錫傳〉記載:

> 普通初,魏始連和,使劉善明來聘,敕使中書舍人朱异接之,預讌者皆歸化北人。善明負其才氣,酒酣謂异曰:「南國辯學如中書者幾人?」异對曰:「异所以得接賓宴者,乃分職是司。二國通和,所敦親好;若以才辯相尚,則不容見使。」善明乃曰:「王錫、張纘,北間所聞,云何可見?」异具啟,敕即使於南苑設宴,錫與張纘、朱异四人而已。善明造席,遍論經史,兼以嘲謔,錫、纘隨方酬對,無所稽疑,未嘗

---

[66] 相關論述請參龔詩堯,《從外交活動之發展論北朝漢文化地位的變遷》,頁76、頁90、頁165-168。

> 訪彼一事，善明甚相歡抱。佗日謂异曰：「一日見二賢，實副所期，不有君子，安能為國！」

此段記載的真正含意為：拓拔魏派遣劉善明聘梁，除主客朱异之外，「預讌者皆歸化北人」，表面上以示親切，實則炫耀國威，故意羞辱對方，使其難堪。導致北使還需自己提出要求，希望能見到在北方時素所聞名的王錫、張纘。梁朝基於尊重客人，滿足其要求，但也只令二人奉旨，並朱异三人與宴「而已」，未肯多派其他有名望之人陪席。席間劉善明或出於氣憤，有意為己方爭一口氣，故「遍論經史，兼以嘲謔」；王、張二人則一派閒暇，「隨方酬對，無所稽疑」。但令人不解的是，一般外交場合中的談論，都是你來我往，相互較勁，可是二人卻「未嘗訪彼一事」。言下之意，根本瞧不起對方，問都懶得問！而朱异回答北使的話，更是話裡藏機，表面上好像是自謙，叨舔職司方能與會；實則語含無奈，職司所迫，不得不來！否則，「若以才辯相尚」，哪須自己上場。

這種輕視北人的優越心態，在庾信、徐陵身上看得更清楚。當庾信、徐陵相繼受命出使北朝時，北朝可謂傾全國之菁英以接對，史載庾信使魏時，因其「名譽甚高，魏朝聞而重之，接對者多取一時之秀，盧元景之徒並降階攝職，更遞司賓」，然猶為庾信所輕。《朝野僉載》卷六曾載：

> 梁庾信從南朝初至北方，文士多輕之。信將〈枯樹賦〉以示之，於後無敢言者。時溫子昇作〈韓陵山

> 寺碑〉，信讀而寫其本。南人問信曰：「北方文士何如？」信曰：「唯有韓陵山一片石堪共語，薛道衡、盧思道少解把筆，自餘驢鳴犬吠，聒耳而已。」

徐陵出使東魏的情況也與之相似，除了反嘲對方為不知寒暑的蠻夷之邦外，劉餗《隋唐嘉話》又載：

> 梁常侍徐陵聘於齊，時魏收文學北朝之秀，收錄其文集以遺陵，令傳之江左。陵還，濟江而沈之。從者以問，陵曰：「吾為魏公藏拙！」

連北方三大才士之一的魏收猶然如此，遑論其餘？因此，當「北間第一才士」邢邵未曾膺任使命，就引起南朝的質疑；相對的，北魏鄭伯猷「使於蕭衍，前後使人，蕭衍令其侯王於馬射之日宴對申禮，伯猷之行，衍令其領軍將軍臧盾與之相接，議者以此貶之」。[67]則因接對者名位過輕，致使北朝感覺受辱。雙方對於人選之要求可見一斑。

---

[67] 《魏書》，卷五六〈鄭義傳附從孫伯猷傳〉，頁1244。

第六章　地方志與譜牒之學

　　錢穆先生曾分析《隋書・經籍志》所載錄「史傳」的著作數量，其中「雜傳類」篇帙相當多，主要包括人物傳記、地理志與譜牒，而後歸納說：

> 蓋人物與地理有關，二者之受重視，則為當時門第郡望觀念之影響……當時人各誇其鄉土先賢……又次則為譜系，此亦與前兩類相引而起。蓋矜尚門第，必誇舉其門第之人物，乃亦讚耀其門第之郡望，又必有譜牒世系，以見其家世之傳綿悠久。[1]

因此本章擬從社會文化這一層面切入，以與當時地方意識、世家大族息息相關的地方志與譜牒之學進行探討。藉由當時人在社交場合的交接應對、某些官職所需具備條件等方面，來看當時人不論是編撰或習讀地方志、譜牒，均與博學風氣有密切關連。

---

[1] 錢穆，《中國學術思想史論叢（三）》，十二〈略論魏晉南北朝學術文化與當時門第之關係〉，頁142-143。

第一節　地方意識與地方志

自東漢中葉已降,世家大族已然成形,地方意識也隨之抬頭。[2]因此,我們常可見到史書記載當時之人於某些場合的談論中,多會標榜各自鄉里以相陵高,而所言不外「物華天寶,人傑地靈」之屬。《世說新語》卷上〈言語〉24條說:

王武子、孫子荊各言其土地人物之美。

《世說新語》卷上〈言語〉72條也載:

王中郎令伏玄度、習鑿齒論青、楚人物。

雖各自有所論述,然根據劉孝標《注》中所稱:「滔與相往反,鑿齒無以對也。」可知「言」「論」「往反」之間有所爭勝,並非單純的陳述而已。像當年孫策就是因不學無術,不知自己地方鄉土古往今來的有名人物,以致在言談中遭到中州士大夫的譏笑,在心中留下無可抹滅的陰影。所以日後才會想請「博學洽聞」的虞翻出使許昌,「交見朝士,以折中國妄語兒」,「結兒輩

---

[2] 請參朱曉海先生,〈自東漢中葉以降某些冷門賦作論彼時審美觀的異動〉,頁444、〈《兩都》、《二京》義疏補〉,頁343-347,均收於氏著《漢賦史略新證》。又,前輩學者已經指出:士族之出現,自西漢末葉已然,東漢政權之建立,即得力於士族之結合效命。然士大夫之群體自覺與個體自覺日臻成熟,以及士族逐漸出現地域化的情形,則自東漢中葉始漸盛。此即本文所謂之地方意識。相關論述,詳參余英時,〈東漢政權之建立與士族大姓之關係〉,頁109-184、〈漢晉之際士之新自覺與新思潮〉,頁206、211、220-222、295。

舌」。相反的,《晉書》卷五二〈華譚傳〉記載:

> 華譚……父諝,吳黃門郎……及長,好學不倦,爽慧有口辯,為鄰里所重。時九州秀孝策無逮譚者,譚素以才學為東土所推。同郡劉頌時為廷尉,見之歎息曰:「不悟鄉里乃有如此才也!」博士王濟於眾中嘲之曰:「五府初開,群公辟命,採英奇於仄陋,拔賢儁於巖穴。君吳楚之人,亡國之餘,有何秀異而應斯舉?」譚答曰:「秀異固產於方外,不出於中域也。是以明珠文貝,生於江鬱之濱;夜光之璞,出乎荊藍之下。故以人求之,文王生於東夷,大禹生於西羌,子弗聞乎?昔武王克商,遷殷頑民於洛邑,諸君得非其苗裔乎?」……濟甚禮之。

則是因政治因素而引發地域論爭,南方人士華譚就因「博學多通」,所以能夠扭轉政治上「亡國之餘」的劣勢,使對方由原本的「嘲」笑輕視心態,而變為「甚禮之」。時代稍前的虞翻、朱育在分別回答前後山陰太守王朗、濮陽興之問,引證更是廣博弘富,《三國志》卷五七〈虞翻傳〉裴《注》引《會稽典錄》記載:

> 孫亮時,有山陰朱育……仕郡門下書佐。太守濮陽興正旦宴見掾吏,言次,問:「太守昔聞朱潁川問士於鄭召公,韓吳郡問士於劉聖博,王景興問士於虞仲翔,嘗見鄭、劉二答而未覩仲翔對也。欽聞國賢,思覩盛美有日矣,書佐寧識之乎?」育對曰:「往過習

之，昔初平末年，王府君以淵妙之才，超遷臨郡，思賢嘉善，樂采名俊，問功曹虞翻曰：『聞玉出崑山，珠生南海，遠方異域，各生珍寶。且曾聞士人歎美貴邦，舊多英俊，徒以遠於京畿，含香未越耳。功曹雅好博古，寧識其人邪？』翻對曰：『夫會稽上應牽牛之宿，下當少陽之位，東漸巨海，西通五湖……昔禹會群臣，因以命之。山有金木鳥獸之殷，水有魚鹽珠蚌之饒，海嶽精液，善生俊異，是以忠臣係踵，孝子連閭，下及賢女，靡不育焉。』王府君笑曰：『地勢然矣，士女之名可悉聞乎？』翻對曰：『不敢及遠，略言其近者耳。往者孝子句章董黯……海內聞名，昭然光著；太中大夫山陰陳囂……自揚子雲等上書薦之，粲然傳世；太尉山陰鄭公，清亮質直，不畏彊禦；魯相山陰鍾離意……宰縣相國，所在遺惠，故取養有君子之養，魯國有丹書之信。及陳宮、費齊皆上契天心，功德治狀，記在漢籍；有道山陰趙曄，徵士上虞王充，各洪才淵懿，學究道源，著書垂藻，駱驛百篇……交阯刺史上虞綦母俊，拔濟一郡，讓爵土之封；決曹掾上虞孟英，三世死義；主簿句章梁宏、功曹史餘姚駟勳、主簿句章鄭雲，皆敦終始之義，引罪免居；門下督盜賊餘姚伍隆、鄮莫侯反；主簿任光、章安小吏黃他，身當白刃，濟君於難；揚州從事句章王脩，委身授命，垂聲來世；河內太守上虞魏少英……列在八俊，為世英彥；尚書烏傷楊喬，桓帝妻以公主，辭疾不納；近故太尉上虞朱公……天下義兵，思以為首；上虞女子曹娥，父

溺江流，投水而死，立石碑紀，炳然著顯。』王府君曰：『是既然矣，潁川有巢、許之逸軌，吳有太伯之三讓，貴郡雖士人紛紜，於此足矣。』翻對曰：『故先言其近者耳，若乃引上世之事，及抗節之士，亦有其人。昔越王翳讓位，逃于巫山之穴，越人薰而出之，斯非太伯之儔邪？且太伯外來之君，非其地人也。若以外來言之，則大禹亦巡於此而葬之矣。鄞大里黃公，絜己暴秦之世，高祖即阼，不能一致，惠帝恭讓，出則濟難；徵士餘姚嚴遵，王莽數聘，抗節不行，光武中興，然後俯就，矯手不拜，志陵雲日。皆著於傳籍，較然彰明，豈如巢、許，流俗遺譚，不見經傳者哉？』王府君笑曰：『善哉話言也！賢矣，非君不著，太守未之前聞也。』」漢陽府君曰：「御史所云，既聞其人，亞斯已下，書佐寧識之乎？」育曰：「瞻仰景行，敢不識之？近者太守上虞陳業……比竟三高。其聰明大略，忠直謇諤，則侍御史餘姚虞翻、偏將軍烏傷駱統；其淵懿純德，則太子少傅山陰闞澤……作帝師儒；其雄姿武毅……則後將軍賀齊……其探極祕術……則太史令上虞吳範；其文章之士……則御史中丞句章任奕、鄱陽太守章安虞翔……處士鄞盧敘，弟犯公憲，自殺乞代；吳寧斯敦、山陰祁庚、上虞樊正，咸代父死罪。其女則松陽柳朱、永寧翟素，或一醮守節，喪身不顧；或遭寇劫賊，死不虧行。皆近世之事，尚在耳目。」

首先，虞、朱二人對於鄉里情形的描述，除了略及物產豐盛外，

主要是針對地方士女人物的闡論，虞翻所舉有二十三人、朱育則又補充了十四人。包括有德、謙讓、處士、孝子；文武官宦、忠義、名士、學者、文士、世外高士；孝女、節婦等各個層面，且縱貫古今。其次，由朱育的回答可知對於地方鄉里的相關記載，時常習之在心，所以才能隨口而答。也唯有「博古」廣「識」之人，方能於此種場合中侃侃而論，不致使鄉里之賢「不著」於世。相應於此，當時除了常見描述方域都會的賦作之外，[3]最能呈現這種現象者，莫過於地方志與譜牒的盛行，[4]就如《史通》卷五〈采撰〉所說：

夫郡國之記、譜牒之書，務欲矜其州里，誇其氏族。

因應地方意識逐漸興盛，從東漢中葉已降，出現許多類似後代地方志的著作。《隋書》卷三三〈經籍志二・史部・地理類〉記載：

班固因之作〈地理志〉，其州國郡縣山川夷險、時俗之異、經星之分、風氣所生、區域之廣、戶口之數，各有攸敘，與古《禹貢》、《周官》所記相埒⋯⋯晉

---

[3] 根據朱曉海先生，〈自東漢中葉以降某些冷門賦作論彼時審美觀的異動〉，頁444所舉魏晉時期有：徐幹〈齊都賦〉、劉楨〈魯都賦〉、劉邵〈趙都賦〉、韋昭〈雲陽賦〉、文立〈蜀都賦〉、左思〈三都賦〉。

[4] 地方志與譜牒原應屬下文論述的史書著作，如《隋書》，卷三三〈經籍志二・史部・地理類〉，頁987所說：「其書蓋亦總為史官之職」。但為便於本文立論，故移於此處述之。

世，摯虞依《禹貢》、《周官》，作《畿服經》，其州郡及縣分野封略事業、國邑山陵水泉、鄉亭城道里土田、民物風俗、先賢舊好，靡不具悉，凡一百七十卷，今亡。而學者因其經歷，並有記載，然不能成一家之體。齊時，陸澄聚一百六十家之說，依其前後遠近，編而為部，謂之《地理書》；任昉又增陸澄之書八十四家，謂之《地記》；陳時，顧野王抄撰眾家之言，作《輿地志》；隋大業中，普詔天下諸郡，條其風俗物產地圖，上于尚書。故隋代有《諸郡物產土俗記》一百五十一卷、《區宇圖志》一百二十九卷、《諸州圖經集》一百卷，其餘記注甚眾。

《隋書》卷三三〈經籍志二・史部・雜傳類〉也載：

後漢光武，始詔南陽撰作風俗，故沛、三輔有耆舊節士之序，魯、廬江有名德先賢之讚。郡國之書，由是而作。

習見者如《會稽典錄》、《汝南先賢傳》、《荊州記》等，最著名的莫過於《華陽國志》。[5] 這些地理書、郡國書，因所記內容廣泛

---

[5] 如浦起龍，《史通通釋》（台北：里仁書局，1980年：以下簡稱《史通》），卷十〈雜述〉，頁274所載：「汝、潁奇士，江、漢英靈，人物所生，載光郡國。故鄉人學者，編而記之，若圈稱《陳留耆舊》、周斐《汝南先賢》、陳壽《益部耆舊》、虞預《會稽典錄》，此之謂郡書者也。」這方面的著作多已散佚，今日已難見其全貌，近人有輯本，見劉緯毅，《漢唐方志輯佚》（北京：北京圖書館出版社，1997年）。

且龐雜,包括人物、風俗、產物、道里範圍、山水名勝、戶口多寡,甚至天人、星野相應等各個層面,「靡不具悉」。於當地的歷史以及人事物之記載「詳審」而「該博」,可謂貫通古今、橫跨各個領域,「足以明此一方」。[6]

這些地方志的內容既然包羅萬象,則一方面作者必須是博學廣聞之人,對當地的時空背景需相當熟稔方能為之,如《三國志》卷四二〈李譔傳〉:

> 時又有漢中陳術,字申伯,亦博學多聞,著……《益部耆舊傳》及《志》。

《晉書》卷五一〈束晳傳〉:

> 晳博學多聞……才學博通,所著《三魏人士傳》。

《陳書》卷三十〈顧野王傳〉:

> 野王幼好學,七歲,讀五經,略知大旨。九歲能屬文……年十二,隨父之建安,撰《建安地記》二篇。長而遍觀經史,精記嘿識,天文地理、蓍龜占候、蟲篆奇字,無所不通。

北魏劉芳「博聞強記」,亦撰有「《徐州人地錄》四十卷」;北齊

---

[6] 《史通》,卷十〈雜述〉,頁 274-275。卷三〈書志〉,頁 74 則稱之為:「蓋方物之事,盡在是矣」。

陽休之「好學不倦，博綜經史」，「撰《幽州人物志》」；北周薛寘「撰《西京記》三卷，引據該洽，世稱其博聞焉」。[7] 當時這類著作相當興盛，「厥類眾夥，諒非一族」。[8] 而根據《顏氏家訓》卷三〈勉學〉所載：

> 吾嘗從齊主幸并州，自井陘關入上艾縣，東數十里，有獵閭村。後百官受馬糧在晉陽東百餘里亢仇城側。並不識二所本是何地，博求古今，皆未能曉。及檢《字林》、《韻集》，乃知獵閭是舊臘餘聚，亢仇舊是䝙虎亭，悉屬上艾。時太原王劭欲撰鄉邑記注，因此二名聞之，大喜。

可知：寡學淺識之人，必無法勝任。另一方面，書成之後，因其內容豐富，故足可提供作為他人博學廣聞的材料，所謂「通人君子，必博采廣覽，以酌其要」。[9] 「觀之者擅其博聞，學之者騁其多識」，[10] 於論述時作為取材的資藉。如任昉曾問劉杳：「酒有千日醉，當是虛言」。劉杳就根據魏楊元鳳所撰《置郡事》中曾記載「桂陽程鄉有千里酒，飲之至家而醉」為例以答之，令「昉大驚」。[11]

---

[7] 以上分見《魏書》，卷五五〈劉芳傳〉，頁 1220、1227；《北齊書》，卷四二〈陽休之傳〉，頁 563-564；《周書》，卷三八〈薛寘傳〉，頁 685。
[8] 《史通》，卷三〈書志〉，頁 74。
[9] 《隋書》，卷三三〈經籍志二・史部・雜史類〉，頁 962。
[10] 《史通》，卷三〈書志〉，頁 73。
[11] 《梁書》，卷五十〈文學列傳・劉杳傳〉，頁 715。

第二節　世家大族與譜牒

一、人際往來避家諱

六朝時的禮俗，士人相互往來，視犯家諱為大忌，《顏氏家訓》卷二〈風操〉就說：「今人避諱，更急於古」。因此像《晉書》卷三八〈文六王列傳・齊王攸傳〉記載：

> 攸以禮自拘，鮮有過事……加以至性過人，有觸其諱者，輒泫然流涕。雖武帝亦敬憚之，每引之同處，必擇言而後發。

所以在各種場合的談論中，一般而言會謹慎的「擇言而後發」，以避免冒犯他人家諱。就算是胡族也不例外，《北齊書》卷六〈孝昭紀〉就記載北齊孝昭帝：

> 聰敏過人，所與遊處，一知其家諱，終身未嘗誤犯。[12]

可以知道這是極為在意的事，不然何需「一知」後便「終身未嘗誤犯」？但是人際往來複雜，難以遍知對接交談之人的家諱，有些人便會事先詢問，以免誤觸犯禁。這個時候，被問者的回答也需要有相當高的技巧，否則豈不是要自道家諱，更為難堪？

---

[12] 其父高歡已然在意家諱遭犯，見《北齊書》，卷二四〈杜弼傳〉，頁347：「相府法曹辛子炎諮事，云需取署。子炎讀『署』為『樹』，高祖大怒，曰：『小人都不知避人家諱！』杖之於前。」

《南齊書》卷三三〈王僧虔傳〉就載：

> 王僧虔，琅邪臨沂人也。祖珣，晉司徒。伯父太保弘，宋元嘉世為宰輔。賓客疑所諱，弘曰：「身家諱與蘇子高同。」

賓客怕有所冒犯，故「疑」。而王弘則因其博學廣聞，故所答能舉蘇子高為例以免除自道家諱之困境。相反的，若賓客寡聞陋學，不知蘇子高何人也，仍有可能誤犯他人家諱而遭怨。如果家諱遭犯，輕則如上文所舉西晉齊王司馬攸「泫然流涕」，[13] 或「顛沛而走」，[14] 以示不敢聞。《南史》卷十九〈謝靈運傳附曾孫超宗傳〉記載：

> 鳳子超宗……選補新安王子鸞國常侍，王母殷淑儀卒，超宗作誄奏之，帝大嗟賞，謂謝莊曰：「超宗殊有鳳毛，靈運復出。」時右衛將軍劉道隆在御坐，出候超宗曰：「聞君有異物，可見乎？」超宗曰：「懸磬之室，復有異物邪？」道隆武人無識，正觸其父名，曰：「旦侍宴，至尊說君有鳳毛。」超宗徒跣還

---

[13] 《世說新語箋疏》，卷下〈任誕〉條 50，頁 762 也載：「桓南郡被召作太子洗馬，船泊荻渚。王大服散後已小醉，往看桓。桓為設酒，不能冷飲，頻語左右：『令溫酒來！』桓乃流涕嗚咽，王便欲去。桓以手巾掩淚，因謂王曰：『犯我家諱，何預卿事？』王歎曰：『靈寶故自達』」；《南史》，卷四九〈劉訏傳〉，頁 1227 記載：「訏幼稱純孝，數歲父母繼卒……自傷早孤，人有誤觸其諱者，未嘗不感結流涕。」

[14] 《顏氏家訓集解》，卷二〈風操〉，頁 61。

內。道隆謂檢覓鳳毛,至闇待不得,乃去。

劉道隆的無知令謝超宗難堪,不得不「徒跣」而逃,真可謂秀才遇到兵,有理說不清。強勢者則可能立即反擊,以捍衛個人及家族之尊嚴。如《世說新語》卷下〈排調〉2 條曾載:

> 晉文帝與二陳共車,過喚鍾會同載,即駛車委去。比出,已遠。既至,因嘲之曰:「與人期行,何以遲遲?望卿遙遙不至。」會答曰:「矯然懿實,何必同群?」帝復問會:「皋繇何如人?」答曰:「上不及堯、舜,下不逮周、孔,亦一時之懿士。」

劉孝標《注》中加以說明:

> 二陳,騫與泰也。會父名繇,故以「遙遙」戲之。騫父矯,宣帝(文帝司馬昭父)諱懿,泰父群、祖父寔,故以此酬之。

可見即使是上司府主,猶不能隱忍,[15]各以對方父名相往來較量。又如《南史》卷二二〈王慈傳〉說:

15　類似例子又可見《世說新語箋疏》,卷下〈排調〉3 條,頁 780-781:「鍾毓為黃門郎,有機警,在景王坐燕飲。時陳群子玄伯、武周子元夏同在坐,共嘲毓。景王曰:『皋繇何如人?』對曰:『古之懿士。』顧謂玄伯、元夏曰:『君子周而不比,群而不黨。』」

> 謝鳳子超宗嘗候僧虔，仍往東齋詣慈，慈正學書，未即放筆。超宗曰：「卿書何如虔公？」慈曰：「慈書比大人，如雞之比鳳。」超宗狼狽而退。

即使謝超宗可能不是有意犯王慈家諱，但仍遭其應聲而對，使自己落得不堪的下場。而《南齊書》卷四一〈張融傳〉所載：

> 虜中聞融名，上使融接北使李道固。就席，道固顧之而言曰：「張融是宋彭城長史張暢子不？」融嚬蹙久之，曰：「先君不幸，名達六夷。」

張融因父諱遭對方直接言稱，故「嚬蹙久之」，最後仍忍不住而予以反擊。可見本應以和為貴的外交場合中，尤其對方來者是客，但若家諱遭犯，一樣可能還以顏色。就李彪而言，不知是故意，或是無意間踩到這條紅線，而遭致辱及邦國的下場，情何以堪！甚至小兒亦能與人往來，如《世說新語》卷下〈排調〉33條：

> 庾園客詣孫監，值行，見齊莊在外，尚幼，而有神意。庾試之曰：「孫安國何在？」即答曰：「庾穉恭家。」庾大笑曰：「諸孫大盛，有兒如此！」又答曰：「未若諸庾之翼翼。」還，語人曰：「我故勝，得重喚奴父名。」

足見此風氣在當時應是相當普遍。這種將對方父、祖名諱，巧

妙編織於措辭中而不顯痕跡，尚不至於撕破臉。[16] 但也正因不願明講，所以常需當下引經據典作為寄託，則若非博學之人，如何能立即援用？有些則是公然挑釁，有意羞辱對方，如《世說新語》卷中〈方正〉18 條載：

> 盧志於眾坐問陸士衡：「陸遜、陸抗是君何物？」答曰：「如卿於盧毓、盧珽。」士龍失色，既出戶，謂兄曰：「何至如此？彼容不相知也！」士衡正色曰：「我父祖名播海內，寧有不知，鬼子敢爾！」[17]

盧志之言充滿不屑與挑釁之意味，不僅於「眾坐」此一公開場合中直呼陸機父、祖之名，且稱之為「何物」。故遭陸機當場反唇相對，也以對方父祖之名相應，絲毫不肯退讓。而《南史》卷二三〈王亮傳〉所載：

> 父攸字昌達……時有晉陵令沈巑之，性粗疏，好犯亮諱，亮不堪，遂啟代之。巑之怏怏，乃造坐云：「下官以犯諱被代，未知明府諱若為攸字，當作無骹

---

[16] 《世說新語箋疏》，卷上〈言語〉，84 條，頁 140-141：「孫綽賦〈遂初〉，築室畎川，自言見止足之分。齋前種一株松，恒自手壅治之。高世遠時亦鄰居，語孫曰：『松樹子非不楚楚可憐，但永無棟梁用耳！』孫曰：『楓柳雖合抱，亦何所施？』」根據余嘉錫《箋疏》，可知亦為家諱遭犯而以牙還牙的例子。

[17] 陸機稱盧志為「鬼子」，並非只是氣憤語，而是有其來歷。根據《世說新語箋疏》，卷中〈方正〉18 條，頁 299-300，劉孝標《注》引《孔氏志怪》所載，盧志先祖盧充曾有一段人鬼姻緣的傳說，故盧家後代子孫血統具有鬼的成分。

尊傍犬？為犬傍無骹尊？若是有心攸？無心攸？乞告
示。」亮不履下牀跣而走，巑之撫掌大笑而去。

更是遭下屬刻意犯諱，令自己相當不堪。《北史》卷九十〈藝術
列傳・徐之才傳〉也載：

> 雄子之才……聰辯強識，有兼人之敏……李諧於廣
> 坐因稱其父名曰：「卿嗜熊白生不？」之才曰：「平
> 平耳。」又曰：「卿此言於理平不？」諧遽出避之，
> 道逢其甥高德正。德正曰：「舅顏色何不悅？」諧告
> 之故，德正徑造坐席，連索熊白。之才謂坐者曰：
> 「箇人諱底？」眾莫之應。之才曰：「生不為人所
> 知，死不為人所諱，此何足問。」

李諧父名平，故徐之才一則曰「平平」，二又曰「理平」，藉此
報復之。而且徐之才就算不知高德正之家諱，也能藉由言語上
的技巧加以羞辱，使自己立於不敗之境地。

由以上引述諸例可知：不論是為了禮儀不犯人家諱，或是
遭人犯己家諱而需反擊時，都需對譜牒之學相當嫻熟，方能與
之往來。尤其在官場之中，以和為貴，若能熟諳此學，與人對
接上較不易得罪他人。像劉宋時王弘官居高位，職管中樞，常
需「日對千客」，但因好譜籍之書，故能於言談中「不犯一人之
諱」；[18] 蕭梁徐勉任吏部尚書時，因「參掌大選」，所以時常「坐

---

[18] 《南史》，卷五九〈王僧孺傳〉，頁 1462。

客充滿」，勉「既閑尺牘，兼善辭令，雖文案填積」，猶能「應對如流，手不停筆。又該綜百氏，皆為避諱」。[19] 而蕭齊竟陵王子良則是令「世傳譜學」的賈淵為其「撰《見客譜》」，[20] 以備不時之需。因此，劉宋晚期王儉編纂圖書目錄《七志》時，特別將「圖譜」獨立為一志，與經典、諸子、文翰、軍書、陰陽、術藝等六志並列，[21] 足見當時譜牒盛行之風氣與實際需求的景況。

二、士庶之別

另外，六朝時期，世家寒庶涇渭分明，所謂「世重高門，人輕寒族，競以姓望所出，邑里相矜」。[22] 為甄別士庶，故於譜牒之學甚為看重。[23]《史通》卷三〈書志〉就說：「逮乎晚葉，譜學尤煩。用之於官，可以品藻士庶；施之於國，可以甄別華夷」，故「譜牒之作，盛於中古」。《三國志》卷十一〈管寧傳〉裴《注》引《傅子》也說：

> 寧以衰亂之時，世多妄變氏族者，[24] 違聖人之制，非禮命姓之意，故著《氏姓論》以原本世系。

---

[19] 《梁書》，卷二五〈徐勉傳〉，頁378。
[20] 《南齊書》，卷五二〈文學列傳・賈淵傳〉，頁906-907。
[21] 見《隋書》，卷三二〈經籍志・序論〉，頁469-470。
[22] 《史通》，卷五〈邑里〉，頁144-145。相關論述，可參趙翼，《陔餘叢考》，卷十七〈六朝重氏族〉，頁302-305。
[23] 趙翼，《陔餘叢考》，卷十七〈譜學〉，頁306-307略有論及，請參看。
[24] 實際景況，請參呂思勉，《兩晉南北朝史》（上海：上海古籍出版社，2005年），第十七章〈晉南北朝社會組織〉，頁826-827。

此乃因魏晉南北朝時，士族享有任官及賦稅、徭役上的特權，官方系統為確認任官條件與賦役徵發能覈實進行，所以對譜牒更是要緊。[25] 任官部分，《梁書》卷一〈武帝本紀〉就載蕭齊末蕭衍上表說：

> 且夫譜牒訛誤，詐偽多緒，人物雅俗，莫肯留心。是以冒襲良家，即成冠族；妄修邊幅，便為雅士。負俗深累，遽遭寵擢；墓木已拱，方被徵榮。故前代選官，皆立選簿，應在貫魚，自有銓次。胄籍升降，行能臧否，或素定懷抱，或得之餘論，故得簡通賓客，無事掃門。頃代陵夷，九流乖失。其有勇退忘進，懷質抱真者，選部或以未經朝謁，難於進用。或有晦善藏聲，自埋衡蓽，又以名不素著，絕其階緒。必須畫刺投狀，然後彈冠，則是驅迫廉撝，獎成澆競。愚謂自今選曹宜精隱括，依舊立簿，使冠屨無爽，名實不違，庶人識崖涘，造請自息。

當時因譜牒訛誤，導致士庶之間的區別錯亂，連帶使得任官憑據混淆，因此蕭衍建請應加以仔細整頓，維持其準確性，方能使「冠屨無爽」，確保仕宦之途「名實不違」。北朝雖是胡人政

---

[25] 相關案例及論述，請參呂思勉，《兩晉南北朝史》，第十七章〈晉南北朝社會組織〉，頁837、第十八章〈晉南北朝社會等級〉，頁865、第二二章〈晉南北朝政治制度〉，頁1149；王仲犖，《魏晉南北朝史》（上海：上海人民出版社，1994年），第二章〈封建關係的加強〉，頁143-156；周一良，〈魏晉南北朝史學發展的特點〉，氏著《魏晉南北朝史論集》，頁398-400。

權,但一樣相當重視門第仕宦,《通典》卷一六〈選舉四・雜議論上・後魏〉記載北魏孝明帝時,清河王元懌以官人失序,上表時說:

> 孝文帝制:出身之人,本以門品高下有恒。若準資蔭,自公卿令僕之子,甲乙丙丁之族,上則散騎秘著,下逮御史長兼,皆條例昭然,文無虧沒。自此或身非三事之子,解褐公府正佐;地非甲乙之類,而得上宰行僚。自茲以降,亦多乖舛……此雖官人之失,相循已久,然推其彌漫,抑亦有由。何者?信一人之明,當九流之廣,必令該鑑氏族,辨照人倫,才識有限,固難審悉。所以州置中正之官,清定門冑,品藻高卑,四海畫一,專尸衡石,任實不輕。故自置中正以來,暨於太和之日,莫不高擬其人,妙盡茲選,皆須名位重於鄉國,才德允於具瞻,然後可以品裁州郡,綜覈人物。今之所置,多非其人。乞明為敕制,使官人選才,備依先旨,無令能否乖方,違才易務;并革選中正,一依前軌。庶清源有歸,流序允穆。

也認為應「該鑑氏族,辨照人倫」,「清定門冑,品藻高卑」,才能依據「門品高下」以定官銜。否則,將導致仕宦失類,「或身非三事之子,解褐公府正佐;地非甲乙之類,而得上宰行僚」的「乖舛」情形時常發生。至於賦役方面,《南齊書》卷三四〈虞玩之傳〉記載:

玩之遷驍騎將軍，黃門郎，領本部中正。上患民閒欺巧，及即位，敕玩之與驍騎將軍傅堅意檢定簿籍。建元二年，詔朝臣曰：「黃籍，民之大紀，國之治端。自頃氓俗巧偽，為日已久，至乃竊注爵位，盜易年月，增損三狀，貿襲万端。或戶存而文書已絕，或人在而反託死板，停私而云隸役，身強而稱六疾。編戶齊家，少不如此。皆政之巨蠹，教之深疵。比年雖卻籍改書，終無得實。若約之以刑，則民偽已遠；若綏之以德，則勝殘未易。卿諸賢竝深明治體，可各獻嘉謀，以振澆化。又臺坊訪募，此制不近，優刻素定，閑劇有常。宋元嘉以前，茲役恆滿，大明以後，樂補稍絕。或緣寇難頻起，軍陰易多，民庶從利，投坊者寡。然國經未變，朝紀恆存，相揆而言，隆替何速。此急病之洪源，暑景之切患，以何科算，革斯弊邪？」玩之上表曰：「……今戶口多少，不減元嘉，而板籍頓闕，弊亦有以。自孝建已來，入勳者眾，其中操干戈衛社稷者，三分殆無一焉。勳簿所領，而詐注辭籍，浮遊世要，非官長所拘錄，復為不少……又有改注籍狀，詐入仕流，昔為人役者，今反役人。……」上省玩之表，納之。

帝王本身既已意識到問題的嚴重性，因此下令要求「檢定簿籍」，杜絕百姓因緣巧偽，「改注籍狀」而淆亂士庶，導致國家賦役短缺。《通典》卷三〈食貨典・食貨三・鄉黨・梁〉也載：

梁武帝時……尚書令沈約上言曰：「晉咸和初，蘇峻作亂，版籍焚燒。此後起咸和三年以至乎宋，並皆詳實……而尚書上省庫籍，唯有宋元嘉中以來……晉代舊籍，並在下省左人曹，謂之晉籍……此籍精詳，實宜保惜，位高官卑，皆可依按。宋元嘉二十七年，始以七條徵發。既立此科，苟有迴避，姦偽互起，歲月滋廣，以至於齊……而簿籍於此大壞矣。凡粗有衣食者，莫不互相因依，競行姦貨，落除卑注，更書新籍，通官榮爵，隨意高下。以新換故，不過用一萬許錢，昨日卑微，今日仕伍……臣謂宋齊二代，士庶不分，雜役減闕，職由於此……不識胄胤，非謂衣冠，凡諸此流，罕知其祖……質諸文籍，姦事立露……臣又以為，巧偽既多，並稱人士，百役不及，高臥私門，致命公私闕乏，是事不舉。宜選史傳學士諳究流品者，為左人郎、左人尚書，專共校勘。所作卑姓雜譜，以晉籍及宋永初景平籍在下省者，對共讎校。若譜注通籍有卑雜，則條其巧謬，下在所科罰。」帝以是留意譜籍，詔御史中丞王僧孺改定百家譜。

此條記載可與《南史》卷五九〈王僧孺傳〉相互參看：

知撰譜事……詔僧孺改定百家譜。始晉太元中，員外散騎侍郎平陽賈弼篤好簿狀，乃廣集眾家，大搜群族，所撰十八州一百一十六郡，合七百一十二卷。凡諸大品，略無遺闕，藏在祕閣，副在左戶。及弼子太

> 宰參軍匪之、匪之子長水校尉深世傳其業。太保王
> 弘、領軍將軍劉湛並好其書……齊衛將軍王儉復加
> 去取，得繁省之衷。僧孺之撰，通范陽張等九族以代
> 雁門解等九姓。其東南諸族別為一部，不在百家之數
> 焉。

所以要「改定百家譜」，乃因長久以來，譜牒簿籍大壞，百姓為逃避賦役，或以賄賂有司「落除卑注，更書新籍」，造成「通官榮爵，隨意高下」，甚至「昨日卑微，今日仕伍」的荒唐情形。而這種情形行之有年，「巧偽既多，並稱人士」，都能藉此而使「百役不及，高臥私門」。士庶一旦不分，「雜役減闕」，將進一步導致「公私闕乏，是事不舉」。嚴重者，將使國不成國，難怪帝王權貴會緊張，屢次要求整頓。

可見官方為釐清士庶，以使任官能名實相符，賦役徵發確實執行，不因奸偽冒替而令國家利益遭受侵損，[26]所以歷朝對譜牒都相當看重。《新唐書》卷一百九十九〈儒學列傳‧柳沖傳〉就載唐時柳芳曾論：

> 魏氏立九品，置中正，尊世胄，卑寒士，權歸右姓
> 已。其州大中正、主簿，郡中正、功曹，皆取著姓
> 士族為之，以定門冑，品藻人物。晉、宋因之，始尚

---

[26] 如《南齊書》，卷五二〈文學列傳‧賈淵傳〉，頁907就記載：「建武初，淵遷長水校尉。荒傖人王泰寶買襲琅邪譜，尚書令王晏以啟高宗，淵坐被收，當極法。子棲長謝罪，稽顙流血，朝廷哀之，免淵罪。」可見官方對於譜牒相當看重，故若有偽冒者，罪至極刑。

> 姓已。然其別貴賤，分士庶，不可易也。于時有司選
> 舉，必稽譜籍，而考其真偽。故官有世冑，譜有世
> 官，賈氏、王氏譜學出焉。

而北「魏太和時，詔諸郡中正，各列本土姓族次第為舉選格，名曰方司格」。[27]凡此，均顯示譜牒版錄對任官、賦役徵發的重要性。

六朝仕宦既重門第，因此任選曹者亦當以熟悉譜牒之學為基本要求，如此方能勝任其職，不至因謬亂而銓敘失類。如劉湛好讀東晉時賈弼所撰的眾家族譜牒之書，後「為選曹，始撰百家以助銓序」。[28]《宋書》卷七一〈王僧綽傳〉則載：

> 王僧綽……元嘉二十六年，徙尚書吏部郎，參掌大
> 選。究識流品，諳悉人物，拔才舉能，咸得其分。

而蔡興宗任尚書吏部郎時，宋孝武帝特地跟他說：「卿詳練清濁，今以選事相付」；蕭梁時徐勉也因「該綜百氏」，故「居選官，彝倫有序」；陳高宗在位時，孔奐任吏部尚書，亦以「鑒識人物，詳練百氏，凡所甄拔，衣冠縉紳，莫不悅伏」。[29]又如《陳

---

[27] 歐陽修、宋祁，《新唐書》（北京：中華書局，2003年），卷一百九十九〈儒學列傳中・柳沖傳〉，頁5680。
[28] 《南史》，卷五九〈王僧孺傳〉，頁1461。
[29] 分見《宋書》，卷五七〈蔡廓傳附子興宗傳〉，頁1573-1574；《梁書》，卷二五〈徐勉傳〉，頁378；《陳書》，卷二一〈孔奐傳〉，頁286。又如《南史》，卷五九〈王僧孺傳〉，頁1461-1462，載其精通譜牒，也曾任「尚書吏部郎，參大選」，應與其學有關。

書》卷三十〈陸瓊傳〉載：

> 後主即位……遷吏部尚書，著作如故。瓊詳練譜諜，雅鑒人倫。先是，吏部尚書宗元饒卒，右僕射袁憲舉瓊，高宗未之用也。至是居之，號為稱職，後主甚委任焉。

陸瓊因「詳練譜諜，雅鑒人倫」，所以才能於膺任選官時「號為稱職」。《陳書》卷二七〈姚察傳〉也載：

> 遷吏部尚書，領著作竝如故。察既博極墳素，尤善人物，至於姓氏所起，枝葉所分，官職姻娶，興衰高下，舉而論之，無所遺失。且澄鑒之職，時人久以梓匠相許，及遷選部，雅允朝望。

先是，原任「吏部尚書蔡徵移中書令，後主方擇其人，尚書令江總等咸共薦察」，後主勅答就說：「姚察非唯學藝優博，亦是操行清脩，典選難才，今得之矣。」姚察上任後，憑其所學，也果然不負眾望與聖眷。北朝雖是胡人政權，但中原士大夫居官者眾，因此膺任選曹者同樣重視譜牒之學。《北齊書》卷四二〈陽休之傳〉就載：

> 尋除吏部尚書……休之多識故事，諳悉氏族，凡所選用，莫不才地俱允。

由以上記載可見：諸人均因熟悉譜牒的相關知識，當他們被派遣擔任人事官職時，都能以此為「助」，在銓敘人員時「彝倫有序」、「咸得其分」、「凡所選用，莫不才地俱允」。因所為「稱職」而「雅允朝望」，令眾皆「悅伏」。

反之，若不諳此學，則恐難勝任。《南齊書》卷四二〈王晏傳〉就載：

> 上（齊孝武帝）欲以高宗代晏領選，手敕問之。晏啟曰：「鸞清幹有餘，然不諳百氏，恐不可居此職。」上乃止。

《梁書》卷二一〈江蒨傳〉也載：

> 初，王泰出閤，高祖謂（徐）勉云：「江蒨資歷，應居選部。」勉對曰：「蒨有眼患，又不悉人物。」高祖乃止。

王晏、徐勉都是以帝王屬意之人選對譜牒之學不熟悉為由，而不贊成他們接任選官，均獲得認可與同意。而蕭齊高帝時，王儉上表請解選職，所持的表面理由即為：「臣亦不謂文案之閒都無微解，至於品裁臧否，特所未閑。雖存自勖，識不副意」。[30] 雖然「自過江來，尚書郎正用第二人」，非清望之官，故王坦之、

---

[30] 《南齊書》，卷二十三〈王儉傳〉，頁435。之所以說表面理由，因之後齊武帝朝，王儉一直擔任選職，或參掌選事，「士流選用，奏無不可」。若真對人物譜牒不熟悉，何以至此？

王國寶父子均斷然拒絕任此官。然唯吏部郎例外,「中興膏腴之族,惟作吏部,不為餘曹郎」。[31] 故齊梁之世謝覽任吏部尚書,史稱:「覽自祖至孫,三世居選部,當世以為榮」。[32] 所學如能博及譜牒,任斯曹時方可稱職不廢。

另外,當時相當看重史書寫作,[33] 而史書於個人傳記多需陳述其家世背景、傳承,故於譜系更是不得不熟諳。《世說新語》卷中〈賞譽〉139 條就曾載:

> 謝胡兒作著作郎,嘗作〈王堪傳〉,不諳堪是何似人,咨謝公。謝公答曰:「世冑亦被遇,堪,烈之子、阮千里姨兄弟、潘安仁中外,安仁詩所謂『子親伊姑,我父唯舅』、是許允壻。」

《北齊書》卷三七〈魏收傳〉也載:

> 尚書陸操嘗謂(楊)愔曰:「魏收《魏書》可謂博物宏才,有大功於魏室。」愔謂收曰:「此謂不刊之書,傳之萬古。但恨論及諸家枝葉親姻,過為繁碎,與舊史體例不同耳。」收曰:「往因中原喪亂,人士譜牒,遺逸略盡,是以具書其支流。望公觀過知仁,以免尤責。」

---

[31] 《晉書》,卷七五〈王湛傳附曾孫坦之傳〉,頁 1301、1305。
[32] 《梁書》,卷十五〈謝朏傳附弟子覽傳〉,頁 265。
[33] 有關六朝時期史書著作的情形,請詳本書第七章〈談論與著作〉。

故《史通》卷十二〈古今正史〉就說：魏收「大徵百家譜狀，斟酌以成《魏書》」。

三、譜牒撰寫與研讀

不論是社會文化或政治利益，譜牒既是如此重要，且又與士人息息相關，甚至在日常生活中也時常需運用。因此，六朝時期一般士人對此應亦多曾寓目，如《金樓子》卷二〈戒子〉所說：

> 凡讀書必以五經為本……五經之外，宜以正史為先。譜牒所以別貴賤、明是非，尤宜留意。或復中表親疏，或復通塞升降，百世衣冠，不可不悉。

蕭梁元帝也自稱：「吾年十三誦《百家譜》」，「略上口」。[34]《隋書》卷七八〈藝術列傳・盧太翼傳〉曾載：

> （煬）帝常從容言及天下氏族，謂太翼曰：「卿姓章仇，四岳之冑，與盧同源。」於是賜姓為盧氏。

可見隋煬帝應也對譜牒之學相當熟捻，方能「從容言」之。今雖限於相關材料過少，無法詳究實際景況，然此風氣之盛行，導致士人所習需博及此一領域，作為社交場合中的必備教養，

---

[34] 蕭繹，《金樓子》，卷六〈自序〉，頁 301。

應是不容見疑。³⁵ 而譜牒一般來說或由各家族所存，或見收於官方藏書。但因六朝時期戰亂頻仍，官方藏書屢遭兵火災厄，流散亡失，靡有孑遺，³⁶ 譜牒之書，自難獲免。民間雖多有收藏，但一方面散在各處，不易得見；另一方面，同樣因遭逢兵亂，佚損嚴重，如《晉書》卷五一〈摯虞傳〉就載：

> 虞少事皇甫謐，才學通博，著述不倦……虞以漢末喪亂，譜傳多亡失，雖其子孫不能言其先祖，撰《族姓昭穆》十卷，上疏進之，以為足以備物致用，廣多聞之益。以定品違法，為司徒所劾，詔原之。

而西晉末五胡亂華，中原之地備受兵燹荼毒，譜牒之書再次遭受嚴重打擊與毀損，如前文所引魏收之言。所以《隋書》卷三三〈經籍志二・史部・譜系類〉也曾記述：

> 而漢又有《帝王年譜》，後漢有《鄧氏官譜》。晉世，摯虞作《族姓昭穆記》十卷，齊、梁之間，其書轉廣。後魏遷洛……其中國士人，則第其門閥，有四

---

35 如《世說新語箋疏》，卷中〈賞譽〉152條，頁495：「張天錫世雄涼州，以力弱詣京師，雖遠方殊類，亦邊人之桀也。聞皇京多才，欽羨彌至。猶在渚住，司馬著作往詣之，言容鄙陋，無可觀聽。天錫心甚悔來，以遐外可以自固。王彌有儁才，美譽當時，聞而造焉。既至，天錫見其風神清令，言話如流，陳說古今，無不貫悉。又諳人物氏族，中表〔來〕皆有證據，天錫訝服」。
36 有關漢魏六朝官方藏書的大概情形，請見《隋書》，卷三二〈經籍志・序言〉，頁905-908。

海大姓、郡姓、州姓、縣姓。及周太祖入關，諸姓子孫有功者，並令為其宗長，仍撰譜錄，紀其所承⋯⋯其《鄧氏官譜》及《族姓昭穆記》，晉亂已亡，自餘亦多遺失。

但也因其重要，故雖然殘佚散落或紛見於各種記載之中，仍時見學者花費精力在這方面。除前舉摯虞、魏收等人外，又如《魏書》卷三九〈李寶傳附李神儁傳〉記載：

神儁風韻秀舉，博學多聞，朝廷舊章及人倫氏族，多所諳記。

《魏書》卷五七〈高諒傳〉：

諒字脩賢，少好學，多識強記⋯⋯造親表譜錄四十許卷，自五世已下，內外曲盡，覽者服其博記。

甚至像邢臧，「博學有藻思」，「撰古來文章，并敘作者氏族，號曰《文譜》」。[37]《北齊書》卷二十〈宋顯傳附從祖弟繪傳〉則說：

顯從祖弟繪，少勤學，多所博覽，好撰述⋯⋯撰《中朝多士傳》十卷、《姓系譜錄》五十篇。以諸家年歷不同，多有紕繆，乃刊正異同，撰《年譜錄》，未成，河清五年並遭水漂失。

---

[37] 《魏書》，卷八五〈文苑列傳・邢臧傳〉，頁 1871-1872。

《北齊書》卷四四〈儒林列傳・刁柔傳〉又說：

> 柔少好學，綜習經史，尤留心禮儀。性強記，至於氏族內外，多所諳悉。

《梁書》卷二六〈傅昭傳〉：

> 以書記為樂，雖老不衰。博極古今，尤善人物，魏晉以來，官宦簿伐，姻通內外，舉而論之，無所遺失。

《梁書》卷三三〈王僧孺傳〉：

> 僧孺好墳籍，聚書至萬餘卷，率多異本，與沈約、任昉家書相埒。少篤志精力，於書無所不觀……集《十八州譜》七百一十卷、《百家譜集》十五卷、《東南譜集抄》十卷。

《隋書》卷七六〈文學列傳・劉善經傳〉：

> 河間劉善經，博物洽聞，尤善詞筆。歷仕著作佐郎、太子舍人。著《酬德傳》三十卷、《諸劉譜》三十卷、《四聲指歸》一卷，行於世。

世傳其學者，或因緣而有機會得階聖眷，《南齊書》卷五二〈文學列傳・賈淵傳〉就載：

> 世傳譜學，孝武世，青州人發古塚，銘云：「青州世子，東海女郎」。帝問學士鮑照、徐爰、蘇寶生，竝不能悉。淵對曰：「此是司馬越女，嫁苟晞兒。」檢訪果然，由是見遇，敕淵注《郭子》。

凡此，均可見譜牒之學於六朝時因其實際需求而盛行之景況。[38] 而由上舉諸人的情形來看，若欲熟諳此學，論述各家譜系，甚至纂錄成書，皆有一共通的特點：博學。此所以史傳中屢稱其人「多識」「博記」，「綜習」「博覽」，甚至「博極古今」「墳素」，「於書無所不覩」。如此，方克為之。

---

[38] 有關六朝時期譜牒著作的數量以及相關情形，請參周一良，〈魏晉南北朝史學發展的特點〉，頁 395-400；吳強華，《家譜》（重慶：重慶出版社，2006 年），頁 19-25 亦有論及，然僅作概括性述說，未能舉證詳論，煩請自行參看。

第七章　談論與著作

　　六朝時文人士大夫所學宗尚廣博,不以經書相關書籍為滿足,其中原因複雜多方,除了上文所論之外,本章繼續針對兩個較顯明的部分進行探索。其一是談論部分,包括談玄、論難及博學釋疑;其二是著作部分,以文學作品與史書的寫作為主。所以選擇此二項,乃因六朝史書中對人物進行評論時,常見以「博學,善屬文」、「博學,善談論」為讚揚之辭,足見時人認為要能「善」於「屬文」、「談論」,「博學」乃不可或缺之要素。而為文、談論乃六朝文人士大夫最為看重與活絡的兩項活動,有此動力,便會導致他們對博學的需求之殷切。希望藉此能對當時治學崇尚博通的風氣及其因由,有更進一步的瞭解。[1]

---

[1] 有關南朝時期文學、思想層面的的博學風氣現象,胡寶國〈知識至上的南朝學風〉,《文史》第 89 輯(2009 年 11 月),頁 157-165 有相關論述;另外,陳橋生,《劉宋詩歌研究》(北京:中華書局,2007 年),第四章〈以博學相尚的元嘉詩風〉,頁 143,曾論及「博學風尚的形成」,然多僅條列史書所載時人好學的記載,未有進一步的探索。並煩請自行參看。

第一節　談玄、論難與博學釋疑

一、談玄與論難

兩漢時期，知識份子在各種場合聚會論難，內容絕大部分屬於經史傳記。[2]但自漢魏之際以來，清談玄言盛起，士大夫轉以談玄為高，這種風氣的形成，田餘慶曾從政治社會利益的層面進行說明：

> 魏晉以來，玄學逐漸取代了儒學的統治地位……西晉朝野玄風吹扇，玄學壓倒了儒學而成為意識型態的勝利者……兩晉時期，儒學家族如果不入玄風，就產生不了為世所知的名士，從而也不能繼續維持其尊顯的士族地位。東晉執政的門閥士族，其家庭在什麼時候、以何人為代表、在多大程度上由儒入玄，史籍都斑斑可考。[3]

錢穆先生也根據王僧虔〈誡子書〉而說：「可見當時清談，正成為門第中人一種品格標記。若在交際場中不擅此項才藝，便成失禮，是一種丟面子事」。[4]二人均以談玄乃世家大族子弟不可或

---

[2] 兩漢儒家思想盛行時期，士人在各領域多以經書為行為依據，相關論述，請參羅宗強，《玄學與魏晉士人心態》（天津：南開大學出版社，2003年），第一章〈玄學產生前夕的士人心態〉，頁19-24。

[3] 田餘慶，《東晉門閥政治》，〈後論・門閥士族的文化面貌〉，頁355-356。

[4] 錢穆，《中國學術思想史論叢（三）》，十二〈略論魏晉南北朝學術文化與當時門第之關係〉，頁190-191。有關清談玄言盛行的相關論述，又可參盧盛江，《魏晉玄學與中國文學》（北京：百花洲文藝出版社，2002

缺的一項技能修養,甚至是揚名士流的必要途徑。干寶〈晉紀總論〉中已對這種現象提出批評:

> 劉頌屢言治道,傅咸每糾邪正,皆謂之俗吏;其倚杖虛曠,依阿無心者,皆名重海內。[5]

然而干寶所非議者正是當時潮流風尚之所在,因此《文選》卷三八〈表〉所錄任昉〈為蕭揚州薦士表〉中就說:

> 勢門上品,猶當格以清談;英俊下僚,不可限以位貌。

以清談作為上品世族高門的標記,導致六朝時期談玄風氣盛行。《顏氏家訓》卷八〈勉學〉記載:

> 何晏、王弼,祖述玄宗,遞相誇尚,景附草靡⋯⋯取其清談雅論,剖玄析微,賓主往復,娛心悅耳⋯⋯洎於梁世,茲風復闡,《莊》、《老》、《周易》,總謂三玄。武皇、簡文,躬自講論。周弘正奉贊大猷,化行都邑,學徒千餘,實為盛美。元帝在江、荊間,復所愛習,召置學生,親為教授,廢寢忘食,以夜繼朝。至乃倦劇愁憤,輒以講自釋。吾時頗預末筵,親承音旨,性既頑魯,亦所不好云。

　　年),第一章〈魏晉玄學的形成及其特質和意義〉,頁 32-40。
[5]　《文選》,卷四九〈史論〉,頁 705-706。

顏之推雖與干寶一樣，對此風尚抱持否定的態度，但由其所描述中，可見當時玄風流行之景況。就如《世說新語》卷上〈文學〉6條所載：

> 何晏為吏部尚書，有位望，時談客盈座。

劉孝標《注》引《文章敘錄》則說：

> 晏能清言，而當時權勢，天下談士，多宗尚之。

由這些貴戚權勢，甚至是帝王至尊引領而行，豈能不蔚為風尚，披靡天下！

而在彼此交鋒過程中，常需引喻宏富，證成己說，以期折服對手。如《晉書》卷三五〈裴頠傳〉：

> 頠……博學稽古，自少知名。御史中丞周弼見而嘆曰：「頠若武庫，五兵縱橫，一時之傑也。」……頠通博多聞……樂廣嘗與頠清言，欲以理服之，而頠辭論豐博，廣笑而不言。時人謂頠為言談之林藪。

裴頠與樂廣清談之所以能不落下風，乃因本身「通博多聞」，胸中所藏如「言談之林藪」，以致「辭論豐博」，取之不盡，跳脫「理」論的拘限。又如《世說新語》卷上〈言語〉23條：

> 諸名士共至洛水戲。還，樂令問王夷甫曰：「今日戲

樂乎?」王曰:「裴僕射善談名理,混混有雅致;張茂先論《史》、《漢》,靡靡可聽;我與王安豐說延陵、子房,亦超超玄箸。」

諸名士所談內容包括名理、史傳,甚至養生等,[6] 若無廣泛涉獵,如何能參與其中而無所隔。因為這種清談論難常帶有遊戲競藝的性質,[7] 宛同戰陣交鋒,《世說新語》卷上〈言語〉79條就載:

> 謝胡兒語庾道季:「諸人莫當就卿談,可堅城壘。」庾曰:「若文度來,我以偏師待之;康伯來,濟河焚舟。」[8]

《隋書》卷七五〈儒林列傳・辛彥之傳〉也曾載:

> 辛彥之……博涉經史……吳興沈重名為碩學,高祖嘗令彥之與重論議。重不能抗,於是避席而謝曰:「辛君所謂金城湯池,無可攻之勢。」高祖大悅。

所以裴楷胸中所學被譽為如「五兵縱橫」之「武庫」。是則,若

---

6 《世說新語箋疏》,卷上〈文學〉條21,頁211:「舊云:王丞相過江左,止道『聲無哀樂』、『養生』、『言盡意』三理而已。然宛轉關生,無所不入」。可見「養生」確實為談玄主要議題之一。

7 朱曉海先生,〈魏晉時期文學自覺說的省思〉,頁28-29。

8 又如《世說新語箋疏》,卷上〈文學〉條26,頁217也載:「劉真長與殷淵源談,劉理如小屈,殷曰:『惡,卿不欲作將善雲梯仰攻。』」類似情形,又見於條34,頁222、條51,頁234。

「全忘修學」而「無學術」，以致學養不足，臨陣之時，僅能「蒙然張口，如坐雲霧」；或「塞默低頭，欠伸而已」，自然無法與人抗衡，豈不「長受一生愧辱」！[9]《世說新語》卷上〈文學〉22條就曾載：

> 殷中軍為庾公長史，下都，王丞相為之集。桓公、王長史、王藍田、謝鎮西竝在，丞相自起解帳帶麈尾，語殷曰：「身今日當與君共談析理。」既共清言，遂達三更。丞相與殷共相往反，其餘諸賢，略無所關。既彼我相盡，丞相乃歎曰：「向來語，乃竟未知理源所歸，至於辭喻不相負。正始之音，正當爾耳！」明旦，桓宣武語人曰：「昨夜聽殷、王清言甚佳，仁祖亦不寂寞，我亦時復造心。顧看兩王掾，輒翣如生母狗馨。」

可見，在這種名流社交場合中，就算未能親自下場較藝，至少也要能「時復造心」，方能融入其間而「不寂寞」。否則，就像阮裕所感嘆：「非但能言人不可得，正索解人亦不可得。」[10]如北齊許惇，雖「清識敏速，達於從政」，「久處朝行，歷官清顯」。但因「不解劇談，又無學術」，以致於與同朝僚友「邢卲、魏收、陽休之、崔劼、徐之才之徒比肩同列」時，「諸人或談說經史，或吟詠詩賦，更相嘲戲，欣笑滿堂」，許惇卻完全插不上

---

[9] 《顏氏家訓集解》，卷三〈勉學〉，頁143。
[10] 《世說新語箋疏》，卷上〈文學〉，條24，頁216。

話,只能「或竟坐杜口,或隱几而睡,深為勝流所輕」。[11] 若如《南齊書》卷四一〈周顒傳〉所載:

> (周)顒音辭辯麗,出言不窮。宮商朱紫,發口成句,汎涉百家⋯⋯每賓友會同,顒虛席晤語,辭韻如流,聽者忘倦。兼善《老》、《易》,與張融相遇,輒以玄言相滯,彌日不解。

則是博學能言,得以與名流「相遇」往來而不落下風。甚至獨領風騷,如徐摛,「幼而好學,及長,遍覽經史」,於「百家雜說」及「釋教」亦相當嫻熟。所以當「梁簡文在東宮」時,「嘗置宴集玄儒之士,先命道學互相質難,次令中庶子徐摛馳騁大義,間以劇談。摛辭辯縱橫,難以答抗」。《北齊書》卷二三〈崔㥄傳〉也載:

> 趙郡李渾嘗讌聚名輩,詩酒正諠譁,㥄後到,一坐無復談話者。鄭伯猷歎曰:「身長八尺,面如刻畫,謦欬為洪鍾響,胸中貯千卷書,使人那得不畏服!」

因博學而使眾「名輩」「畏服」不敢「復談話」。有時則是家族之間的較量爭勝,《宋書》卷五八〈王惠傳〉就曾載:

> 王惠字令明,琅邪臨沂人,太保弘從祖弟也。祖劭,

---

[11] 《北齊書》,卷四三〈許惇傳〉,頁 574-575。

> 車騎將軍。父默，左光祿大夫。惠幼而夷簡，為叔父司徒謐所知。恬靜不交遊，未嘗有雜事。陳郡謝瞻才辯有風氣，嘗與兄弟羣從造惠，談論鋒起，文史間發，惠時相酬應，言清理遠，瞻等慚而退。高祖聞其名，以問其從兄誕，誕曰：「惠後來秀令，鄙宗之美也。」

謝瞻仗著有本身有才辯，帶著兄弟群從往王家踢館，彼此談論的內容廣及文史，卻不幸於往來中不及對方，只好「慚」愧敗「退」，鎩羽而歸。以致當至尊問起時，王惠從兄王誕自豪的說：此秀「鄙宗之美也」，得意之情躍然語中。王、謝乃當時第一等之高門大族，故子弟得失非僅於自身，而是關乎家族顏面。

由上文所述諸人，均可見：若能博學多聞，必然有助於參與此類談論的活動。否則，直如豬豚爾，唯「儴氣」而語「失次序」，[12] 或茫然不知所云，難免遭人譏笑。而且，像《後漢書》卷四九〈王充傳〉章懷《注》引袁山松《後漢書》曾載一案例：

> 充所作《論衡》，中土未有傳者，蔡邕入吳始得之，恆秘玩以為談助。其後王朗為會稽太守，又得其書，及還許下，時人稱其才進。或曰：「不見異人，當得異書。」問之，果以《論衡》之益，由是遂見傳焉。

蔡邕、王朗都因能見他人所未見之「異書」，「以為談助」，得蒙

---

[12] 分見《梁書》，卷三十〈徐摛傳〉，頁 446-447、《陳書》，卷三三〈儒林列傳・戚袞傳〉，頁 440。

「才進」之譽。

在其他場合裏,論難辯議也是常見,《梁書》卷四十〈劉之遴傳〉就載:

> 之遴篤學明審,博覽群籍。時劉顯、韋稜並強記,之遴每與討論,咸不能過也。

《梁書》卷三七〈謝舉傳〉也載:

> 舉少博涉多通,尤長玄理及釋氏義。為晉陵郡時,常與義僧遞講經論,徵士何胤自虎丘山赴之,其盛如此。先是,北渡人盧廣有儒術,為國子博士,於學發講,僕射徐勉以下畢至。舉造坐,屢折廣,辭理通邁,廣深歎服,仍以所執麈尾薦之,以況重席焉。[13]

北魏裴宣「通辯博物」,「高祖曾集沙門講佛經,因命宣論難,甚有理詣,高祖稱善」。[14]《周書》卷四五〈儒林列傳・沈重傳〉則說:

---

[13] 所謂「重席」,典出東漢光武帝時戴憑之事,詳見本章注22。又如《梁書》,卷三十〈裴子野傳〉,頁443:「子野與沛國劉顯、南陽劉之遴、陳郡殷芸、陳留阮孝緒、吳郡顧協、京兆韋稜,皆博極群書,深相賞好,顯尤推重之。時吳平侯蕭勱、范陽張纘,每討論墳籍,咸折中於子野焉。」「折中」,非如今日意謂妥協。折,斷也;中,正也,以正為斷,即以正作為決斷的根據,絲毫無妥協商量的餘地。此謂討論時,均以裴子野的意見作為裁斷之依據。

[14] 《魏書》,卷四五〈裴駿傳附子宣傳〉,頁1023。

> 沈重……博覽群書，尤明《詩》、《禮》及《左氏春秋》……天和中，復於紫極殿講三教義，朝士、儒生、桑門、道士至者二千餘人。重辭義優洽，樞機明辯，凡所解釋，咸為諸儒所推……重學業該博，為當世儒宗。至於陰陽圖緯，道經釋典，靡不畢綜。

以上諸例均顯示：要能於論難時不落下地，博覽、博涉、博物，或說博學，是不可或缺的基本要素。

正因當時不論是談玄或論難，都需博學多聞方能與他人往來而不屈，[15] 故而《南齊書》卷三三〈王僧虔傳〉載王僧虔於〈戒子書〉中告誡其子時才會殷殷叮嚀：

> 知汝恨吾不許汝學，欲自悔厲。或以闔棺自歎，或更擇美業，且得有慨，亦慰窮生。但亟聞斯唱，未覩其實。請從先師聽言觀行，冀此不復虛身。吾未信汝，非徒然也。往年有意於史，取《三國志》聚置床頭。百日許，復徙業就玄，自當小差於史，猶未近彷彿。曼倩有云：「談何容易。」見諸玄，志為之逸，腸為之抽，專一書，轉誦數十家注，自少至老，手不釋卷，尚未敢輕言。汝開《老子》卷頭五尺許，未知輔嗣何所道，平叔何所說；馬、鄭何所異，《指例》何所明。而便盛於麈尾，自呼談士，此最險事。設令袁令命汝言《易》，謝中書挑汝言《莊》，張吳興叩

---

[15] 何啟民，〈漢晉變局中的中原士風〉，氏著《中古門第論集》（台北：學生書局，1978 年），頁 14-20。

> 汝言《老》,端可復言未嘗看邪?談故如射,前人得
> 破,後人應解,不解即輸賭矣。且論注百氏、荊州八
> 袠,又才性四本、聲無哀樂,皆言家口實。如客至之
> 有設也,汝皆未經拂耳瞥目,豈有庖廚不脩,而欲延
> 大賓者哉?就如張衡思侔造化,郭象言類懸河,不自
> 勞苦,何由至此?汝曾未窺其題目,未辨其指歸,
> 六十四卦,未知何名;《莊子》眾篇,何者內外;八
> 袠所載,凡有幾家;四本之稱,以何為長。而終日欺
> 人,人亦不受汝欺也。

真所謂:「不學」,「無以言」。[16]且所學不應拘限於某個領域或範圍,因為與他人談論時豈可定限?是則,非廣博學問無以與人論談也。所以像東晉時車胤「博學多通」,能「辯識義理」而「善於賞會」,遂「知名於世」,以致「當時每有盛坐而胤不在」時,皆云:「無車公不樂。」因此當「謝安游集之日,輒開筵待之」。[17]

而且,善談論者,也可能為自己的仕宦之途有所助益。《世

---

[16] 程樹德,《論語集釋》(北京:中華書局,1997年),卷三三〈季氏〉,頁1168。事實上,更早在劉宋時期,顏延之已有類似說法,見《宋書》,卷七三〈顏延之傳〉,頁1895載其〈庭誥〉之文:「凡有知能,預有文論,若不練之庶士,校之羣言,通才所歸,前流所與,焉得以成名乎。若呻吟於牆室之內,喧嚣於黨輩之間,竊議以迷寡聞,妲語以敵要說,是短算所出,而非長見所上。適值尊朋臨座,稠覽博論,而言不入於高聽,人見棄於眾視,則慌若迷塗失偶,壓如深夜撤燭,銜聲茹氣,腆默而歸,豈識向之夸慢,祇足以成今之沮喪邪。此固少壯之廢,爾其戒之」。

[17] 《晉書》,卷八三〈車胤傳〉,頁1434。

說新語》卷上〈文學〉53 條記載：

> 張憑舉孝廉出都，負其才氣，謂必參時彥。欲詣劉尹，鄉裏及同舉者共笑之。張遂詣劉。劉洗濯料事，處之下坐，唯通寒暑，神意不接。張欲自發無端。頃之，長史諸賢來清言。客主有不通處，張乃遙於末坐判之，言約旨遠，足暢彼我之懷，一坐皆驚。真長延之上坐，清言彌日，因留宿至曉。張退，劉曰：「卿且去，正當取卿共詣撫軍。」張還船，同侶問何處宿？張笑而不答。須臾，真長遣傳教覓張孝廉船，同侶惋愕，即同載詣撫軍。至門，劉前進謂撫軍曰：「下官今日為公得一太常博士妙選！」既前，撫軍與之話言，咨嗟稱善，曰：「張憑勃窣為理窟。」即用為太常博士。

至於最耳熟能詳的，則莫過於阮修「三語掾」之典了。[18]

二、博學釋疑

或者，當遇到某些奇特事物、記載，一般人無所知時，博學、博物而廣識之人，往往能藉此顯其才識。《後漢書》卷三六〈賈逵傳〉就載漢明帝時：

---

[18] 《世說新語箋疏》，卷上〈文學〉條 18，頁 207。有關這一部份，請參王瑤，〈玄學與清談〉，氏著《中古文學史論》（北京：北京大學出版社，1998 年），頁 47。

> 有神雀集宮殿官府,冠羽有五采色。帝異之,以問臨邑侯劉復,復不能對,薦逵博物多識,帝乃召見逵問之。對曰:「昔武王終父之業,鸑鷟在岐;宣帝威懷戎狄,神雀仍集,此胡降之徵也。」帝敕蘭臺給筆札,使作〈神雀頌〉,拜為郎,與班固並校祕書,應對左右。

賈逵因「博物多識」能答他人所「不能對」者,而得「拜為郎」,「應對左右」。又如《酉陽雜俎》卷十一〈廣知〉450條:

> 胡綜博物,孫權時掘得銅匣,長二尺七寸,以琉璃為蓋。又一白玉如意,所執處皆刻龍、虎及蟬形,莫能識其由。使人問綜,綜曰:「昔秦皇以金陵有天子氣,平諸山阜,處處輒埋寶物以當王氣,此蓋是乎?」

胡綜所言雖可能有諛頌之意,但因「博物」而「能識其由」,對此事提出有根據的說明,則不容置疑。正如孔融上書薦謝該時所說:「若乃巨骨出吳,隼集陳庭,黃能入寢,亥有二首,非夫洽聞者,莫識其端也」。[19]後世其風未替,《晉書》卷五一〈束晳

---

19 《後漢書》,卷七九下〈儒林列傳・謝該傳〉,頁923。這種因博物多識而獲見賞的情形,從春秋時已見其例。《春秋左傳正義》,卷四一〈昭公元年〉傳文,頁1158-1164:「晉侯有疾,鄭伯使公孫僑如晉聘,且問疾。叔向問焉,曰:『寡君之疾病,卜人曰實沈、臺駘為祟。史莫之知,敢問此何神也?』子產曰:『昔高辛氏有二子,伯曰閼伯,季曰實沈……實沈,參神也。昔金天氏有裔子曰昧,為玄冥師。生允格、臺駘,臺駘能業其官……則臺駘,汾神也。抑此二者,不及君身……。』叔向曰:『善哉!肸未之聞也……。』晉侯聞子產之言,曰:

傳〉就載：

> 晢博學多聞……時有人於嵩高山下得竹簡一枚，上兩行科斗書，傳以相示，莫有知者。司空張華以問晢，晢曰：「此漢明帝顯節陵中策文也。」檢驗果然，時人伏其博識……武帝嘗問摯虞三日曲水之義，虞對曰：「漢章帝時，平原徐肇以三月初生三女，至三日俱亡，邨人以為怪，乃招攜之水濱洗祓，遂因水以汎觴，其義起此。」帝曰：「必如所談，便非好事？」晢進曰：「虞小生，不足以知，臣請言之。昔周公成洛邑，因流水以汎酒，故逸《詩》云：『羽觴隨波。』又秦昭王以三日置酒河曲，見金人奉水心之劍曰：『令君制有西夏，乃霸諸侯。』因此立為曲水。二漢相緣，皆為盛集。」帝大悅，賜晢金五十斤。[20]

『博物君子也。』重賄之。」又如孔子雖不語怪力亂神，但他本身在當時就以博學多識、能知奇物怪事而聞名，如《史記會注考證》，卷四七〈孔子世家〉，頁747曾載魯季桓子穿井得土缶，中若羊，問仲尼，孔子答曰：「木石之怪夔、罔閬，水之怪龍、罔象，土之怪墳羊」；吳伐越，得骨節專車，吳使使問仲尼。孔子回答此乃大禹時所戮之防風氏，並解釋防風氏的相關訊息；頁752又載孔子回答陳湣公問肅慎之矢事。西漢時則以東方朔最為人知，請參謝明勳，〈六朝志怪小說之「博識人物」試論〉，氏著《六朝小說本事考索》(台北：里仁書局，2003年)，頁6-10。

[20] 又如《後漢書・志》・卷四〈禮儀志上・高禖〉，頁1127，章懷《注》曰：「晉元康中，高禖壇上石破，詔問出何經典，朝士莫知。博士束晢答曰：『漢武帝晚得太子，始為立高禖之祠。高禖者，人之先也，故立石為主，祀以太牢。』」

束皙以博聞多識能解晉武帝之惑而獲賞,甚至因此譏斥摯虞寡學薄知,較勁之心顯露無遺。北朝亦見類似案例,《魏書》卷一百四〈自序〉載:

> 帝宴百僚,問何故名人日,皆莫能知。收對曰:「晉議郎董勛《答問》稱俗云:正月一日為雞,二日為狗,三日為豬,四日為羊,五日為牛,六日為馬,七日為人。」時邢邵亦在側,甚惡焉。

魏收能回答百僚皆莫能知的問題,並且令同為三才子的邢邵愧惡。均可見:博聞多識確實能使自身在某些場合中得以展現才學而不受辱。至於像《梁書》卷五十〈文學列傳‧劉杳傳〉記載:

> 杳少好學,博綜群書,沈約、任昉以下,每有遺忘,皆訪問焉。嘗於約坐……約又云:「何承天纂文奇博,其書載張仲師及長頸王事,此何出?」杳曰:「仲師長尺二寸,唯出《論衡》。長頸是毗騫王,朱建安《扶南以南記》云:『古來至今不死』。」約即取二書尋檢,一如杳言……又在任昉坐,有人餉昉檟酒而作榹字。昉問杳:「此字是不?」杳對曰:「葛洪《字苑》作木旁查。」昉又曰:「酒有千日醉,當是虛言。」杳云:「桂陽程鄉有千里酒,飲之至家而醉,亦其例也。」昉大驚曰:「吾自當遺忘,實不憶此。」杳云:「出楊元鳳所撰《置郡事》,元鳳是魏

代人，此書仍載其賦，云三重五品，商溪撩里。」時即檢楊記，言皆不差。王僧孺被敕撰譜，訪杳血脉所因。杳云：「桓譚《新論》云：『太史〈三代世表〉，旁行邪上，並效周譜。』以此而推，當起周代。」僧孺歎曰：「可謂得所未聞。」周捨又問杳：「尚書官著紫荷橐，相傳云『契囊』，竟何所出？」杳答曰：「〈張安世傳〉曰：『持橐簪筆，事孝武皇帝數十年』。韋昭、張晏注並云：『橐，囊也。近臣簪筆，以待顧問』。」范岫撰《字書音訓》，又訪杳焉。其博識強記，皆此類也……詹事徐勉舉杳及顧協等五人入華林撰《徧略》。

劉杳隨口所引遍及子書、地方志、史書、字書，正因所學廣博，故能知人「所未聞」，或「遺忘」「不憶」之事，後更以此而得獲選入撰類書《華林徧略》。又如《魏書》卷五七〈高祐傳〉記載：

祐博涉書史，好文字雜說……高宗末，兗州東郡吏獲一異獸，獻之京師，時人咸無識者。詔以問祐，祐曰：「此是三吳所出，厥名鯪鯉，餘域率無。今我獲之，吳楚之地，其有歸國者乎？」又有人於零丘得玉印一以獻，詔以示祐，祐曰：「印上有籀書二字，文曰『宋壽』。壽者，命也，我獲其命，亦是歸我之徵。」顯祖初，劉義隆子義陽王昶來奔，薛安都等以五州降附，時謂祐言有驗。

甚至以博物識奇而作預言得驗。而蕭齊時王摛,「亦史學博聞」,「永明中,天忽黃色照地,眾莫能解。摛云是榮光,世祖大悅,用為永陽郡」。[21] 以及《周書》卷二三〈蘇綽傳〉也曾載:

> 屬太祖與公卿往昆明池觀漁,行至城西漢故倉地,顧問左右,莫有知者。或曰:「蘇綽博物多通,請問之。」太祖乃召綽,具以狀對。太祖大悅,因問天地造化之始,歷代興亡之迹。綽既有口辯,應對如流。太祖益喜,乃與綽並馬徐行至池,竟不設網罟而還。遂留綽至夜,問以治道,太祖臥而聽之。綽於是指陳帝王之道,兼述申、韓之要。太祖乃起,整衣危坐,不覺膝之前席,語遂達曙不厭。詰朝,謂周惠達曰:「蘇綽真奇士也,吾方任之以政。」即拜大行臺左丞,參典機密,自是寵遇日隆。

更是因博物多通,因緣得解人主之惑而受青睞,仕途日隆。或如《梁書》卷三十〈裴子野傳〉所載:

> 是時西北徼外有白題及滑國,遣使由岷山道入貢。此二國歷代弗賓,莫知所出。子野曰:「漢潁陰侯斬胡白題將一人,服虔注云:『白題,胡名也。』又漢定遠侯擊虜,八滑從之,此其後乎?」時人服其博識。敕仍使撰方國使圖,廣述懷來之盛,自要服至于海表,凡二十國。

---

[21] 《南齊書》,卷三九〈陸澄傳附王摛傳〉,頁 686。

則以博識見賞而受敕撰圖書。

但根據《晉書》卷四九〈阮裕傳〉所載：

> 裕雖不博學，論難甚精。嘗問謝萬云：「未見四本論，君試為言之。」萬敘說既畢，裕以傅嘏為長，於是構辭數百言，精義入微，聞者皆嗟味之。裕嘗以人不須廣學，正應以禮讓為先，故終日靜默，無所修綜，而物自宗焉。

似乎談玄論難與博學無關。但由史書稱「雖」，可知此乃視阮裕為特例，則就一般而言，談玄、論難要精，博學是必要的。《世說新語》卷上〈文學〉39條劉孝標《注》引《中興書》就說：

> （謝）朗博涉有逸才，善言玄理。

《隋書》卷七五〈儒林列傳・劉焯傳〉也載：

> 劉焯……與左僕射楊素、吏部尚書牛弘、國子祭酒蘇威、國子祭酒元善、博士蕭該、何妥、太學博士房暉遠、崔崇德、晉王文學崔賾等於國子共論古今滯義，前賢所不通者。每升座，論難鋒起，皆不能屈，楊素等莫不服其精博。

三、隸事、策經史

六朝時期受此博學多聞的風氣影響，導致時人在某些場合中甚至直接較量競勝，所據全憑個人聞見記憶，無絲毫取巧處。或於古書中考校事物典故，謂之隸事，《南史》卷四九〈王諶傳〉記載：

> 諶從叔摛，以博學見知。尚書令王儉嘗集才學之士總校虛實，類物隸之，謂之隸事，自此始也。儉嘗使賓客隸事，多者賞之，事皆窮，唯廬江何憲為勝，乃賞以五花簟、白團扇。坐簟執扇，容氣甚自得。摛後至，儉以所隸示之，曰：「卿能奪之乎？」摛操筆便成，文章既奧，辭亦華美，舉坐擊賞。摛乃命左右抽憲簟，手自掣取扇，登車而去。儉笑曰：「所謂大力者負之而趨。」竟陵王子良校試諸學士，唯摛問無不對。[22]

《南齊書》卷三九〈陸澄傳〉也記載類似情事：

> （王）儉自以博聞多識，讀書過澄。澄曰：「僕年少來無事，唯以讀書為業。且年已倍令君，令君少便鞅掌王務，雖復一覽便諳，然見卷軸未必多僕。」儉集

---

[22] 這種學問上的競賽遊戲，自東漢時已見，唯彼時以經書為事，見《後漢書》，卷七九〈儒林列傳・戴憑傳〉，頁 911 記載：光武帝時，「正旦朝賀，百僚畢會，帝令群臣能說經者更相難詰，義有不通，輒奪其席以益通者，憑遂重坐五十餘席」。與王摛奪何憲之物正相類似。

學士何憲等盛自商略,澄待儉語畢,然後談所遺漏數百千條,皆儉所未覩,儉乃歎服。儉在尚書省,出巾箱机案雜服飾,令學士隸事,事多者與之,人人各得一兩物。澄後來,更出諸人所不知事復各數條,并奪物將去。

陸澄所以能勝出,乃因所「見卷軸」「多」,且「皆儉所未覩」,故能知「人所不知事」,此真謂「博聞多識」也。或策問經、史事,如《南史》卷四九〈劉峻傳〉所載:

> (梁)武帝每集文士策經史事……曾策錦被事,咸言已罄。帝試呼問峻……忽請紙筆,疏十餘事,坐客皆驚,帝不覺失色。[23]

《梁書》卷四十〈劉顯傳〉載:

> 顯好學,博涉多通,任昉嘗得一篇缺簡書,文字零落,歷示諸人,莫能識者。顯云是《古文尚書》所刪逸篇,昉檢《周書》,果如其說,昉因大相賞異……尚書令沈約……於坐策顯經史十事,顯對其九。約曰:「老夫昏忘,不可受策。雖然,聊試數事,不可

---

[23] 《梁書》,卷十三〈沈約傳〉,頁242記載:「約嘗侍讌,值豫州獻栗,徑寸半。帝奇之,問曰:『栗事多少?』與約各疏所憶,少帝三事。出謂人曰:『此公護前,不讓即羞死。』」亦可見爭勝之意。有關「護前」之意,請參周一良,〈魏晉南北朝詞語小記・護前〉,《魏晉南北朝史論集》,頁464-465。

至十也。」顯問其五，約對其二。陸倕聞之歎曰：
「劉郎可謂差人，雖吾家平原詣張壯武，王粲謁伯
喈，必無此對。」其為名流推賞如此。

《南史》卷五六〈張綰傳〉也記載：

綰……少與兄纘齊名。湘東王繹嘗策之百事，綰對
闕其六，號為百六公。[24]

《隋書》卷六九〈王劭傳〉又載：

王劭……少沈嘿，好讀書……待詔文林館。時祖孝
徵、魏收、陽休之等嘗論古事，有所遺忘，討閱不能
得，因呼劭問之。劭具論所出，取書驗之，一無舛
誤。自是，大為時人所許，稱其博物。

因博學，故能「問無不對」而制勝者，「為名流推賞」「稱」
「許」，甚至使他人「驚」異「失色」而「歎服」。然要能熟捻
經史所載，非經廣博閱讀無以致之。甚至像陸雲公，「九歲讀
《漢書》，略能記憶。從祖倕、沛國劉顯質問十事，雲公對無所
失，顯歎異之」；虞荔，「年九歲，隨從伯闡候太常陸倕，倕問

---

[24] 《梁書》，卷五十〈文學列傳・臧嚴傳〉，頁 719 也載：臧嚴「遷冠軍
行參軍，侍湘東王讀，累遷王宣惠輕車府參軍，兼記室。嚴於學多所
諳記，尤精《漢書》，諷誦略皆上口。王嘗自執四部書目以試之，嚴自
甲至丁卷中，各對一事，並作者姓名，遂無遺失，其博洽如此。」

五經凡有十事,荔隨問輒應,無有遺失,倕甚異之」。「及長,美風儀,博覽墳籍」;韋載,「少聰惠,篤志好學。年十二,隨叔父稜見沛國劉顯,顯問《漢書》十事,載隨問應答,曾無疑滯。及長,博涉文史」。[25] 凡此均可覘知:受此風氣影響,以致自幼便有類似練習的景況,藉由父執輩的策問,形同考試一般,若通過,得蒙讚譽,對其聲名當有所助益。[26] 這種情形,或可視為唐代「溫卷」[27]之先風、雛形。

由上述可知:在這種文人士大夫集會中的隸事、策經史,若學問不廣,常會落處下風。反之,則是能藉此揚名士林。[28]

四、小結

博學既能作為談玄論難時取勝的資藉,博物多識又時常能對自身聲名及仕途有實際的助益。因此,自東漢晚期以降,常見史書上讚譽某人「善談論」、「善言玄理」時,其前提乃「博

---

[25] 以上引文分見《梁書》,卷五十〈文學列傳‧陸雲公傳〉,頁724、《陳書》,卷十九〈虞荔傳〉,頁256、卷十八〈韋載傳〉,頁249。

[26] 如《陳書》,卷三四〈文學列傳‧許亨傳〉,頁458所載:「亨少傳家業……博通羣書,多識前代舊事,名輩皆推許之,甚為南陽劉之遴所重,每相稱述。」

[27] 一般所謂的「溫卷」,實際上應稱為「投卷」,包含「行卷」與「納卷」兩種,相關研究,請參傅璇琮,《唐代科舉與文學》(西安:陝西人民出版社,2003年),第十章〈進士行卷與納卷〉,頁248-251。本文所舉諸例較近於唐代時的「行卷」。

[28] 如《南齊書》,卷五二〈文學列傳‧崔慰祖傳〉,頁901:「國子祭酒沈約、吏部郎謝朓嘗於吏部省中賓友俱集,各問慰祖地理中所不悉十餘事。慰祖口吃,無華辭,而酬據精悉,一座稱服之。朓歎曰:『假使班、馬復生,無以過此。』」

學」、「博聞」、「博涉」等。如東漢末郭太「博通墳籍,善談論」;三國時鍾會「博學,精練名理,以夜續晝,由是獲聲譽」;兩晉時羊祜「博學」,「善談論」、邵續「博覽經史,善談理義」、范汪「博學多通,善談名理」、孫盛「博學,善言名理」;外族亦然,如姚襄「好學博通,雅善談論」、姚泓「博學善談論」;南朝時,梁簡文帝「博綜儒書,善言玄理」、梁貞惠世子方諸「博學,明《老》、《易》,善談玄」、何點「博通群書,善談論」、張孝秀「博涉群書,專精釋典,善談論」、沈君公「博學有才辯,善談論」、周確「博涉經史,篤好玄言」;北朝情形無異,如閻慶胤「博識洽聞,善於談論」、張僧晧「歷涉群書,工於談說」、李琰之「善談,經史百家無所不覽」、長孫兕「彊記博聞」,「尤善談論」、盧光「博覽群書」,「好玄言」;至隋猶然,如長孫熾「頗涉群書」,「善於談論」、明克讓「善談論,博涉書史,所覽將萬卷」。[29] 都強調善談是以博識多聞覽為根基。

---

[29] 以上引文分見《後漢書》,卷六八〈郭太傳〉,頁797;《三國志》,卷二八〈鍾會傳〉,頁673;《晉書》,卷三四〈羊祜傳〉,頁709、卷六三〈邵續傳〉,頁1142、卷七五〈范汪傳〉,頁1312、卷八二〈孫盛傳〉,頁1416;卷一百十六〈載記‧姚襄傳〉,頁1916、卷一百十九〈載記‧姚泓傳〉,頁1940;《梁書》,卷四〈簡文帝本紀〉,頁109、卷四四〈世祖二子列傳‧貞惠世子方諸傳〉,頁620、卷五一〈處士列傳‧何點傳〉,頁732、同卷〈張孝秀傳〉,頁752、《陳書》,卷七〈皇后列傳‧後主沈皇后傳〉,頁131、卷二四〈周確傳〉,頁311;《魏書》,卷七一〈裴叔業傳附閻慶胤傳〉,頁1580、卷七六〈張烈傳附弟僧晧傳〉,頁1687、卷八二〈李琰之傳〉,頁1798、《周書》,卷二六〈長孫紹遠傳附兄子兕傳〉,頁431、卷四五〈儒林列傳‧盧光傳〉,頁807;《隋書》,卷五一〈長孫覽傳附從子熾傳〉,頁1328、卷五八〈明克讓傳〉,頁1415。

第二節　文學、史書著作

　　如同上一節所述，談論、博學釋疑，不但能讓自己擠身名流的社交活動，表現突出，還能獲得他人讚賞稱譽，提高聲名，而且對於仕途也可能有所助益。文史著作也是一樣，身處六朝末期的姚察就說：「觀夫二漢求賢，率先經術；近世取人，多由文史」。[30] 本節即針對文學創作與史書撰寫兩方面進行探索。

一、文學創作

　　六朝時文學創作之風尚相當盛行，其因或為帝王權貴的愛好與提倡，如史稱：「宋孝武好文章，天下悉以文采相尚」；宋明帝也「愛文義」，曾撰《江左以來文章志》。有些甚至憑藉權位，招聚文士借遊宴吟詠為樂，[31] 六朝早期以建安時期曹氏兄弟

---

[30] 《梁書》，卷十四〈江淹任昉傳・陳吏部尚書姚察曰〉，頁 258。

[31] 這種情形並非始自六朝，戰國兩漢時均曾出現由某位對文學有興趣的君王或諸侯為主，底下供養、帶領一批文學之士，進行文學創作，在歷史上留下美名。如戰國晚期的楚王、西漢景武帝時的梁孝王、漢武帝以及漢魏之際的曹氏父子等。這些都是後世文人所嚮往的年代，因此在創作時，會想像自己彷彿化身其中佼佼者，馳騁文采於當世，作為心靈上的慰藉與補償。如東漢傅毅〈舞賦〉假楚襄王與宋玉事、邊讓〈章華賦〉託於楚靈王與伍舉；劉宋謝惠連〈雪賦〉則依於西漢梁孝王與司馬相如、謝莊〈月賦〉乃借陳思王曹植與王粲以成文。相關研究，請參王夢鷗，〈貴遊文學與六朝文體的演變〉，《中外文學》8 卷 1 期（1979 年 6 月），頁 4-19、王夢鷗，〈從雕飾到放蕩的文章論〉，《中外文學》8 卷 5 期（1979 年 10 月），頁 6-7；郭英德，《中國古代文人集團與文學風貌》（北京：中國人民大學出版社，2012 年），頁 28-37。

的鄴下南皮之遊最為後人所津津樂道。[32] 南四朝均賡續此風流雅事。劉宋臨川王劉義慶，史載其人「愛好文義，才詞雖不多」，然「招聚文學之士，近遠必至。太尉袁淑，文冠當時，義慶在江州，請為衛軍諮議參軍。其餘吳郡陸展、東海何長瑜、鮑照等，並為辭章之美，引為佐史國臣。太祖與義慶書，常加意斟酌」。[33] 蕭齊文惠太子，「及正位東儲，善立名尚」，「引接朝士，人人自以為得意。文武士多所召集，會稽虞炎、濟陽范岫、汝南周顒、陳郡袁廓，並以學行才能，應對左右」。又「開拓玄圃園與臺城北塹等，其中起土山池閣樓觀塔宇」，「多聚異石，妙極山水」。[34] 時與群從遊宴其間，談文賦詩；[35] 竟陵王子良也附庸

---

[32] 《三國志》，卷二一〈王粲傳〉，頁 533-539，並參頁 544-545，裴《注》引曹丕與吳質的二封書信，及《文選》，卷四十〈牋〉，所錄吳質〈答魏太子牋〉、〈在元城與魏太子牋〉，頁 576-578。此為後世文人所嚮往的年代，故謝靈運曾作〈擬魏太子鄴中集詩并序〉以追懷之。相關研究，請參朱曉海先生，〈讀《文選》之〈與朝歌令吳質書等三篇書後〉〉，《廣西師範大學學報（哲學社會科學版）》，第 40 卷第 1 期（2004 年 1 月），頁 70-75；梅家玲，〈漢晉詩賦中的擬作、代言現象及其相關問題〉，氏著《漢魏六朝文學新論 — 擬代與贈答篇》（北京：北京大學出版社，2004 年），頁 6-9。

[33] 《宋書》，卷五一〈宗室列傳 · 臨川烈武王道規傳附子義慶傳〉，頁 1477。相關論述，請參成林、程章燦，《南朝文化（上）》（南京：南京出版社，2006 年），頁 26-27。

[34] 《南史》，卷四四〈齊武帝諸子列傳 · 文惠太子長懋傳〉，頁 1099-1100。根據《南齊書》，卷五二〈文學列傳〉，頁 900：「會稽虞炎，永明中以文學與沈約俱為文惠太子所遇，意眄殊常」；《梁書》，卷二六〈范岫傳〉，頁 391：「文惠太子之在東宮，沈約之徒以文才見引，岫亦預焉」，可知這些文士是以文學見賞而侍從。

[35] 如王儉有〈侍太子九日宴玄圃詩〉，見逯欽立輯校，《先秦漢魏晉南北朝詩》（北京：中華書局，2006 年），《齊詩》卷一，頁 1378。

風雅,《南齊書》卷四十〈武十七王列傳・竟陵文宣王子良傳〉記載:

> 子良少有清尚,禮才好士,居不疑之地,傾意賓客,天下才學皆遊集焉。善立勝事,夏月客至,為設瓜飲及甘果,著之文教。士子文章及朝貴辭翰,皆發教撰錄。

因此在雞籠山「開西邸,招文學」,遂使「京邑人士盛為文章談義,皆湊竟陵王西邸」,「以文學友會」,最有名的便是蕭衍、沈約、謝朓、王融、蕭琛、范雲、任昉、陸倕等八人「並遊焉,號曰八友」。[36]梁朝蕭衍父子幾人喜愛文藝更是無庸置疑,[37]昭明太子蕭統、簡文帝蕭綱、元帝蕭繹三兄弟分別親自或遣人編纂過詩文總集。[38]《梁書》卷四九〈文學列傳・序論〉則說:

> 高祖聰明文思,光宅區宇,旁求儒雅,詔採異人,文章之盛,煥乎俱集。每所御幸,輒命羣臣賦詩,其文

---

[36] 《南齊書》,卷四八〈劉繪傳〉,頁841、《梁書》,卷一〈武帝本紀〉,頁2、卷三三〈王僧孺傳〉,頁470。根據《南齊書》,卷四七〈謝朓傳〉,頁825記載:蕭齊隨王蕭「子隆在荊州,好辭賦,數集僚友,朓以文才,尤被賞愛,流連晤對,不捨晨夕」。與竟陵王蕭子良的情形相似,可見兄弟俱好此道。

[37] 相關研究,請參王運熙,《蘭陵蕭氏與南朝文學》(北京:中華書局,2004年),下編〈梁皇朝及其歷史地位〉,頁71-227。

[38] 蕭統承其父蕭衍之命主持編纂《文選》、蕭綱命其僚屬徐陵編《玉臺新詠》,此世所共知。蕭繹則撰有《西府新文》,見《顏氏家訓集解》,卷四〈文章〉,頁269。

善者,賜以金帛,詣闕庭而獻賦頌者,或引見焉。其在位者,則沈約、江淹、任昉,並以文采,妙絕當時。至若彭城到沆、吳興丘遲、東海王僧孺、吳郡張率等,或入直文德,通讌壽光,皆後來之選也。

史書又稱:「高祖招文學之士,有高才者,多被引進,擢以不次」。[39]昭明太子更是以「好士愛文」著稱,[40]《梁書》卷八〈昭明太子傳〉記載:

性寬和容眾,喜慍不形於色。引納才學之士,賞愛無倦。恒自討論篇籍,或與學士商榷古今;閒則繼以文章著述,率以為常。于時東宮有書幾三萬卷,名才並集,文學之盛,晉、宋以來未之有也。

而且「性愛山水,於玄圃穿築,更立亭館,與朝士名素者遊其中」。因此本傳載王筠〈昭明太子哀冊文〉中就說:

總覽時才,網羅英茂。學窮優洽,辭歸繁富。或擅談叢,或稱文圃。四友推德,七子慚秀。望苑招賢,華池愛客。託乘同舟,連輿接席。摛文掞藻,飛觴汎醳。恩隆置醴,賞逾賜璧。

---

[39] 《梁書》,卷五十〈文學列傳・劉峻傳〉,頁702。
[40] 《梁書》,卷三三〈劉孝綽傳〉,頁489。

常與會者有王筠、劉孝綽、陸倕、到洽、殷芸與張緬等人。[41]簡文帝也常「引納文學之士，賞接無倦，恒討論篇籍，繼以文章」。[42]《梁書》卷四九〈文學列傳・庾於陵傳附弟肩吾傳〉記載：

> 初，太宗在藩，雅好文章士，時肩吾與東海徐摛、吳郡陸杲、彭城劉遵、劉孝儀、儀弟孝威，同被賞接。及居東宮，又開文德省，置學士，肩吾子信、摛子陵、吳郡張長公、北地傅弘、東海鮑至等充其選。

至於梁元帝，對於文學的愛好與提倡並不亞於父兄，史書稱他：「不好聲色，頗有高名，與裴子野、劉顯、蕭子雲、張纘及當時才秀為布衣之交，著述辭章，多行於世」。[43]而陳後主亦不遑多讓，《陳書》卷二七〈江總傳〉就載：

> 總……好學，能屬文，於五言七言尤善，然傷於浮豔，故為後主所愛幸。多有側篇，好事者相傳諷翫，于今不絕。後主之世，總當權宰，不持政務，但日與後主遊宴後庭，共陳暄、孔範、王瑳等十餘人，當時

---

[41] 《梁書》，卷三三〈王筠傳〉，頁485：「昭明太子愛文學士，常與筠及劉孝綽、陸倕、到洽、殷芸等遊宴玄圃」；卷三四〈張緬傳〉，頁492載張緬死時，昭明太子與緬弟纘書中也說：「自列宮朝，二紀將及，義惟僚屬，情實親友。文筵講席，朝遊夕宴，何曾不同茲勝賞，共此言寄。」

[42] 《梁書》，卷四〈簡文帝本紀〉，頁109。

[43] 《梁書》，卷五〈元帝本紀〉，頁136。

謂之狎客。

因陳後主「尤愛文章」,[44] 因此對於有文才之人特加賞愛,常於身旁豢養一批文學之士,當然也會在仕進上予以獎掖提拔,導致當時士子多趨此風氣而競為文。《陳書》卷三四〈文學列傳‧序論〉又載:

> 後主嗣業,雅尚文詞,傍求學藝,煥乎俱集。每臣下表疏及獻上賦頌者,躬自省覽,其有辭工,則神筆賞激,加其爵位,是以搢紳之徒,咸知自勵矣。

其中又以江總為最,《陳書》卷二一〈孔奐傳〉就曾記載:

> 後主時在東宮,欲以江總為太子詹事,令管記陸瑜言之於奐。奐謂瑜曰:「江有潘、陸之華,而無園、綺之實,輔弼儲宮,竊有所難。」瑜具以白後主,後主深以為恨,乃自言於高宗。高宗將許之,奐乃奏曰:「江總文華之人,今皇太子文華不少,豈藉於總!如臣愚見,願選敦重之才,以居輔導。」帝曰:「即如卿言,誰當居此?」奐曰:「都官尚書王廓,世有懿德,識性敦敏,可以居之。」後主時亦在側,乃曰:「廓王泰之子,不可居太子詹事。」奐又奏曰:「宋

---

[44] 《陳書》,卷二八〈岳陽王叔慎傳〉,頁 371。實際案例如《陳書》,卷二一〈蕭允傳〉,頁 288 記載:蔡徵曾因陳後主之問,而於其面前吟誦蕭允詩以對,令後主嗟賞久之,遂於其年拜蕭允為光祿大夫。

朝范曇即范泰之子，亦為太子詹事，前代不疑。」後
主固爭之，帝卒以總為詹事。

因喜愛江總之文華，欲令其在身邊遊處，不惜與當時典掌選事的孔奐對簿於陳高宗面前以「固爭之」。由上述所引的相關記載，我們可以得知：因為帝王貴戚的喜愛，自然容易引起底下之臣屬投其所好，甚至以此邀寵而得仕進之助。

或因世家大族與名流等大力投入，並形成當時潮流。[45] 六朝時常見世族名流雅集宴賞，以文相會，如中朝石崇主辦之金谷園集、東晉王羲之參與的蘭亭集、謝靈運召集之始寧墅集，以及蕭梁時任昉為首的蘭臺聚。《晉書》卷六二〈劉琨傳〉記載：

> 劉琨……少得儁朗之目，與范陽祖納俱以雄豪著名。年二十六，為司隸從事。時征虜將軍石崇河南金谷澗中有別廬，冠絕時輩，引致賓客，日以賦詩。琨預其間，文詠頗為當時所許。

根據《世說新語・品藻篇》第 57 條所錄謝安之語說：「金谷中蘇紹最勝」，劉孝標《注》引石崇〈金谷詩敘〉描述當時景況：「余與眾賢共送往澗中，晝夜遊宴，屢遷其坐」，「遂各賦詩，

---

[45] 除了帝王貴戚，世家大族也是對文學風氣有很大影響力，相關研究，請參程章燦，《世族與六朝文學》（哈爾濱：黑龍江教育出版社，1998年），第二章〈世族及世族文學集團對六朝文學批評的影響〉，頁 22-47；方碧玉，《東晉南北朝世族家庭教育》，第四章〈社會風氣與世族家學文化〉，頁 139-170。

以敘中懷」,參與者「凡三十人」。不僅名動當時,眾人所作之詩,至東晉時還曾被謝安品評殿最;而後王羲之「得人以〈蘭亭集序〉方〈金谷詩序〉,又以己敵石崇,甚有欣色」,[46] 足見流風所至。[47]《晉書》卷八十〈王羲之傳〉也載:

> 羲之雅好服食養性,不樂在京師,初渡浙江,便有終焉之志。會稽有佳山水,名士多居之,謝安未仕時亦居焉。孫綽、李充、許詢、支遁等皆以文義冠世,並築室東土,與羲之同好。嘗與同志宴集於會稽山陰之蘭亭,羲之自為之序以申其志。

根據〈序〉文所言,這次聚會主要是因「修禊事也,羣賢畢至,少長咸集」,會中「一觴一詠」。最後由王羲之「列敘時人,錄其所述」,共四十一人參加,其中二十五人賦詩。[48]〈序〉文最後說:「後之覽者,亦將有感於斯文」,即希望此次盛會能留給後人一個美好景象。這雖然只是一次性的聚會,或有懷疑是否能發揮影響。但事實上類似的雅集聚會在六朝時經常舉行,也就是一般熟悉的「曲水流觴」、「三月三日曲水」祓禊飲宴,[49] 蘭臺

---

[46] 《世說新語箋疏》,卷下〈企羨〉,條3,頁631。

[47] 《宋書》,卷六七〈謝靈運傳〉,頁1755所錄謝靈運〈山居賦〉也說:「金谷之麗,石子致音徽之觀」。

[48] 《晉書》所錄〈序〉文無人數記載,此根據《世說新語箋疏》,卷下〈企羨〉,條3,頁631,劉孝標《注》引王羲之〈臨河敘〉而補。

[49] 如《文選》,卷四六〈序〉就分別收錄了顏延年及王融二人的〈三月三日曲水詩序〉。古籍中相關的詩文之作更是不勝枚舉。

集特為其中具代表性者。且由後世蕭梁時任昉等人的雅集號曰「蘭臺聚」,[50] 可見其影響之長遠。《宋書》卷六七〈謝靈運傳〉則記述:

> 靈運父祖並葬始寧縣,并有故宅及墅,遂移籍會稽,修營別業,傍山帶江,盡幽居之美。與隱士王弘之、孔淳之等縱放為娛,有終焉之志……靈運以疾東歸,而遊娛宴集,以夜續畫,復為御史中丞傅隆所奏,坐以免官。是歲,元嘉五年。靈運既東還,與族弟惠連、東海何長瑜、潁川荀雍、泰山羊璿之,以文章賞會,共為山澤之游,時人謂之四友。

這是以謝靈運為首的名流宴集,並「以文章賞會」,史傳又載當謝靈運「每有一詩至都邑,貴賤莫不競寫,宿昔之間,士庶皆徧,遠近欽慕,名動京師」。《南史》卷二五〈到彥之傳附曾孫溉傳〉則記載任昉等人之事:

> 天監初,昉出守義興,要溉、洽之郡,為山澤之遊。昉還為御史中丞,後進皆宗之。時有彭城劉孝綽、劉苞、劉孺,吳郡陸倕、張率,陳郡殷芸,沛國劉顯及溉、洽,車軌日至,號曰蘭臺聚。陸倕贈昉詩云:「和風雜美氣,下有真人遊。壯矣荀文若,賢哉陳太丘。今則蘭臺聚,方古信為儔。任君本達識,張子復清修。既有絕塵到,復見黃中劉」。時謂昉為任君,

---

[50] 《南史》,卷二五〈到彥之傳附曾孫溉傳〉,頁 678。

比漢之三君。

因將任昉比為東漢晚期的三君,故此時宴集又稱「龍門之游」,以況東漢末葉名士李膺。[51]「預其讌者」以文士名流為限,彼此詩文相會,「雖貴公子孫不得預也」。[52]

甚至在家族中形成風尚,作為家門相承的重要指標。以王、謝兩大高門為例,《宋書》卷五八〈謝弘微傳〉:

> 謝弘微,陳郡陽夏人也。祖韶,車騎司馬。父思,武昌太守。從叔峻,司空琰第二子也,無後,以弘微為嗣……所繼叔父混名知人,見而異之……混風格高峻,少所交納,唯與族子靈運、瞻、曜、弘微並以文義賞會。嘗共宴處,居在烏衣巷,故謂之烏衣之遊,混五言詩所云「昔為烏衣遊,戚戚皆親姪」者也。其外雖復高流時譽,莫敢造門。

《梁書》卷三三〈王筠傳〉:

---

[51] 《後漢書》,卷六七〈黨錮列傳‧序論〉,頁783:「指天下名士,為之稱號。上曰三君,次曰八俊」,「竇武、劉淑、陳蕃為三君」;「李膺、荀昱」等「為八俊」。同卷〈李膺傳〉,頁786則載:「是時朝廷朝廷日亂,綱紀頹阤。膺獨持風儀,以聲名自高。士有被其容接者,名為登龍門」。

[52] 見《南史》,卷四八〈陸慧曉傳附子倕傳〉,頁1193。有關參與者間詩文酬酢的情形,請參吳正嵐,《六朝江東士族的家學門風》,第四章〈吳郡陸氏的家學門風〉,頁181-182。

> 與諸兒書論家世集云:「史傳稱安平崔氏及汝南應氏,並累世有文才,所以范蔚宗云崔氏『世擅雕龍』。然不過父子兩三世耳,非有七葉之中,名德重光,爵位相繼,人人有集,如吾門世者也。沈少傅約語人云:『吾少好百家之言,身為四代之史,自開闢已來,未有爵位蟬聯,文才相繼,如王氏之盛者也。』汝等仰觀堂構,思各努力。」

可見其家門均相當重視文學素養,並訓誡子弟要能「努力」「堂構」此一家風,使其「累世」「相繼」。而劉「孝綽兄弟及群從諸子姪,當時有七十人,並能屬文,近古未之有也」。[53] 所以前賢就曾說:

> 擅長詩文在魏晉南北朝時被時流所重,所以文學教育亦為門第教育所重視。[54]

因此像北朝魏澹,「祖鸞,魏光州刺史。父季景,齊大司農卿,稱為著姓,世以文學自業」。故魏澹「善屬文,詞采贍逸」,「有文集三十卷行於世」。澹弟彥玄,亦「有文學」;[55] 又如杜正玄,「其先本京兆人,八世祖曼,為石趙從事中郎」,「自曼至正玄,

---

[53] 《梁書》,卷三三〈劉孝綽傳〉,頁484。
[54] 朱大渭,《魏晉南北朝社會生活史》(北京:中國社會科學出版社,1998年),頁463。相關研究,請參程章燦,《世族與六朝文學》,第三章〈陳郡謝氏:僑姓文學世族之個案研究〉,頁51-88、第四章〈吳郡張氏:吳姓文學世族之個案研究〉,頁89-119。
[55] 《隋書》,卷五八〈魏澹傳〉,頁1416-1420。

世以文學相授。正玄尤聰明，博涉多通。兄弟數人，俱未弱冠，並以文章才辯籍甚三河之間」。正玄文才高，甚至令「負才傲物」的當朝權臣楊素，與之相對後，不得不感嘆的說：「此真秀才，吾不及也」。其弟正藏，亦「善屬文」，「著碑、誄、銘、頌、詩、賦百餘篇，又著《文章體式》，大為後進所寶，時人號為文軌。乃至海外高麗、百濟亦共傳習，稱為《杜氏新書》」。[56] 魏、杜二家皆為著姓世家，且均以文學世代相傳。

凡此，都容易促進文學風氣的盛行。這種情形早自三國時期便已存在，史稱：「自魏正始、晉中朝以來，貴臣雖有識治者，皆以文學相處，罕關庶務，朝章大典，方參議焉」，「迄至于陳，後主因循，未遑改革」。[57] 而《隋書》卷六六〈李諤傳〉也載李諤上書隋文帝時說：

> 魏之三祖，更尚文辭，忽君人之大道，好雕蟲之小藝。下之從上，有同影響，競騁文華，遂成風俗。江左齊、梁，其弊彌甚……世俗以此相高，朝廷據茲擢士，祿利之路既開，愛尚之情愈篤。

但這也正反應六朝時，在君臣上下一致的喜愛提倡下，文學風氣的確相當盛行。[58]

---

[56] 《隋書》，卷七六〈文學列傳・杜正玄傳〉，頁 1747-1748。
[57] 《陳書》，卷七〈後主本紀・史臣曰〉，頁 120。
[58] 《南史》，卷七二〈文學列傳・序論〉，頁 1762 說：「自中原鼎沸，五馬南渡，綴文之士，無乏於時。降及梁朝，其流彌盛。蓋由時主儒雅，篤好文章，故才秀之士，煥乎其集」。

六朝文人於寫作時,一大特色乃文字技巧與典故的使用,並藉此以展現才華。要能於行文中貼切的引用典故,除了本身高超的文學才華技巧之外,廣博的閱讀也是勢不可少。《文心雕龍》卷七〈麗辭〉曾說:

> 故麗辭之體,凡有四對:言對為易,事對為難……凡偶辭胸臆,言對所以為易也;微〔徵〕人之學,事對所以為難也。

鍾嶸於《詩品·序》中則表示:

> 夫屬辭比事,乃為通談。若乃經國文符,應資博古;撰德駁奏,宜窮往烈。至乎吟詠情性,亦何貴于用事?……顏延、謝莊,尤為繁密,于時化之。故大明、泰始中,文章殆同書鈔。任昉、王元長等,詞不貴奇,競須新事。爾來作者,浸以成俗。遂乃句無虛語,語無虛字,拘攣補衲,蠹文已甚。

認為依文章用途不同,應有相應不同的作法,若文章用以抒發情性,則應不需「用事」。「用事」即用典,也就是後文所說的「故實」、「出經史」。而要能頻「繁」用典,唯有廣博的「學問」,方能達到。如任昉,「博學,於書無所不見,家雖貧,聚書至萬餘卷,率多異本」,故「雅善屬文」,且能「動輒用事」。[59]

---

[59] 以上引文分見《梁書》,卷十四〈任昉傳〉,頁 253、《南史》,卷五九〈任昉傳〉,頁 1455、古直箋,《詩品》(上海:上海古籍出版社,2007

且不管鍾嶸個人態度如何,由此可見當時一般撰文是常用典的,故曰「通談」、「化之」「成俗」。時人創作所用典故不必然皆出自經書,而是來自各類著作,[60]因此欲為文者當「歷觀文囿,泛覽辭林」。[61] 葛洪於《抱朴子》卷三十〈鈞世〉指出:

> 《尚書》者,政事之集也,然未若近代之優文、詔策、書奏之清富贍麗也;《毛詩》者,華彩之辭也,然不及〈上林〉、〈羽獵〉、〈二京〉、〈三都〉之汪濊博富也……古書雖多,未必盡美,要當以為學者之山淵,使屬筆者得采伐漁獵其中。然而譬如東甌之木、長洲之林,梓豫雖多,而未可謂之為大廈之壯觀、華屋之弘麗也……古者事事醇素,今則莫不彫飾,時移事改,理自然也。至於罽錦麗而且堅,未可謂之簡於蓑衣;輜軿妍而又牢,未可謂之不及椎車也。

創作時,需先大量閱讀各種書籍文章,[62]所謂以古書為山淵,從

年),卷中〈梁太常任昉〉,頁 50。

[60] 六朝時期文人為文用典的實際情況,唐曉萍,〈論建安散文使事用典的藝術表現〉,胡世厚、蕭永慶、衛紹生主編,《建安文學新論》(鄭州:中州古籍出版社,1992 年),頁 221-222,曾針對建安時期的作品,做過統計;陳傳萬,《魏晉南北朝圖書業與文學》(合肥:合肥工業大學出版社,2008 年),頁 141-163,則對南朝文學作品用典情形,以及前人的相關研究作了整理,也有詳細論述。根據文中所述,當時常見某些作品用典的比率超過 80%,幾可謂句句出典。而用典的來源,則大大超出經書範圍,包括了《楚辭》、諸子、史傳、志怪小說與漢魏以降的文學作品等。並請參看,為免贅累,本文不再詳細舉例說明。

[61] 《文選》,卷首所收蕭統,〈序〉,頁 1。

[62] 所讀書籍包括小學之書,《魏書》,卷九一〈術藝列傳・江式傳〉,頁

中采伐漁獵，累積學問，經過文人巧思雕飾之後，如此方能使作品達到富贍妍麗、汪濊博富。[63]蕭綱寫給其弟蕭繹的信中也說：

> 若夫六典三禮，所施則有地；吉凶嘉賓，用之則有所。未聞吟詠情性，反擬〈內則〉之篇；操筆寫志，更摹〈酒誥〉之作。遲遲春日，翻學《歸藏》；湛湛江水，遂同《大傳》。吾既拙於為文，不敢輕有掎摭。但以當世之作，歷方古之才人，遠則揚、馬、曹、王，近則潘、陸、顏、謝，而觀其遣辭用心，了不相似。[64]

認為寫作文章時不限於經傳中擷取養分，甚至應該跳脫此一範圍，廣泛的接觸其他作品。正如劉熙載《藝概》卷三〈賦概〉所言：「賦兼才學」，「學，如揚雄謂：『能讀賦千首，則善為

[1963] 就載江式說：「（曹）魏初博士清河張揖著《埤倉》、《廣雅》、《古今字詁》，究諸埤廣，綴拾遺漏，增長事類，抑亦於文為益者」；《隋書》，卷七六〈文學列傳・潘徽傳〉，頁1744-1745也載潘徽〈韻纂序〉說：「小學之家，尤多舛雜……末有李登《聲類》、呂靜《韻集》……而全無引據，過傷淺局，詩賦所須，卒難為用。遂躬紆睿旨……總會舊轍，創立新意……即隨注釋。詳之詁訓，證以經史，備包騷雅，博牽子集。」均可見小學之書對當時文學創作相當重要，所以《文心雕龍注》，卷八〈練字〉，頁14b才會說：「小學……鴻筆之徒，莫不洞曉」。因為作文用字欲有別於人，便需對文字相當精熟，方能有所講求。故遠自兩漢博學善為文者，如司馬相如、揚雄、班固、蔡邕等並撰有字書，請參《隋書》，卷三二〈經籍志一・經部・小學類〉，頁942。

[63] 《隋書》，卷六八〈辛德源傳〉，頁1422，載中書侍郎劉逖上表薦辛德源時也說他：「枕藉六經，漁獵百氏，文章綺豔，體調清華」。

[64] 《梁書》，卷四九〈文學列傳・庾於陵傳附弟肩吾傳〉，頁691。

之。』」[65] 否則,就如《顏氏家訓》卷三〈勉學〉所說:

> 談說製文,援引古昔,必須眼學,勿信耳受。江南閭里閒士大夫或不學問,羞為鄙朴,道聽塗說,強事飾辭……尋問莫知原由,施安時復失所。莊生有乘時鵲起之說,故謝朓詩曰:「鵲起登吳臺。」吾有一親表,作〈七夕詩〉云:「今夜吳臺鵲,亦共往塡河」;《羅浮山記》云:「望平地樹如薺。」故戴暠詩云:「長安樹如薺。」又鄴下有一人〈詠樹詩〉云:「遙望長安薺」……皆耳學之過也。

都是因本身不博學,不知典故來源,只轉引、抄襲他人之作,故而禁不起檢驗,以致遭人譏評。所以當左思「欲賦三都」時,「自以所見不博,求為祕書郎」,以便得入祕閣觀覽藏書。[66]

更有甚者,若所讀之書,他人少見,則在為文寫作用典上,更能獨出鼇頭,顯名文壇。西晉夏侯湛「幼有盛才」,且少「承門戶之業,受過庭之訓」,「頗闚六經之文,覽百家之學」,因所學廣博,故「文章宏富,善構新詞」。[67] 又如《梁書》卷三三〈王僧孺傳〉載:

> 僧孺好墳籍,聚書至萬餘卷,率多異本,與沈約、任

---

[65] 揚雄之語見於《藝文類聚》,卷五六〈雜文部二・賦〉,頁1013引錄桓譚《新論》。
[66] 《晉書》,卷九二〈文苑列傳・左思傳〉,頁1553。
[67] 《晉書》,卷五五〈夏侯湛傳〉,頁1015及引錄所作〈抵疑〉。

昉家書相埒。少篤志精力，於書無所不觀。其文麗
逸，多用新事，人所未見者，世重其富。

同卷〈王筠傳〉也說：

尚書令沈約，當世辭宗，每見筠文，咨嗟吟詠，以為
不逮也……筠又嘗為詩呈約，即報書云：「覽所示
詩，實為麗則，聲和被紙，光影盈字。變、牙接響，
顧有餘慚。孔翠群翔，豈不多愧。古情拙目，每佇新
奇，爛然總至，權輿已盡……」。

《陳書》卷二七〈姚察傳〉則記姚察：

終日恬靜，唯以書記為樂，於墳籍無所不觀。每有製
述，多用新奇，人所未見，咸重富博。

都是因為所觀書籍廣博，無所不讀，緣此而見他人所少讀之「異
本」書，故能常使用他人「未見」的「新奇」典故，而獲得世
人讚賞。

相對的，要能看的懂他人作品，也需博學，[68] 衛權為左思〈三

---

[68] 《世說新語箋疏》，卷下〈排調〉44條，頁811曾載一則事例：「郗司空拜北府，王黃門詣郗門拜，云：『應變將略，非其所長。』驟詠之不已。郗倉謂嘉賓曰：『公今日拜，子猷言語殊不遜，深不可容。』嘉賓曰：『此是陳壽作諸葛評，人以汝家比武侯，復何所言？』」可見為學不博，恐不解他人之語，將遺人笑柄。此處所載雖是言談，然於閱讀作品，亦當如是也。

都賦〉作〈略解序〉時就說：

> 中書著作郎安平張載、中書郎濟南劉逵，並以經學洽博，才章美茂，咸皆悅玩，為之訓詁。其山川土域、草木鳥獸、奇怪珍異，僉皆研精所由，紛散其義矣！[69]

《文心雕龍》卷八〈練字〉引曹植也說：

> 揚、馬之作，趣幽旨深，讀者非師傳不能析其辭，非博學不能綜其理。

若寡聞陋學，說不定連句讀都有問題，更何況是理解文中之用典！《文心雕龍‧事類》又曾引曹操稱張子「學問膚淺，所見不博」，徒竊抄他人之作以成文，故其「文為拙」。正因非由己學而來，導致「所作不可悉難，難便不知所出」。劉勰認為此即「寡聞之病也」。

　　凡此，與上文所述談玄論難時，若能見人所罕見之書，藉以為談助，易因此而顯才識，如蔡邕、王朗、陸澄等；反之，若無學寡聞，徒如顏之推所言：或「蒙然張口，如坐雲霧」，或「塞默低頭，欠伸而已」。如西晉束皙以摯虞為小生無知，東晉桓溫譏笑王濛、王述如犬犢；或如北朝邢卲之自惡、許惇之為勝流所輕，均正桴鼓相應。

---

[69] 《晉書》，卷九二〈文苑列傳‧左思傳〉，頁1553。原文作「衛瓘」，「瓘」當是「權」之誤，《斠注》已辨之。

然而，誠如齊梁之世蕭子顯、鍾嶸所批評，為文若徒「緝事比類」，隸事用典，甚至「句無虛語，語無虛字」，「全借古語，用申今情」，致使「文章殆同書鈔」，猶如綴「補」之百「衲」被一般，文辭則「頓失清采」而「不」「奇」，將令讀者「唯覩事例」。如此一來，行文時反有所「拘制」，且「習玩為理，事久則瀆，在乎文章，彌患凡舊。若無新變，不能代雄」，[70]實非真正第一流的高明作家。充其量，不過是一般平凡的作家，《詩品‧序》中就說：

> 但自然英旨，罕值其人。詞已失高，則宜加事義。雖謝天才，且表學問，亦一理乎！

可是「文人相輕，自古而然」，[71]因為「文者妙發性靈，獨拔懷抱，易邈等夷，必興矜露」，[72]故才學之士想當然爾必不肯作「第二人」。[73]所以當時文人若想擺脫這種困境，則需在行文技巧上予

---

[70] 《南齊書》，卷五二〈文學列傳‧史臣曰〉，頁 908。又如《南史》，卷五九〈任昉傳〉，頁 1455 也載：任昉「晚節轉好著詩，欲以傾沈（約）。用事過多，屬辭不得流便」。

[71] 《文選》，卷五二〈論二〉所錄曹丕〈典論‧論文〉，頁 733。

[72] 《梁書》，卷五十〈文學列傳〉傳末載姚察之說，頁 727-728。類似說法又見於《顏氏家訓集解》，卷四〈文章〉，頁 238：「文章之體，標舉興會，發引性靈，使人矜伐，故忽於持操，果於進取。今世文士，此患彌切，一事愜當，一句清巧，神厲九霄，志凌千載，自吟自賞，不覺更有傍人」。

[73] 《晉書》，卷五四〈陸機傳附從父兄喜傳〉，頁 1013、卷七五〈王湛傳附曾孫坦之傳〉，頁 1301。意謂次等、第二流。又見於《世說新語箋疏》，卷上〈品藻〉第 25 條，頁 517：「世論溫太真，是過江第二流

以變化，於遣辭用字上推陳出新，甚至「自鑄偉辭」，[74] 展現新奇的風貌，不能只襲用古書既有的成辭。[75] 如史稱鮑照「文辭贍逸」，[76] 贍，富足也；逸，不凡，非流俗舊有者。然而所謂的創新，並非憑空瞎造，仍需根基於渾厚的古典傳統之沃壤，自其中汲取養分，自然能綻放出美麗的新花朵，所謂「學窮優洽，辭歸繁富」，[77] 彼此之間乃密切相關。正如《文心雕龍》卷六〈風骨〉所說：

> 若夫鎔鑄經典之範，翔集子史之術。洞曉情變，曲昭文體。然後能孚甲新意，雕畫奇辭。

強調「新意」「奇辭」需由「經典」「子史」中「鎔鑄」「孚甲」而來。此非彥和一家之語，乃自東漢末葉以降至南北朝之通識，如仲長統，「少好學，博涉書記，贍於文辭」；張華，「學業優

之高者。時名輩共說人物，第一將盡之間，溫常失色」、第 37 條，頁 522：「桓大司馬下都，問真長曰：『聞會稽王語奇進，爾邪？』劉曰：『極進，然故是第二流中人耳！』桓曰：『第一流復是誰？』劉曰：『正是我輩耳！』」

[74] 《文心雕龍注》，卷一〈辨騷〉，頁 29b。

[75] 《顏氏家訓集解》，卷四〈文章〉，頁 272，引沈約說：「文章當從三易：易見事，一也；易識字，二也；易讀誦，三也」；又引邢子才常曰：「沈侯文章，用事不使人覺，若胸憶語也。」顏之推亦「深以此服之」。至於如何用典「不使人覺」又屬辭流暢，便是行文之技巧所在。

[76] 《宋書》，卷五一〈宗室列傳‧臨川烈武王道規傳附子義慶傳〉，頁 1477。

[77] 《梁書》，卷八〈昭明太子統傳〉，頁 170，所錄王筠〈昭明太子哀冊文〉。

博,辭藻溫麗,朗贍多通」;摯虞、束皙,「並詳覽載籍,多識舊章,奏議可觀,文詞雅贍,可謂博聞之士也」;沈璞,「好學不倦,善屬文」,「下筆成章,良謂逸才贍藻」;劉峻,「博極群書,文藻秀出」;蕭洽,「好學博涉,亦善屬文」,故為文「辭亦贍麗」;杜之偉,「遍觀文史及儀禮故事」,「為文不尚浮華,而溫雅博贍」;北魏孝文帝,「史傳百家,無不該涉」,「才藻富贍,好為文章」;裴伯茂,「學涉群書,文藻富贍」;柳弘,「博涉群書,辭彩雅贍」;崔㥄,「歷覽羣書」,故「有詞藻」;魏澹,「專精好學,博涉經史,善屬文,詞采贍逸」;杜正玄,「博涉多通」,為文「辭理華贍」。[78] 試想:若為文僅是由故紙堆中引用成辭,如何能當得起富、贍、雅、麗、秀、逸、華之稱?可是全由自鑄,不假於故典,則又難免於「詭異」之譏,所謂「采濫辭詭」。[79] 因此,曹丕於〈典論・論文〉中才會揭示:建安七

---

[78] 分見《後漢書》,卷四九〈仲長統傳〉,頁589;《晉書》,卷三六〈張華傳〉,頁751;卷五一〈摯虞束皙傳・史臣曰〉,頁981;《宋書》,卷一百〈自序傳〉,頁2461;《南史》,卷四九〈劉懷珍附從父弟峻傳〉,頁1219;《梁書》,卷四一〈蕭介傳附從父兄洽傳〉,頁589;《陳書》,卷三四〈文學列傳・杜之偉傳〉,頁454-455;《魏書》,卷七下〈高祖孝文帝本紀〉,頁187;卷八五〈文苑列傳・裴伯茂傳〉,頁1872;《北齊書》,卷二三〈崔㥄傳〉,頁335;《周書》,卷二二〈柳慶傳附子弘傳〉,頁373;《隋書》,卷五八〈魏澹傳〉,頁1416;卷七六〈文學列傳・杜正玄傳〉,頁1747。

[79] 分見《文心雕龍注》,卷一〈辨騷〉,頁29b、卷七〈情采〉,頁1b。而卷六〈定勢〉,頁24b-25a對此則有詳細論述:「自近代辭人,率好詭巧……厭黷舊式,故穿鑿取新,察其訛意,似難而實無他術也,反正而已。故文反正為乏,辭反正為奇。效奇之法,必顛倒文句,上字而抑下,中辭而出外,回互不常,則新色耳……然密會者以意新得巧,苟異者以失體成怪。舊練之才,則執正以馭奇;新學之銳,則逐

子之所以能文,乃因其人並「於學無所遺」,故「於辭無所假」。[80]

　　由上文所述,可知:六朝時文(為文)、學(學問)不可分,創作時不論是援引典故、內容文意或遣辭用字,均需有堅實而廣博的學問作後盾,才能寫出好作品。縱有天才,若僅憑恃此才氣,缺少學為根基的輔助,於創作上恐仍有憾。此所以蕭綱對於謝靈運創作時「吐言天拔,出於自然」,認為其中「時有不拘,是其糟粕」。[81]而《抱朴子外篇》卷三八〈博喻〉也稱:

> 南威青琴,姣冶之極,而必俟盛飾以增麗;回賜游夏,雖天才儁朗,而實須墳誥以廣智。

雖有天生之美貌才氣,猶需後天之裝飾與學習,起到「增麗」與「廣智」的作用,方能充分展現此資質。劉勰則說的更清楚:雖然「才為盟主」,但仍須「學為輔佐」,而「綜學在博」。故「將贍才力,務在博見」,若此則「文采必霸」。[82]因此,他在《文心雕龍》卷六〈神思〉中主張:

> 臨篇綴慮,必有二患。理鬱者苦貧,辭溺者傷亂。然則博見(聞)為饋貧之糧,貫一為拯亂之藥。

奇而失正。勢流不反,則文體遂弊。秉茲情術,可無思耶?」
[80] 有關這一部份,可參張可禮,〈建安作家的修養〉,氏著《建安文學論稿》(濟南:山東教育出版社,1986年),頁218-222。
[81] 《梁書》,卷四九〈文學列傳・庾於陵傳附弟肩吾傳〉,所錄〈太子與湘東王書〉,頁691。
[82] 《文心雕龍注》,卷八〈事類〉,頁9b-10a。

也就是不管各人「稟才」或「遲」或「速」，為文均需「並資博練」，「積學以儲寶」。「若學淺」而能「成器，未之前聞」。反應在實際景況上，如《後漢書》卷五二〈崔駰傳〉：

> 年十三能通《詩》、《易》、《春秋》，博學有偉才，盡通古今訓詁百家之言，善屬文。

爾後此風賡續未替，三國之世，魏朝曹植，「文才富豔」，雖「體通性達，受之自然」，然猶需「兼覽傳記」，以致「博學淵識，文章絕倫」；[83] 蜀漢卻正，「博覽墳籍，弱冠能屬文」；東吳沈友，自「弱冠博學，多所貫綜，善屬文辭」。[84]《晉書》卷八二〈習鑿齒傳〉也稱：

> 習鑿齒……博學洽聞，以文筆著稱。

又有何劭、傅玄並「博學，善屬文」、袁豹「博學，善文辭」。[85] 其中姣姣者如《宋書》卷六七〈謝靈運傳〉所載：

> 靈運少好學，博覽群書，文章之美，江左莫逮。

---

[83] 《三國志》，卷十九〈陳思王傳〉陳壽評語，頁 518、裴《注》引《典略》載楊修語，頁 504、《文士傳》載丁廙語，頁 506。

[84] 分見《三國志》，卷四二〈卻正傳〉，頁 870；卷四七〈孫權傳〉裴《注》引《吳錄》，頁 927。

[85] 《晉書》，卷三三〈何劭傳〉，頁 700、卷四七〈傅玄傳〉，頁 905、卷八三〈袁瓌傳附族孫豹傳〉，頁 1431。

以致像傅亮「博涉經史，尤善文詞」、范曄「少好學，博涉經史，善為文章」。甚至如齊高帝蕭道成亦「博涉經史，善屬文」。史書又稱梁武帝「博學多通」，「下筆成章，千賦百詩，直疏便就，皆文質彬彬，超邁今古」；昭明太子，王筠〈哀冊文〉讚其：「括囊流略，包舉藝文；遍該緗素，殫極丘墳」。故「每遊宴祖道，賦詩至十數韻。或命作劇韻賦之，皆屬思便成，無所點易」；顏之推，「博覽群書，無不該洽，詞情典麗」。[86]《陳書》卷三三〈儒林列傳・沈不害傳〉載：

> 不害治經術，善屬文，雖博綜墳典，而家無卷軸。每製文，操筆立成，曾無尋檢。

即使是文風不盛的北朝也不例外，北魏李騫，「博涉經史，文藻富盛」；高閭，「博綜經史，文才儁偉，下筆成章」。周明帝，「幼而好學，博覽群書，善屬文，辭彩溫麗」。[87]而北方三才尤可為明

---

[86] 《宋書》，卷四三〈傅亮傳〉，頁1336、卷六九〈范曄傳〉，頁1819。《南齊書》，卷二〈高帝本紀下〉，頁38。《梁書》，卷一〈武帝本紀〉，頁2、96；卷八〈昭明太子統傳〉，頁167、170、166；《北齊書》，卷四五〈文苑列傳・顏之推傳〉，頁617。南朝部分又如沈約、梁邵陵王蕭綸、周興嗣、劉慧斐、虞荔、蕭引、陳新蔡王叔齊、陸瓊、岑之敬等人，史書也都明載他們因博學、博涉經史而善能屬文，分見史書各人本傳。

[87] 分見《魏書》，卷三六〈李順傳附曾孫騫傳〉，頁836；卷五四〈高閭傳〉，頁1196。《周書》，卷四〈明帝本紀〉，頁60。北朝至隋部分又如北魏彭城王勰、邢臧、陸卬、陽休之、李廣、唐永、蘇亮、柳虯、王襃、盧誕、甄玄成、蕭欣、沈君游、魏澹、李文博、孫萬壽、杜正藏、常得志、劉善經等，分見史書各人本傳。

證，溫子昇，「博覽百家，文章清婉」，甚至名聞江南，得蕭衍讚許為：「曹植、陸機復生於北土，恨我辭人，數窮百六」；[88]《北齊書》卷三六〈邢邵傳〉則載：

> 邢邵……博覽墳籍，無不通曉，晚年尤以五經章句為意，窮其指要……詞致宏遠，獨步當時，與濟陰溫子昇為文士之冠，世論謂之溫、邢。

而魏收「碩學大才」，賈思同「深奇之」，稱之為：「雖七步之才，無以過此」。[89] 三人才華，莫不根基於學問，方得顯揚於世。《隋書》卷四二〈李德林傳〉也說：

> 德林幼聰敏，年數歲，誦左思〈蜀都賦〉，十餘日便度。高隆之見而嗟歎，遍告朝士……年十五，誦五經及古今文集，日數千言。俄而該博墳典，陰陽緯候無不通涉。善屬文，辭覈而理暢。

王貞，「少聰敏，七歲好學，善《毛詩》、《禮記》、《左氏傳》、《周易》，諸子百家，無不畢覽，善屬文詞」。[90] 在在顯示：地無分南北，時則貫通古今，甚至上自至尊儲君、下及人臣，均無差異。是以史書上常於盛誇某人「善屬文」、「辭彩雅贍」之前，

---

[88] 《魏書》，卷八五〈文苑列傳‧溫子昇傳〉，頁 1875-1876。
[89] 《北齊書》，卷三七〈魏收傳〉，頁 500、483。
[90] 《隋書》，卷七六〈文學列傳‧王貞傳〉，頁 1736。

多強調其人「博學」，視後者為前者重要涵養之一。[91]

二、史書撰寫

六朝時期，除了文學創作，史書也是當時相當被看重的一個寫作領域，[92]故甚為盛行。有關當時史傳撰著的相關情形，前輩學者研究已多，成果亦豐碩，[93]故此處僅針對與本文相關的撰

---

[91] 有關這一部份的相關研究，請參朱曉海先生，〈魏晉時期文學自覺說的省思〉，頁 33-40、蕭艾，〈六朝駢文論稿〉，湘潭大學文學與新聞學院古代文學教研室編，《薪火集——湘潭大學中國古代文學論文集》（北京：中國社會科學出版社，2006 年），頁 129、張可禮〈建安文學的影響〉，《建安文學論稿》，頁 252、陳傳萬，《魏晉南北朝圖書業與文學》，頁 149。

[92] 六朝時期，除史書外，志怪小說的著作也是蓬勃發展。但以當時的觀念而言，志怪小說乃屬史傳範疇，如《隋書》，卷三三〈經籍志二・史部・雜傳類〉，頁 982 所稱：「魏文帝又作《列異》，以序鬼物奇怪之事……因其事類，相繼而作者甚眾，名目轉廣，而又雜以虛誕怪妄之說。推其本源，蓋亦史官之末事也。」從各種方面來看，也的確可發現兩者的關係相當密切。如作者方面，史傳與志怪小說的作者有很高的重疊度；就記敘內容方面，彼此常相互引用；就寫作材料來源而言，都包括古書記載與當代實際訪查。當然，兩者之間還是有其差異存在。這些部分，近代學者都已有相當深入的探索，並取得很高的研究成果。而且限於本文探討的主題，故不再針對志怪小說進行論述。相關研究請參逯耀東，〈志異小說與魏晉史學〉，氏著《魏晉史學的思想與社會基礎》（台北：東大圖書股份有限公司，2000 年），頁 221-252；王國良，《六朝志怪小說考論》（台北：文史哲出版社，1988 年），所收〈六朝志怪小說簡論〉，頁 5-9、〈列異傳研究〉，頁 54-58、頁 65-66、〈搜神後記研究〉，頁 118-130、〈幽明錄初探〉，頁 168-171、〈續齊諧記研究〉，頁 177-182、頁 188-190。

[93] 請參周一良，〈魏晉南北朝史學發展的特點〉，氏著《魏晉南北朝論集》，頁 384-402；逯耀東，〈《隋書・經籍志・史部》及其〈雜傳類〉分析〉，氏著《魏晉史學的思想與社會基礎》，頁 71-100；高敏，〈試論魏晉南北朝時期史學的興盛及其特徵和原因〉，氏著《魏晉南北

著者學識涵養部分進行論述,餘不贅言。

史書著作被看重,至晚於東漢已然,班固〈典引‧序〉就曾說:「司馬遷著書,成一家之言,揚名後世。」[94]而《漢書》卷六十下〈蔡邕傳〉也載:

> 及卓被誅,邕在司徒王允坐,殊不意言之而歎,有動於色。允勃然叱之曰:「……」即收付廷尉治罪。邕陳辭謝,乞黥首刖足,繼成漢史。士大夫多矜救之,不能得。太尉馬日磾馳往謂允曰:「伯喈曠世逸才,多識漢事,當續成後史,為一代大典……」允曰:「昔武帝不殺司馬遷,使作謗書,流於後世……」日磾退而告人曰:「王公其不長世乎?善人,國之紀也;制作,國之典也。滅紀廢典,其能久乎!」邕遂死獄中……北海鄭玄聞而歎曰:「漢世之事,誰與正之!」

由蔡邕不惜以身受肉刑來換取殘餘生命,如太史公故事,以成著史之願。以及馬日磾營救的主要理由、鄭玄感嘆的原因,都集中在著史一事上,馬日磾甚至對王允作出其命不久長的推論,均可見時人對著作史書的重視程度。此種看法至魏晉猶然,《陸雲集》卷八〈與兄平原書〉第十書就說:

朝史發微》(北京:中華書局,2005 年),頁 374-388;陳傳萬,《魏晉南北朝圖書業與文學》,頁 129-130。其中並皆針對《隋書‧經籍志》中所載有關史傳撰錄情形進行分析探索。

94 《文選》,卷四八〈符命〉,頁 695。

> 誨欲定《吳書》,雲昔嘗已商之兄,此真不朽事。恐不與〔與不〕十分好書,同是出千載事,兄作必自與昔人相去。[95]

第二十三書又說:

> 《吳書》是大業,既可垂不朽,且非兄述,此一國事遂亦失。[96]

著史乃「不朽事」,更可令人「垂不朽」之名。「不朽」乃身處戰亂頻仍、政治社會動盪不安之世的六朝士人所企慕的境界,也是作為生命追尋的一個重要目標。然「德不可以企及,立功立言可庶幾也」。[97]而立功之機亦非人人易得,遇或不遇,需視客觀外在情勢與掌權者之意而定。《晉書》卷五四〈陸機傳〉載陸機〈豪士賦・序〉就說:

> 夫立德之基有常,而建功之路不一。何則?修心以為量者存乎我,因物以成務者係乎彼。存乎我者,隆殺止乎其域;係乎彼者,豐約惟所遭遇……是故苟時啟於天,理盡於人,庸夫可以濟聖賢之功,斗筲可以

---

[95] 劉運好,《陸士龍文集校注》(南京:鳳凰出版社,2010 年),卷八,頁 1117。

[96] 劉運好,《陸士龍文集校注》,卷八,頁 1122。

[97] 《晉書》,卷三四〈杜預傳〉,頁 717,杜預語。此處所謂「德」乃指聖人之德,如《晉書》,卷六六〈劉弘傳〉,頁 1179 所說:「太上立德,其次立功」,非指一般立身處世之道德行為。

> 定烈士之業……蓋得之於時世也。歷觀今古,徼一
> 時之功而居伊周之位者有矣。

故無「斬將搴旗」[98]之力的文人之士退而求其次,轉以立言求不朽。[99]而根據《文選》卷四二〈書中〉所錄曹植〈與楊德祖書〉中所說:

> 吾雖德薄,位為蕃侯,猶庶幾戮力上國,流惠下民,建永世之業,留金石之功。豈徒以翰墨為勳績,辭賦為君子哉!若吾志未果,吾道不行。則將采庶官之實錄,辯時俗之得失,定仁義之衷,成一家之言。

明白指出:立言有等級之分。經書唯聖人可作,故以史書、子書等可「成一家之言」者為首選,[100]文學作品乃等而下之。[101]所以

---

[98] 《漢書》,卷四三〈叔孫通傳〉,頁1031,叔孫通與其弟子語;卷六二〈司馬遷傳〉,頁1254,所錄司馬遷〈報任少卿書〉,史公亦作斯語以自比。

[99] 有關立德、立功、立言在魏晉時的位階層次,請參朱曉海先生,〈魏晉時期文學自覺說的省思〉,頁14-18。

[100] 此種風氣至唐代猶然,如劉餗,《隋唐嘉話》(北京:中華書局,2005年),卷中,頁28所載:「薛中書元超謂所親曰:『吾不才,富貴過分。然平生有三恨:始不以進士擢第,不得娶五姓女,不得修國史。』」

[101] 如《文選》,卷五二〈論二〉,頁734所收曹丕〈典論・論文〉中,歷述孔融等七子之文學才華,最後卻說:「融等已逝,唯幹著論,成一家言」。參對卷四二〈書中〉,頁603所錄曹丕另一篇作品〈與吳質書〉中又說:徐幹「著《中論》二十餘篇,成一家之言,辭義典雅,足傳于後,此子為不朽矣!」可知文學作品無法與子書相提並論,故其餘六子文學成就未必下於徐幹,卻不獲許為不朽。當然,魏

像《晉書》卷八二〈王隱傳〉載：

> 建興中過江，丞相軍諮祭酒涿郡祖納雅相知重。納好博弈，每諫止之，納曰：「聊用忘憂耳。」隱曰：「蓋古人遭時，則以功達其道；不遇，則以言達其才，故否泰不窮也……應仲遠作《風俗通》，崔子真作《政論》，蔡伯喈作《勸學篇》，史游作《急就章》，猶行於世，便為沒而不朽。當其同時，人豈少哉？而了無聞，皆由無所述作也。故君子疾沒世而無聞，《易》稱：『自強不息』，況國史明乎得失之跡，何必博弈而後忘憂哉！」

所舉可使作者「沒而不朽」的仍以子、史為主，不及文學作品。故《宋書》卷六九〈范曄傳〉載范曄〈獄中與諸甥姪書〉曾說：

> 為性不尋注書，心氣惡……口機又不調利，以此無談功……文章轉進，但才少思難……殆無全稱者，

晉以後，可能有不同的主張出現，但對能著作史書、子書的評價應都不低。詳參朱曉海先生，〈魏晉時期文學自覺說的省思〉，頁 15-20。至於史書、子書於時人觀念中的地位，何者較高？根據《隋書》，卷三二〈經籍志一・經部・序言〉，頁 906，記載晉武帝時秘書監荀勖整理國家藏書，並編成目錄《中經新簿》，分四部，內容依序為經、子、史、集。而《文選》，卷四六〈序下〉載任彥昇〈王文憲集序〉，頁 666，善《注》引臧榮緒《晉書》說：東晉時「李充……為著作郎，于時典籍混亂，刪除頗重，以類相從，分為四部，甚有條貫，秘閣以為永制。五經為甲部，史記為乙部，諸子為丙部，詩賦為丁部」，雖仍分四部，但次序有所更動，子、史互易。由此或可看出史部著作越來越受重視，甚至凌駕於子書之上。

常恥作文士……性別宮商,識清濁,斯自然也……吾思乃無定方……但多公家之言,少於事外遠致,以此為恨,亦由無意於文名故也。本未關史書,政恒覺其不可解耳。既造《後漢》,轉得統緒,詳觀古今著述及評論,殆少可意者。班氏最有高名,既任情無例,不可甲乙辨,後贊於理近無所得,唯志可推耳。博贍不可及之,整理未必愧也。吾雜傳論,皆有精意深旨……至於循吏以下及六夷諸序論,筆勢縱放,實天下之奇作……嘗共比方班氏所作,非但不愧之而已……又欲因事就卷內發論,以正一代得失,意復未果。贊自是吾文之傑思……此書行,故應有賞音者……自古體大而思精,未有此也。恐世人不能盡之,多貴古賤今,所以稱情狂言耳。吾於音樂,聽功不及自揮,但所精非雅聲,為可恨……吾書雖小小有意,筆勢不快,餘竟不成就,每愧此名。

對自己的眾多才學、技藝中,唯著史書最為自得而無「愧」「恨」。因此,自東漢至六朝時期,各類史傳之作,可謂蓬勃發展。[102] 根據《隋書》卷三三〈經籍志二·史部〉的記載:正史部分,從司馬氏父子之著《史記》、班氏父子之著《漢書》,「自是

---

[102] 此由《隋書·經籍志》所錄的史部著作即可窺見,學者亦多曾針對隋志所載進行統計及論述,請參本章注 92 所舉。事實上,《隋書》所錄恐遠比實際數目要少得多,如「雜傳類」於魏晉時期錄有別傳六種,但根據前輩學者的統計,其數量實不下二百種,其餘各種史書傳記,應當也有不少是《隋書》未錄的。相關論述請參逯耀東,《魏晉史學的思想與社會基礎》所收〈《隋書·經籍志·史部》及其〈雜傳類〉分析〉,頁 96-98、〈魏晉別傳的時代性格〉,頁 104-105。

世有著述,皆擬班、馬」,「作者尤廣,一代之史,至數十家」;雜史類,則自東漢末葉開始,由「博達之士」「各記聞見」,「是後群才景慕,作者甚眾」;雜傳類,所記內容龐雜,包括專載人物的列士、列女、高士等傳記,或涉及神仙鬼怪的列仙、列異等傳,也有針對各地方風俗、人物的郡國之書,各「因其事類,相繼而作者甚眾」,遂使其「名目轉廣」。因此,《隋書》卷三三〈經籍志二・史部・序〉總結說:

> 夫史官者,必求博聞強識,疏通知遠之士,使居其位……是故前言往行,無不識也;天文地理,無不察也;人事之紀,無不達也……自史官廢絕久矣,漢氏頗循其舊,班、馬因之。魏、晉已來,其道逾替……於是尸素之儔,盱衡延閣之上;立言之士,揮翰蓬茨之下。一代之記,至數十家,傳說不同,聞見舛駁。

根據以上記載可知:史傳之書所記內容相當龐雜廣泛,天文、地理、古代典故傳聞、歷來人事風俗等,無一不及。[103] 則若欲著作各類史傳,薄學寡聞者豈能勝任?太史公作《史記》,即以「厥協六經異傳,整齊百家雜語」[104]為原則,故班彪稱其書「務欲以多聞廣載為功」,「採獲古今,貫穿經傳,至廣博也」;[105]

---

[103] 逯耀東,〈魏晉史學的雙層發展〉,氏著《魏晉史學及其他》(台北:東大圖書公司,1998年),頁 19-20,對於此種情形亦有論及,請參看。
[104] 《史記會注考證》,卷一百三十〈太史公自序〉,頁 1381。
[105] 《後漢書》,卷四十上〈班彪傳〉,頁 478。

《漢書》之作,始於班彪「採前史遺事,傍貫異聞,作後傳數十篇」。[106] 其子班固「博貫載籍,九流百家之言無不窮究」,「以彪所續前史未詳,乃潛精研思,欲就其業」,[107] 遂得繼成父志。二史以下,莫不如此,正如《史通》卷五〈采撰〉所說:

> 子曰:「吾猶及史之闕文。」是知史文有闕……自非博雅君子,何以補其遺逸者哉?……自古探穴藏山之士,懷鉛握槧之客,何嘗不微求異說,採摭群言,然後能成一家,傳諸不朽。觀夫丘明受經立傳,廣包諸國,蓋當時有周《志》、晉《乘》、鄭《書》、楚《杌》等篇,遂乃聚而編之,混成一錄。向使專憑魯策,獨詢孔氏,何以能殫見洽聞,若斯之博也?馬遷《史記》,採《世本》、《國語》、《戰國策》、《楚漢春秋》;至班固《漢書》……自太初已後,又雜引劉氏《新序》、《說苑》、《七略》之辭……擅名千載。但中世作者,其流日煩,雖國有冊書,殺青不暇,而百家諸子,私存撰錄,寸有所長,實廣聞見。[108]

所以在卷十〈辨職〉中稱作史需具備三個條件,「高才博學」即

---

[106] 《後漢書》,卷四十上〈班彪傳〉,頁477。
[107] 《後漢書》,卷四十上〈班彪傳附子固傳〉,頁480。又如卷十六〈鄧禹傳附孫騭傳〉,頁233載鄧嗣「以通博稱,永壽中,與伏無忌、延篤著書東觀」。
[108] 《史通》,卷七〈鑒識〉,頁204又說:「史傳為文,淵浩廣博,學者苟不能探賾索隱,致遠鉤深,烏足以辯其利害,明其善惡?」

為其中之一。[109] 又如蔡邕「少博學」，曾以「郎中校書東觀」；[110] 陸機也曾「出補著作」，而得「遊乎祕閣」。[111] 並因任職之便，利用官方藏書而廣其博覽，欲以助竟其功，而成「一代大典」之「不朽事」。《晉書》卷四四〈華嶠傳〉載：

> 以嶠博聞多識⋯⋯有良史之志，轉祕書監⋯⋯初，嶠以《漢紀》煩穢，慨然有改作之意。會為臺郎，典官制事，由是得徧觀祕籍，遂就其緒。

以及《宋書》卷六四〈裴松之傳〉記載：

> 松之⋯⋯博覽墳籍⋯⋯上使注陳壽《三國志》，松之鳩集傳記，增廣異聞，既成奏上。上善之，曰：「此為不朽矣。」[112]

---

[109] 當然，除了博學之外，尚須有其他的要求，方能著史。《晉書》，卷八二〈王隱傳〉，頁 1413 就載王隱認為史書「非凡才所能立」，所以曾勸祖納運用其廣博見聞以著史，以達「不朽」，然納喟然歎曰：「非不悅子之道，力不足也」。故史書常見稱某人「有史才」，根據《史通》，卷九〈覈才〉，頁 249 所載：「夫史才之難，其難甚矣。《晉令》云：『國史之任，委之著作，每著作郎初至，必撰名臣傳一人。』斯蓋察其所由，苟非其才，則不可叨居史任。」劉知幾認為乃是任職之考試。

[110] 《後漢書》，卷六十下〈蔡邕傳〉，頁 703、706。

[111] 《文選》，卷六十〈弔〉所收陸機〈弔魏武帝文・序〉，頁 849。

[112] 根據《史通》，卷十二〈正史〉，頁 349，浦起龍《考釋》統計，「裴松之注所引漢、晉間群書，凡百有餘種」，並有例舉，煩請參看。

或如王韶之,「好史籍,博涉多聞」,「少有志尚,當世詔命表奏,輒自書寫,太元、隆安時事,小大悉撰錄之」,「因此私撰《晉安帝陽秋》。既成,時人謂宜居史職,即除著作佐郎,使續後事」。[113]加上《南齊書》卷五二〈文學列傳・崔慰祖傳〉所載:

> 好學,聚書至萬卷……慰祖著《海岱志》,起太公迄西晉人物,為四十卷,半未成。臨卒,與從弟緯書云:「常欲更注遷、固二史,採《史》、《漢》所漏二百餘事,在廚簏,可檢寫之,以存大意……」

以及《魏書》卷六七〈崔光傳附從子鴻傳〉說:

> 少好讀書,博綜經史……弱冠便有著述之志……以劉淵、石勒……馮跋等……各有國書,未有統一,鴻乃撰為《十六國春秋》……子子元,祕書郎。後永安中,乃奏其父書,曰:「臣亡考……鴻,不殞家風,式纘世業……多識前載,博極群書,史才富洽,號稱籍甚。年止壯立,便斐然懷著述意。正始之末,任屬記言,撰緝餘暇,乃刊著趙、燕、秦、夏、涼、蜀等遺載,為之贊序,褒貶評論。先朝之日,草構悉了,唯有李雄《蜀書》,搜索未獲,闕茲一國,遲留未成。去正光三年,購訪始得,討論適訖,而先臣棄世。凡十六國,名為春秋,一百二卷,近代之事最為備悉。」

---

113 《宋書》,卷六十〈王准之傳〉,頁1625。

均表明：或因公之便，得利用官方藏書；[114] 或個人尋求蒐集群書，[115] 而能博學廣覽，乃為著史書不可或缺的要素之一。[116]

而能著史者，大者可「擅名千載」，謀求「不朽」之功；小者則可獲揚聲名，延譽於當世。如《南史》卷三三〈徐廣傳附郗紹傳〉就載：

> 時有高平郗紹亦作《晉中興書》，數以示何法盛。法盛有意圖之，謂紹曰：「卿名位貴達，不復俟此延譽。我寒士，無聞於時，如袁宏、干寶之徒，賴有著述，流聲於後，宜以為惠。」紹不與。至書成，在齋內廚中，法盛詣紹，紹不在，直入竊書。紹還失之，無復兼本，於是遂行何書。

---

[114] 陳傳萬，《魏晉南北朝圖書業與文學》，頁 13-29，曾針對魏晉南北朝時任職掌管官方圖書的秘書監者，以及利用官藏圖書纂修史書的情形進行論述，其中不乏史書傳記著作者。而胡寶國，〈知識至上的南朝學風〉，頁 153，認為裴松之注《三國志》應也是得力於國家藏書。

[115] 《史通》，卷十二〈古今正史〉，頁 355 載：梁武帝時，「奉朝請吳均亦表請撰《齊史》，乞給《起居注》并群臣行狀。有詔：『齊氏故事，布在流俗，聞見既多，可自搜訪也。』均遂撰《齊春秋》三十篇。」則是因無法獲得官方藏書而需自行搜訪。

[116] 除正文所舉之外，史書曾載以博學而著史傳者，如：三國西晉時的韋昭、華覈、薛瑩、謝承、王沈、荀顗、阮籍、荀綽、傅玄、皇甫謐、束晳、王接、陳壽、司馬彪；東晉南四朝時的葛洪、王隱、虞預、孫盛、干寶、謝沈、習鑿齒、徐廣、袁山松、王韶之、謝靈運、范曄、何承天、王珪之、沈約、江淹、任昉、裴子野、蕭子顯、周興嗣、姚察、陸瓊、陸從典、顧野王、許亨；北朝亦然，如鄧淵、崔浩、房景先、高允、李彪、崔光、崔鴻、平恒、宋世景、宋繪、魏收、陽休之、柳虯、薛寘；隋則有李德林、杜臺卿、辛德源、許善心、王孝籍、魏澹。以上分見史書各人本傳。

為謀聲名顯於時,而不惜行偷竊此敗德薄行之事。[117] 又如梁武帝時,吳均「將著史以自名,欲撰《齊書》,求借《齊起居注》及群臣行狀,武帝不許,遂私撰《齊春秋》奏之」。[118] 而《史通》卷五〈補注〉所說:

> 次有好事之子,思廣異聞,而才短又微,不能自達,庶憑驥尾,千里絕群,遂乃掇眾史之異辭,補前書之所闕。若裴松之《三國志》,陸澄、劉昭兩《漢書》,劉彤《晉書》,劉孝標《世說》之類是也。

以及卷十一〈史官建置〉也說:

> 近代趨競之士,尤喜居於史職,至於措辭下筆者,十無一二焉。既而書成繕寫,則署名同獻;爵賞既行,則攘袂爭受。遂使是非無準,真偽相雜。生則厚誣當時,死則致惑來代。而書之譜傳,借為美談;載之碑碣,增其壯觀。

雖是貶譏之語,卻也由此可見當時風潮,士子實多願為之。

---

[117] 此正如《世說新語箋注》,上卷〈文學〉,第 17 條,頁 206 所載郭象竊向秀《莊子》注之事。
[118] 《南史》,卷七二〈文學列傳·吳均傳〉,頁 1781。

第三節　小結

　　由上文論述可知，六朝時期博學風氣與兩漢有所不同，士子博學內容從以經學為主的藩籬中逐步跨出、擴展，包括諸子百家、各種論著，無所不讀。而造成這種風氣盛行的原因，除了各種論著與時俱增的必然現象，以及經學沒落導致學風轉變之外，尚有更多現實需求的因素。不論是政治上的政權分裂，使得聘使往來頻繁，外交場合上敵我雙方的論辯爭勝也就無時或休。朝政論議時，需旁徵博引以證成己說；或是社會文化上，因地方意識抬頭、世家大族興起，導致相關地方志、譜牒之學大興；以及談玄、為文用典、史書著作等，也都是到六朝時才興盛、成熟。凡此，均有別於兩漢時期。是則，為了因應當下現實的情況，促使六朝時學子們治學必須兼綜廣博，不能再拘限於經書中，唯有拓展學問視野與範圍，方能不被時代潮流所淘汰。換言之，因時代的變遷，導致與士人生活相關的各個領域也都產生了變化。他們為了適應這些變化，自然也就必須有不同於以往的作為。可見當時之所以興起士人學問尚博的風氣，有很大的原因是基於現實層面的實際需求所致。

　　本章即試著從談玄論難與文學著作兩方面進行探索。相對於兩漢時期的論議，以朝政、學術為主，所言多以經書為據；六朝時，談論風氣有所轉變，除了單純討論經義的講經活動，有更多場合談論的內容涉及相當廣泛，徒憑經書相關之知識已不足以應付，談玄、論難均需以博學為根柢，正如前引蕭齊時

王僧虔〈戒子書〉中所舉的情形,因此唐長孺先生才會說:「整個玄學自晉以後便只是知識的炫耀」,[119] 試想:若薄學寡聞,豈不反受其辱?以文學寫作而言,新的潮流逐漸成熟,導致對於文人士大夫的素養要求也隨之而有所變化,就像《文心雕龍》卷八〈事類〉所載:

> 觀夫屈宋屬篇,號依詩人,雖引古事而莫取舊辭。唯賈誼〈鵩賦〉,始用鶡冠之說;相如〈上林〉,撮引李斯之書,此萬分之一會也。及揚雄〈百官箴〉,頗酌於詩書;劉歆〈遂初賦〉,歷敘於紀傳,漸漸綜採矣。至於崔、班、張、蔡,遂捃摭經史,華實布濩,因書立功,皆後人之範式也。

因此,卷十〈才略〉才會說:「然自卿、淵已前,多俊才而不課學;雄、向以後,頗引書以助文。此取與之大際,其分不可亂者也。」顯見新風氣自東漢已萌,六朝時遂臻頂峰,文士自然無法別立於時代風氣之外而不受影響。

另外,根據《世說新語》卷上〈文學〉70 條所載:

> 樂令善於清言,而不長於手筆。將讓河南尹,請潘岳為表。潘云:「可作耳,要當得君意。」樂為述己所

---

[119] 唐長孺,〈魏晉才性論的政治意義〉,氏著《魏晉南北朝史論叢》,頁 299。余英時,〈名教思想與魏晉士風的演變〉,氏著《士與中國文化》(上海:上海人民出版社,2003 年),頁 384,亦認為談玄必須具備博學的條件。

以為讓,標位二百許語。潘直取錯綜,便成名筆。時
人咸云:「若樂不假潘之文,潘不取樂之旨,則無以
成斯矣」。

以及《世說新語》卷上〈文學〉73 條記述:

太叔廣甚辯給,而摯仲治長於翰墨,俱為列卿。每至
公坐,廣談,仲治不能對;退著筆難廣,廣又不能答。

而《晉書》卷七七〈殷浩傳〉也載:

浩識度清遠,弱冠有美名,尤善玄言,與叔父融俱好
《老》、《易》。融與浩口談則辭屈,著篇則融勝,浩
由是為風流談論者所宗。

均可清楚看出:文、言乃分屬不同領域。[120] 因此,蕭子顯於《南
齊書》卷五二〈文學列傳・史臣曰〉中特別提出:

輪扁斲輪,言之未盡,文人談士,罕或兼工。非唯識
有不周,道實相妨。談家所習,理勝其辭。就此求
文,終然翳奪,故兼之者鮮矣。

說明二者之間的差異所在,凡人難以兼綜並善。如果硬要將言

---

[120] 《晉書》,卷七二〈郭璞傳〉,頁 1260 也載:「璞好經術,博學有高才,而訥於言論,辭賦為中興之冠」。

談與文學創作合而為一,恐怕就會形成《文心雕龍》卷九〈時序〉中劉勰所說的景況:「自中朝貴玄,江左稱盛,因談餘氣,流成文體。是以世極迍邅,而辭意夷泰,詩必柱下之旨歸,賦乃漆園之義疏」。[121] 此種現象,鍾嶸稱之為:「建安風力盡矣」;[122] 檀道鸞《續晉陽秋》則說是:「《詩》、《騷》之體盡矣」。[123] 總而言之,此等作品不具備文學最重要之特質,嚴格來說已非文學之屬。因此,蕭統編著《文選》時,刻意將言辭一類排除於選錄範圍之外。[124]

然而,某些才俊之士,因本身博學多聞,故能跨越藩籬,兼綜言談與文學創作。如《三國志》卷四七〈孫權傳〉裴《注》引《吳錄》記載:

---

[121] 《宋書》,卷六七〈謝靈運傳・史臣曰〉,頁1778也說:「有晉中興,玄風獨振,為學窮於柱下,博物止乎七篇,馳騁文辭,義單乎此。自建武暨乎義熙,歷載將百,雖綴響聯辭,波屬雲委,莫不寄言上德,託意玄珠,遒麗之辭,無聞焉爾。」

[122] 曹旭,《詩品集注》(上海:上海古籍出版社,2011年),〈詩品序〉,頁28:「永嘉時,貴黃、老,尚虛談。于時篇什,理過其辭,淡乎寡味。爰及江表,微波尚傳,孫綽、許詢、桓、庾諸公詩,皆平典似《道德論》,建安風力盡矣」。

[123] 《世說新語箋疏》,卷上〈文學〉85條,頁262,劉孝標《注》引檀道鸞《續晉陽秋》:「正始中,王弼、何晏好《莊》、《老》玄勝之談,而世遂貴焉。至江左,李充尤盛。故郭璞五言始會合道家之言而韻之:(許)詢及太原孫綽轉相祖尚,又加以三世之辭,而《詩》、《騷》之體盡矣」。

[124] 有關這一部份,請參朱曉海先生,〈讀《文選・序》〉,徐中玉、郭豫適主編,《古代文學理論研究》第二十一輯(上海:華東師範大學出版社,2003年),頁119-120。至於以玄言入詩的景況,請參朱曉海先生,〈魏晉遊仙、詠史、玄言詩探源〉,趙敏俐、佐藤利行主編,《中國中古文學研究》(北京:學苑出版社,2005年),頁290-296。

（沈友）弱冠博學,多所貫綜,善屬文辭,兼好武事,注《孫子兵法》。又辯於口,每所至,眾人皆默然莫與為對,咸言其筆之妙、舌之妙、刀之妙,三者皆過絕於人。[125]

另如嵇康,「博覽無不該通」,「善談理,又能屬文」;溫嶠,「博學能屬文」,並「美於談論」;葛洪,「博聞深洽,江左絕倫。著述篇章富於班、馬,又精辯玄賾,析理入微」;戴逵,「少博學,好談論,善屬文」;郭瑀,其師郭荷,「明究群籍」,瑀「盡傳其業。精通經義,雅辯談論,多才藝,善屬文」;謝朗,「博涉有逸才」,「善談玄理,文義豔發」;袁淑,「博涉多通,好屬文,辭采遒豔,縱橫有才辯」;梁簡文帝,「幼而敏睿,識悟過人」,「博綜儒書」及「九流百氏」,「篇章辭賦,操筆立成」,「辭采甚美」,又「善言玄理」;梁元帝,「聰悟俊朗,天才英發」,「博總群書,下筆成章;出言為論,才辯敏速,冠絕一時」;徐孝克,「遍通五經,博覽史籍」,「有口辯,能談玄理」,「亦善屬文」;北魏清河王懌,「博涉經史,兼綜群言,有文才,善談理」;李文博,「本為經學,後讀史書,於諸子及論尤所該洽。性長議論,亦善屬文」;王頍,「遍通五經」,「好讀諸子,偏記異書,當代稱為博物」,「解綴文,善談論」;顧越,「徧該經藝,深明《毛詩》,傍通異義。特善《莊》、《老》,尤長論難,兼工

---

[125] 《韓詩外傳校箋》,卷七,頁598:「是以君子避三端:避文士之筆端,避武士之鋒端,避辯士之舌端」。

綴文」。[126]

---

[126] 《晉書》，卷四九〈嵇康傳〉，頁 938-942；卷六七〈溫嶠傳〉，頁 1193；卷七二〈葛洪傳〉，頁 1270；卷九四〈隱逸列傳‧戴逵傳〉，頁 1605；卷九四〈隱逸列傳‧郭瑀傳〉，頁 1603；卷七九〈謝安傳附從子朗傳〉，頁 1378，以及《世說新語箋疏》，卷上〈文學〉，條 39，頁 227，劉孝標《注》引《中興書》；《宋書》，卷七十〈袁淑傳〉，頁 1385；《梁書》，卷四〈簡文帝本紀〉，頁 109；卷五〈元帝本紀〉，頁 135；《陳書》，卷二六〈徐陵傳附弟孝克傳〉，頁 337；《魏書》，卷二二〈孝文五王列傳‧清河王懌傳〉，頁 591；《隋書》，卷五八〈李文博傳〉，頁 1432；卷七六〈文學列傳‧王頍傳〉，頁 1732；《南史》，卷七一〈儒林列傳‧顧越傳〉，頁 1753。

第八章　餘論

　　以上探討了漢魏六朝時期家庭經學教育以及博學風氣的相關情形，本章則針對其他相關問題略作論述，以為補充前文所未及之處，期使本書立論能更為周延。

　　治學要能廣博，首先需面對的是書籍的來源問題。誠如本書第二章所論述，從兩漢開始，書籍流傳並不普遍，這種情形一直延續到六朝時期。造成這種情形的原因匪一，除了因為當時未有印刷術，所有書籍都需依靠手抄，不利於廣泛流傳之外，底下針對其他因素分述之。

　　首先，六朝時雖已有用紙為載體，但當時紙張價錢應不斐，如東漢末曹操諭令蔡文姬誦憶其父蔡邕先前的藏書，文姬必須向曹操「乞給紙筆」方能寫之；東晉時王隱欲著《晉書》，然因「貧無資用，書遂不就」，需依靠征西將軍庾亮「供其紙筆，書乃得成」。[1]《抱朴子外篇》卷五十〈自敘〉說：

> 年十有三，而慈父見背，夙失庭訓……農隙之暇無所讀，乃負笈徒步行借。又卒於一家，少得全部之書。益破功日，伐薪賣之，以給紙筆。就營田園，夜以柴火寫書。坐此之故，不得早涉藝文。常乏紙，每

---

[1] 分見《後漢書》，卷八四〈列女傳・董祀妻〉，頁999；《晉書》，卷八二〈王隱傳〉，頁1414。

所寫反覆有字,人勘能讀也。

劉宋末葉,蕭齊「高帝雖為方伯,而居處甚貧,諸子學書無紙筆,(蕭)曄常以指畫空中及畫掌學字,遂工篆法」;[2]《南史》卷四三〈齊高帝諸子列傳・江夏王鋒傳〉又記載:

> 匿於張氏舍……性方整,好學書,張家無紙札,乃倚井欄為書,書滿則洗之,已復更書,如此者累月。又晨興不肯拂窗塵,而先畫塵上,學為書字。

《南史》卷七六〈隱逸列傳・徐伯珍傳〉也載:

> 祖、父並郡掾史,伯珍少孤貧,學書無紙,常以竹箭、箬葉、甘蕉及地上學書。

而像《顏氏家訓》卷三〈勉學〉所載:

> 臧逢世……年二十餘,欲讀班固《漢書》,苦假借不久,乃就姊夫劉緩乞丐客刺書翰紙末,手寫一本。

連完整的紙都沒有,只能利用零碎紙張來抄寫《漢書》。均可見六朝時期,紙非易得。或許會質疑這些人不是「孤」,就是「貧」,甚至是獲罪逃竄之身,所以才無紙可供讀書使用。但其家世父、祖輩均曾官宦,猶然如此,則無世資可藉的庶民就更

---

[2] 《南史》,卷四三〈齊高帝諸子列傳下・武陵昭王曄傳〉,頁1081。

不用說了。紙張價錢不斐,連帶使得書籍價格可能也甚為昂貴,所以想要廣泛閱讀書籍的經濟代價,恐非一般家庭所能負荷得了,更何況是貧寒之人![3]

其次,當時戰亂頻仍,不論是官方或私人藏書都易受損害,這對書籍的保存與流布無異是雪上加霜。以官方藏書來看,隋朝牛弘就曾詳加論述,自秦始皇焚書起,歷經王莽敗亡,京師屢蒙兵禍,東漢末董卓亂漢、西晉永嘉之亂,直到蕭梁元帝江陵破滅,共遭逢五次大厄。北朝官方藏書則是一直處於窘澀的情況。[4]至於民間圖書,受損的風險應不小於官方。或因戰亂流離,如葛洪,祖、父並仕於東吳,兩人均「學無不涉」,「方冊所載,罔不窮覽」。可見家中藏書應不在少數,但因其父之世晉朝興兵滅東吳,使得江東「累遭兵火」,致使葛洪家「先人典籍蕩盡」。[5]張湛於〈列子注・序〉中則記述:

> 先父曰:「吾先君與劉正輿、傅穎根皆王氏之甥也,並少遊外家,舅始周、始周從兄正宗、輔嗣皆好集文籍,先并得仲宣家書幾將萬卷。」傅氏亦世為學門,三君總角競錄奇書。及長,遭永嘉之亂,與穎根同避難,南行車重,各稱力並有所載。而寇虜彌盛,前途尚遠,張謂傅曰:「今將不能盡全所載,且共料簡世

---

[3] 來新夏,《中國圖書事業史》(上海:上海人民出版社,2009年),第二章〈兩漢魏晉南北朝時期的圖書事業〉,頁51稱:「紙的增多,使圖書價格逐漸低廉,一般人都可用得起」。惜僅此一語,無任何論證,故其說恐待商榷。

[4] 詳見《隋書》,卷四九〈牛弘傳〉,頁1298-1299。

[5] 楊明照,《抱朴子外篇校箋》,卷五十〈自敘〉,頁648-653。

> 所希有者,各各保錄,令無遺棄。」頴根於是唯齎其祖玄、父咸。予集先君所錄書中,有《列子》八篇。及至江南,僅有存者《列子》,唯餘〈楊朱〉、〈說符〉、〈目錄〉三卷。比亂,正興為揚州刺史,先來過江,復在其家得四卷。尋從輔嗣女婿趙季子家得六卷。參校有無,始得全備。

在逃難過程中,為保全生命,只好忍痛將歷世所收藏之奇書予以捨棄。事過境遷,需多方搜尋,幸運者才能讓某本書「始得全備」。在大動亂的年代理,相信這種情形絕非少見。《周書》卷三七〈寇儁傳〉就載:

> 大統二年,東魏授儁洛州刺史,儁因此乃謀歸闕。五年,將家及親屬四百餘口入關,拜祕書監。時軍國草創,墳典散逸,儁始選置令史,抄集經籍,四部群書,稍得周備。

藉由官家力量才能略加糾集。有的則是平常天災人禍,導致書籍損失,蕭齊時沈驎士,「篤學不倦,遭火,燒書數千卷」,幸好「驎士年過八十,耳目猶聰明,手以反故抄寫,火下細書,復成二三千卷,滿數十篋」。[6] 但更多的恐怕是就此灰飛湮滅,蕭梁時王筠,先是受沈約贈書,本身又勤於抄書,家中藏書必然可觀,然晚年「舊宅先為賊所焚,乃寓居國子祭酒蕭子雲宅,

---

[6] 《南齊書》,卷五四〈高逸列傳・沈驎士傳〉,頁944。

夜忽有盜攻之，驚懼墜井卒，時年六十九。家人十餘人同遇害」，[7]則藏書恐亦難倖免；高齊宋繪，平時所撰集之書，「並遭水漂失。繪雖博聞強記，而天性恍惚，晚又遇風疾，言論遲緩。及失所撰之書，乃撫膺慟哭曰：『可謂天喪予也！』」[8]畢生心血，隨水而逝。

雖然，史書屢見記載某些私人藏書甚富，但就整個時代而言，畢竟仍屬於少數，[9]而且後世子孫是否能善加保存流傳，亦未可知。所以像前文所舉蕭梁張纘，不僅是世家子弟，且是皇親

---

[7] 《梁書》，卷三三〈王筠傳〉，頁 484-486。
[8] 《北齊書》，卷二十〈宋顯傳附從祖弟繪傳〉，頁 271。
[9] 六朝時的確見到不少家中藏書豐富的例子，自然可供子孫誦讀。有關這一部份，最為歷來學者所關注，故相關論述已多，也已取得很高的成果。為免贅累，此處不再詳述。相關論述，請參傅璇琮、謝灼華主編，《中國藏書通史》（寧波：寧波出版社，2001 年），第三編〈魏晉南北朝藏書〉，頁 127-140；劉大軍、喻爽爽，《中國私家藏書》（貴陽：貴州人民出版社，2009 年），第二章〈魏晉南北朝私家藏書〉，頁 17-40；范鳳書，《中國私家藏書史》（武漢：武漢大學出版社，2013 年），第二章〈魏晉南北朝時期的私家藏書〉，頁 20-37。其中，陳德弟，《秦漢至五代官私藏書研究》（天津：天津古籍出版社，2012 年），第四章〈魏晉南北朝私家藏書〉，頁 148-167，考察了史書所載當時藏書豐富之人，共列 66 人，並針對其中藏書萬卷以上的 14 人進行個別考述。而後總結說：「此時藏書群體已由漢代的王公貴族、士大夫階層擴展到平民百姓」，「圖書走進了百姓人家」，「許多貧窮學子刻苦讀書的事蹟，從中可以看出當時得書較為容易」。然此說恐仍待商榷，因為所列 66 人幾乎都是貴戚顯宦或世家大族，並未見有所謂的平民百姓。尤其是專門考述的 14 人中，皇室 4 人、國戚 2 人、重臣 2 人、世家大族 3 人，其餘像穆子容為北魏從龍功臣之後，家世貴顯；辛述之藏書更是因戰爭擄獲侵吞所得，還以此餽贈權要，而遭物議；唯許亨乃學問舊家。可見他們都是當世顯貴之家，非尋常官宦士子，更不要說是平民百姓了。就如陳氏於頁 159 不也自稱：「此期的藏書家主要有三類人士，即貴族、官僚、學者」，而學者通常身兼官僚與世家之背景。

貴戚，猶須藉任官之便方能廣覽博學。是則，我們可以說：六朝時期，書籍流傳仍未普遍。因各種書籍不易取得，縱使學子有志於學，尤其是貧寒之士，恐因外在客觀環境所限，難以遂願。然而，根據本書第二章舉列的相關記載，卻又常見當時許多家道貧寒之人，也能好學而有所成就，甚至達到博學的境地。我們不禁要問：除了家中本有藏書遺留之外，他們所讀的書籍從何而來？[10] 這一部份，史書記載過於簡略，導致空白處不在少數，下面僅作簡單的歸納整理。[11]

第一，藉由任職之便，以官方藏書滿足自己讀書的需求，如本書第七章論史書著作時所舉之蔡邕、陸機、華嶠、裴松之、王韶之等人，[12] 以及左思欲作〈三都賦〉，求為秘書郎以得職務之便而觀秘閣藏書。又，曹魏明帝時，「有譙人胡康，年十五，以異才見送，又陳損益，求試劇縣。詔特引見，眾論翕然，號為神童。詔付祕書，使博覽典籍」；[13] 而祈嘉則是「依學官誦書，貧

---

[10] 陳傳萬，《魏晉南北朝圖書業與文學》，頁150說：「南朝文人好學博涉當然需要有豐富的典籍資料作支撐，在當時出版事業尚不十分發達的情況下，抄書也許是既能獲得知識又能增加私人藏書的最佳途徑。」然此說恐待商榷，因為抄書需有書可供抄錄，既未交代書從哪裡來，一樣沒有解決書籍來源的問題，反而有導果為因之嫌。

[11] 陳德弟，《秦漢至五代官私藏書研究》，第四章〈魏晉南北朝私家藏書〉，頁152-154，也曾整理當時藏書的來源，主要有六：購買、雇人抄寫、祖上所傳、躬親抄錄、皇帝賞賜、親朋餽贈等，與本書所論互有出入，煩請自行參看。

[12] 陳傳萬，《魏晉南北朝圖書業與文學》，頁13-29，曾針對魏晉南北朝時任職掌管官方圖書的秘書監者，以及利用官藏圖書纂修史書的情形進行論述，其中不乏史書傳記著作者，請自行參看。

[13] 《三國志》，卷二一〈劉劭傳〉，裴《注》引《盧江何氏家傳》，頁

無衣食,為書生都養以自給,遂博通經傳」;[14] 劉宋時沈驎士,「居貧」,宋文帝曾令「僕射何尚之抄撰五經,訪舉學士,縣以驎士應選,不得已至都」,但也因此機緣而得廣博書籍之見聞,「驎士嘗苦無書,因游都下,歷觀四部畢」。[15]

第二,上司府主提供,《北齊書》卷四五〈文苑列傳・劉逖傳〉記載:

> 魏末徵詣霸府,世宗以為永安公浚開府行參軍。逖遠離鄉家,倦於羈旅,發憤自勵,專精讀書。晉陽都會之所,霸朝人士攸集,咸務於宴集。逖在遊宴之中,卷不離手,值有文籍所未見者,則終日諷誦,或通夜不歸,其好學如此。

劉逖因進入霸府而得以見所未見之書籍。又如傅縡,為蕭梁湘州刺史蕭循之僚佐,而蕭循「頗好士,廣集墳籍,縡肆志尋閱,因博通群書」。[16]

第三,或往藏書豐富之家借閱,如上文所舉三國時蜀漢李權曾向秦宓借《戰國策》之事。西晉皇甫謐「居貧」,然「耽翫典籍,忘寢與食,時人謂之書淫」,為求廣博見聞,甚至直接向晉武帝開口,「自表就帝借書,帝送一車書與之」。[17] 而《南史》卷

557。

[14] 《晉書》,卷九四〈隱逸列傳・祈嘉傳〉,頁 1604。
[15] 《南史》,卷七六〈隱逸列傳・沈驎士傳〉,頁 1890-1891。
[16] 《陳書》,卷三十〈傅縡傳〉,頁 400。
[17] 《晉書》,卷五一〈皇甫謐傳〉,頁 963、964、967。

四九〈劉峻傳〉則記載：

> 自以少時未開悟，晚更屬精，明慧過人。苦所見不博，聞有異書，必往祈借，清河崔慰祖謂之書淫。

崔慰祖本身也是「好學，聚書至萬卷，隣里年少好事者來從假借，日數十裘，慰祖親自取與，未常為辭」；[18] 晉朝范蔚，「家世好學，有書七千餘卷。遠近來讀者恒有百餘人，蔚為辦衣食」，[19] 均可謂相當慷慨而樂於助人學問。[20] 袁峻，「陳郡陽夏人，魏郎中令渙之八世孫也」，雖是世代高門，但「早孤，篤志好學。家貧無書，每從人假借，必皆抄寫，自課日五十紙，紙數不登，則不休息」。[21]《魏書》卷六二〈李彪傳〉也載：

> 家世寒微，少孤貧，有大志，篤學不倦。初受業於長樂監伯陽，伯陽稱美之。晚與漁陽高悅、北平陽尼等將隱於名山，不果而罷。悅兄閭，博學高才，家富典籍，彪遂於悅家手抄口誦，不暇寢食。

而後甄琛舉秀才入都，耽於弈棊，為隨從所諫，「琛惕然慚感，

---

[18]《南齊書》，卷五二〈文學列傳・崔慰祖傳〉，頁 901。
[19]《晉書》，卷九一〈儒林列傳・范平傳附孫蔚傳〉，頁 1536。
[20]《三國志》，卷四一〈向朗傳〉，頁 854 稱：向朗「潛心典籍，孜孜不倦。年逾八十，猶手自校書，刊定謬誤，積聚篇卷，於時最多。開門接賓，誘納後進，但講論古義，不幹時事，以是見稱」。接賓講論時，應也是樂於將所藏書籍借予後進。
[21]《梁書》，卷四九〈文學列傳・袁峻傳〉，頁 688。

遂從許叡、李彪假書研習,聞見益優」;[22] 北魏宗室元晏,「好集圖籍,家書多祕閣,諸有假借,咸不逆其意,亦以此見稱」;[23] 或如北魏末劉晝,「少孤貧,愛學,伏膺無倦。常閉戶讀書,暑月唯著犢鼻褌」。「恨下里少墳籍,便杖策入都。知鄴令宋世良家有書五千卷,乃求為其子博士,恣意披覽,晝夜不息」;[24] 北齊裴諏之,「少好儒學」,「嘗從常景借書百卷,十許日便返。景疑其不能讀,每卷策問,應答無遺」。常景因而讚歎曰:「應奉五行俱下,禰衡一覽便記,今復見之於裴生矣」;[25] 隋朝劉焯,聽聞「武強交津橋劉智海家素多墳籍,焯與(劉)炫就之讀書,向經十載,雖衣食不繼,晏如也」。[26] 有些則是互通有無,如陸少玄承繼其父陸澄藏書萬餘卷,張率「與少玄善,遂通書籍,盡讀其書」。[27]

第四,獲得他人賞識而蒙其贈書,當年王粲年尚幼弱,便以「容狀短小」之姿而獲「才學顯著,貴重朝廷」的蔡邕「倒

---

[22] 《魏書》,卷六八〈甄琛傳〉,頁1509。

[23] 《北史》,卷十五〈魏諸宗室傳・昭成子孫傳・秦王翰傳附玄孫晏傳〉,頁565。

[24] 《北史》,卷六九〈儒林列傳・劉晝傳〉,頁2729。

[25] 《北齊書》,卷三五〈裴讓之傳附弟諏之傳〉,頁466。

[26] 《隋書》,卷七五〈儒林列傳・劉焯傳〉,頁1718。

[27] 《南史》,卷三一〈張裕傳附曾孫率傳〉,頁815。當然,也有人是書籍不願通借的,如《三國志》,卷四二〈許慈傳〉,頁861就載:許慈與胡潛於蜀漢初立時並為博士,兩人不合,彼此「更相克伐,謗讟忿爭,形於聲色。書籍有無,不相通借」;又,相傳杜預平吳之役,頗獲書籍,遺歸其子,且令其「當別置一宅中,勿復以借人」。見嚴可均編,《全上古三代秦漢三國六朝文》(台北:世界書局,1982年),《全晉文》卷四二所收杜預〈與子耽書〉,頁10。

屣迎之」,並許以「吾家書籍文章,盡當與之」的諾言,[28] 傳為千古佳話。爾後亦有繼其蹤者,首見《梁書》卷三三〈王筠傳〉所載:

> 王筠......祖僧虔,齊司空簡穆公......筠幼警寤,七歲能屬文......及長,清靜好學......尚書令沈約,當世辭宗,每見筠文,咨嗟吟詠,以為不逮也。嘗謂筠:「昔蔡伯喈見王仲宣稱曰:『王公之孫也,吾家書籍,悉當相與。』僕雖不敏,請附斯言。自謝朓諸賢零落已後,平生意好,殆將都絕,不謂疲暮,復逢於君。」

後又見於《陳書》卷二一〈孔奐傳〉記載:

> 孔奐......數歲而孤,為叔父虔孫所養。好學,善屬文,經史百家,莫不通涉。沛國劉顯時稱學府,每共奐討論,深相歎服,乃執奐手曰:「昔伯喈墳素悉與仲宣,吾當希彼蔡君,足下無愧王氏。」所保書籍,尋以相付。

徐勉也曾因賞識雖「少孤」但「篤學不倦」的蔡大寶,除了「令與其子遊處」,並且將「所有墳籍,盡以給之」,蔡大寶得此之助,「遂博覽群書,學無不綜」;[29] 蕭梁時馬樞,「梁邵陵王綸為南

---

28 《三國志》,卷二一〈王粲傳〉,頁531。
29 《周書》,卷四八〈蕭詧傳附蔡大寶傳〉,頁868。

徐州刺史,素聞其名,引為學士」,「遇侯景之亂,綸舉兵援臺,乃留書二萬卷以付樞。樞肆志尋覽,殆將周遍」。[30] 除了外人所贈,自身家族的長輩也將所藏書籍送給好學的子弟,陸從典「幼而聰敏,八歲,讀《沈約集》,見回文研銘,從典援筆擬之,便有佳致。年十三,作〈柳賦〉,其詞甚美」。「從父瑜特所賞愛,及瑜將終,家中墳籍皆付從典」。[31]

第五,當時已有書肆,故能就肆觀書,或自書肆購書。[32] 東漢時王充,「會稽上虞人」,「後到京師,受業太學」,「好博覽」,「家貧無書,常游洛陽市肆,閱所賣書,一見輒能誦憶,遂博通眾流百家之言」。相對的,身為宗室子孫的劉梁,則因「少孤貧,賣書於市以自資」。[33]《南史》,卷四三〈齊高帝諸子列傳‧江夏王鋒傳〉記載:

> 武帝時,藩邸嚴急,諸王不得讀異書,五經之外,唯得看〈孝子圖〉而已。鋒乃密遣人於市里街巷買圖籍,朞月之間,殆將備矣。

可見當時市里書肆所賣書籍種類相當多,才能在朞月之間滿足

---

[30] 《陳書》,卷十九〈馬樞傳〉,頁 264。

[31] 《陳書》,卷三十〈陸瓊傳〉,頁 398。

[32] 有關書肆的相關論述,請參戚福康,《中國古代書坊研究》(北京:商務印書館,2007 年),頁 18-23。

[33] 分見《後漢書》,卷四九〈王充傳〉,頁 585;卷八十〈文苑列傳‧劉梁傳〉,頁 940。

他的需求。[34] 北魏崔玄伯,「父潛為兄渾誄手筆草本,延昌初,著作佐郎王遵業買書於市而遇得之。計誄至今,將二百載,寶其書迹,深藏祕之」。[35] 更是於書攤上買到寶貝。《魏書》卷六六〈崔亮傳〉也載:

> 時隴西李沖當朝任事,亮從兄光往依之,謂亮曰:「安能久事筆硯,而不往託李氏也?彼家饒書,因可得學。」亮曰:「弟妹飢寒,豈可獨飽?自可觀書於市,安能看人眉睫乎!」

至於像《陳書》卷二七〈姚察傳〉所載:

> 察……六歲,誦書萬餘言……勤苦屬精,以夜繼日。年十二,便能屬文。父上開府僧垣,知名梁武代,二宮禮遇優厚。每得供賜,皆回給察兄弟,為遊學之資,察并用聚蓄圖書,由是聞見日博。

姚察「聚蓄圖書」的管道應該也是有從市肆中購買得來。

最後,史書中常見因家貧,藉由替人抄書,一方面既可得養家餬口之資,同時能藉此機會誦讀書籍。[36] 《三國志》卷五三

---

34 如《北史》,卷四七〈陽尼傳附陽俊之傳〉,頁1728,就載:「當文襄時,作六言歌辭,淫蕩而拙,世俗流傳,名為陽五伴侶,寫而賣之,在市不絕。俊之嘗過市,取而改之,言其字誤。賣書者曰:『陽五,古之賢人,作此伴侶,君何所知,輕敢議論!』俊之大喜」。

35 《魏書》,卷二四〈崔玄伯傳〉,頁624。

36 有關六朝時的「傭書」情況,學者已有論述,請參陳德弟,〈魏晉南北

〈闞澤傳〉記載:

> 闞澤字德潤,會稽山陰人也。家世農夫,至澤好學,
> 居貧無資,常為人傭書,以供紙筆,所寫既畢,誦讀
> 亦遍。

東晉時僧肇未出家前,「家貧,以傭書為業,遂因繕寫,乃歷觀經史,備盡墳籍」;朱异也是因「居貧,以傭書自業,寫畢便誦。徧覽五經,尤明《禮》、《易》,涉獵文史」。[37]而《南史》卷五九〈王僧孺傳〉則載:

> 僧孺幼聰慧,年五歲便機警……七歲能讀十萬言,
> 及長篤愛墳籍。家貧,常傭書以養母,寫畢諷誦亦了。

一邊抄寫,一邊讀、背,此時雖家中未必有多少藏書,卻也能因此增廣書籍見聞。北魏劉芳,「雖處窮窘之中,而業尚貞固,聰敏過人,篤志墳典。晝則傭書,以自資給,夜則讀誦,終夕不寢」。甚至因「筆迹稱善」,故為「常為諸僧傭寫經論」時,不僅「卷直以一縑,歲中能入百餘匹,如此數十年,賴以頗

朝興旺的傭書業及其作用〉,《歷史教學》2004 年 11 期,頁 19-22。然陳氏認為「傭書」促使六朝時期書籍廣泛流傳,與本文立論不同,煩請自行參對。

[37] 分見湯用彤校注,《高僧傳》(北京:中華書局,2004 年),卷六〈義解三‧晉長安釋僧肇〉,頁 249;《南史》,卷六二〈朱异傳〉,頁 1515。

振」。而且藉此機會「與德學大僧，多有還往」，[38] 同時學問上也得以精進而至「義理精通」、「博通洽識，為世儒宗」，提升其見聞與交遊領域。上述這些人，均可謂一舉兩得。

　　正因六朝時學問宗尚廣博，而當時書籍種類繁多，且除了經史等常見書籍外，大部分的書籍受限於種種因素，流傳應該不廣，以致取得不易。[39]《隋書》卷五八〈李文博傳〉說李文博曾「著《治道集》十卷，大行於世」。卷六二〈柳彧傳〉卻又載：「彧嘗得博陵李文博所撰《治道集》十卷，蜀王秀遣人求之，彧送之於秀，秀復賜彧奴婢十口」。同一時代裡，一方面說其書「大行於世」，一方面卻又記載連諸侯王都不易得到此書，可見當時書籍的流通仍是有許多限制，由此來看何以史書中常會以「博學」作為讚譽某人之詞，也就可以了然了。

---

[38] 《魏書》，卷五五〈劉芳傳〉，頁 1219、1220、1233。

[39] 《後漢書》，卷四九〈王充傳〉，頁 585，章懷《注》引袁山松《後漢書》就說：「充所作《論衡》，中土未有傳者，蔡邕入吳始得之，恆秘玩以為談助。其後王朗為會稽太守，又得其書，及還許下，時人稱其才進。或曰：『不見異人，當得異書。』問之，果以《論衡》之益，由是遂見傳焉。」

引用文獻

一、古籍（分類後，依原著時代次序排列）：

賈公彥，《周禮注疏》，北京：北京大學出版社，1999 年

孫詒讓，《周禮正義》，北京：中華書局，2000 年

陳壽祺，《尚書大傳輯校》，《續經解尚書類彙編》，台北：藝文印書館，1986 年

賈公彥，《儀禮注疏》，北京：北京大學出版社，1999 年

孔穎達，《毛詩正義》，北京：北京大學出版社，1999 年

孔穎達，《春秋左傳正義》，北京：北京大學出版社，1999 年

徐彥，《春秋公羊傳注疏》，北京：北京大學出版社，1999 年

程樹德，《論語集釋》，北京：中華書局，1997 年

邢昺，《論語注疏》，北京：北京大學出版社，1999 年

邢昺，《孝經注疏》，北京：北京大學出版社，1999 年

屈守元，《韓詩外傳箋疏》，成都：巴蜀書社，1996 年

王聘珍，《大戴禮記解詁》，北京：中華書局，1998 年

孔穎達，《禮記正義》，北京：北京大學出版社，1999 年

繆文遠,《戰國策新校注》,成都:巴蜀書社,1992 年

瀧川龜太郎,《史記會注考證》,台北:洪氏出版社,1986 年

王先謙,《漢書補注》,台北:藝文印書館,1955 年

荀悅,《漢紀》,北京:中華書局,2002 年

周天游,《後漢紀校注》,天津:天津古籍出版社,1987 年

王先謙,《後漢書集解》,台北:藝文印書館,1955 年

劉琳,《華陽國志校注》,台北:新文豐出版公司,1988 年

盧弼,《三國志集解》,台北:藝文印書館,1955 年

吳士鑑、劉承幹,《晉書斠注》,台北:藝文印書館,1955 年

沈約,《宋書》,北京:中華書局,2003 年

蕭子顯,《南齊書》,北京:中華書局,2003 年

姚思廉,《梁書》,北京:中華書局,2003 年

姚思廉,《陳書》,北京:中華書局,2003 年

李延壽,《南史》,北京:中華書局,2003 年

魏收,《魏書》,北京:中華書局,2003 年

李百藥,《北齊書》,北京:中華書局,2003 年

令狐德棻等,《周書》,北京:中華書局,2003 年

長孫無忌等,《隋書》,北京:中華書局,2003 年

李延壽,《北史》,北京:中華書局,2003 年

歐陽修、宋祁,《新唐書》,北京:中華書局,2003 年

浦起龍,《史通通釋》,台北:里仁書局,1980 年

胡三省注,《資治通鑑》,北京:中華書局,1995 年

洪适,《隸釋》,北京:中華書局,2003 年

趙翼,《陔餘叢考》,石家莊:河北人民出版社,2003 年

王樹民,《廿二史劄記校證》(訂補本),北京:中華書局,2007 年

閻振益、鍾夏,《新書校注》,北京:中華書局,2000 年

蘇輿,《春秋繁露義證》,北京:中華書局,1996 年

向宗魯,《說苑校證》,北京:中華書局,2000 年

陳立,《白虎通疏證》,北京:中華書局,1994 年

黃暉,《論衡校釋》,北京:中華書局,1995 年

繆啟愉,《四民月令輯釋》,北京:農業出版社,1981 年

饒宗頤,《老子想爾注校證》,上海:上海古籍出版社,1991 年

王利器,《風俗通義校注》,台北:明文書局,1988 年

楊明照,《抱朴子外篇校箋》,北京:中華書局,1997 年

蕭繹,《金樓子》,台北:世界書局,1990 年

劉立夫、胡勇譯注,《弘明集》,北京:中華書局,2011 年

道宣,《續高僧傳》,《高僧傳合集》,上海:上海古籍出版社,2011 年

王利器,《顏氏家訓集解》(增補本),北京:中華書局,1996 年

賈思勰，《齊民要術》，北京：團結出版社，1996 年

贊寧，《宋高僧傳》，北京：中華書局，1997 年

黃汝成，《日知錄集釋》，上海：上海古籍出版社，2006 年

劉運好，《陸士龍文集校注》，南京：鳳凰出版社，2010 年

余嘉錫，《世說新語箋疏》，台北：華正書局，1989 年

李善注，《文選》，台北：藝文印書館，1989 年

范文瀾，《文心雕龍注》，台北：台灣開明書店，1993 年

楊明照，《增訂文心雕龍校注》，北京：中華書局，2005 年

古直箋，《詩品》，上海：上海古籍出版社，2007 年

曹旭，《詩品集注》，上海：上海古籍出版社，2011 年

吳兆宜，《徐孝穆集箋》，台北：世界書局，1968 年

李昉等編，《文苑英華》，台北：新文豐出版公司，1979 年

歐陽詢，《藝文類聚》，上海：上海古籍出版社，1999 年

虞世南，《北堂書鈔》，董治安主編，《唐代四大類書》，北京：清華大學出版社，2003 年

李昉等編，《太平御覽》，台北：臺灣商務印書館，1997 年

杜佑，《通典》，杭州：浙江古籍出版社，2000 年

馬端臨，《文獻通考》，北京：中華書局，2003 年

范祥雍，《洛陽伽藍記校注》，上海：上海古籍出版社，1982 年

黃大宏，《八代談藪校箋》，北京：中華書局，2010 年

張鷟,《朝野僉載》,北京:中華書局,2005年

劉餗,《隋唐嘉話》,北京:中華書局,2005年

許逸民注評,《酉陽雜俎》,北京:學苑出版社,2001年

段成式,《酉陽雜俎》,上海:上海古籍出版社,2012年

二、近人專著（依作者姓氏筆畫排列）：

王永平,《六朝家族》,南京:南京出版社,2008年

王允亮,《南北朝文學交流研究》,上海:上海古籍出版社,2010年

王仲犖,《魏晉南北朝史》,上海:上海人民出版社,1994年

王運熙,《蘭陵蕭氏與南朝文學》,北京:中華書局,2004年

王國良,《六朝志怪小說考論》,台北:文史哲出版社,1988年

王興國,《賈誼評傳》,南京:南京大學出版社,1992年

王國維,《觀堂集林》,《王國維遺書》,上海:上海書店出版社,1996年

方碧玉,《東晉南北朝世族家庭教育研究》,台北:花木蘭文化出版社,2009年

田餘慶,《東晉門閥政治》,北京:北京大學出版社,1996年

本田成之著,孫俍工譯,《中國經學史》,上海:上海書店出版社,2001年

成林、程章燦,《南朝文化(上)》,南京:南京出版社,2006年

朱大渭,《魏晉南北朝社會生活史》,北京:中國社會科學出版社,1998年

呂思勉,《秦漢史》,香港:太平書局,1962年

呂思勉,《兩晉南北朝史》,上海:上海古籍出版社,2005年

呂春盛,《北齊政治史研究》,台北:國立臺灣大學出版委員會,1987年

吳強華,《家譜》,重慶:重慶出版社,2006年

吳正嵐,《六朝江東士族的家學門風》,南京:南京大學出版社,2003年

金忠明主編,《中國教育史研究・秦漢魏晉南北朝分卷》,上海:華東師範大學出版社,2009年

周予同注,《經學歷史》,台北:漢京文化事業有限公司,1983年

周一良,《魏晉南北朝史札記》,《周一良全集》,瀋陽:遼寧教育出版社,1998年

周春元,《南北朝交聘考》,貴陽:貴州師大學報編輯部,1989年

來新夏,《中國圖書事業史》,上海:上海人民出版社,2009年

夏炎,《中古世家大族清河崔氏研究》,天津:天津古籍出版社,2004年

高文,《漢碑集釋》,開封:河南大學出版社,1985年

高亨、董治安，《古字通假會典》，濟南：齊魯書社，1997 年

唐長孺，《魏晉南北朝隋唐史三論》，武漢：武漢大學出版社，1998 年

唐燮軍，《六朝吳興沈氏及其宗族文化探究》，北京：中國社會科學出版社，2007 年

秦躍宇，《六朝士大夫玄儒兼治研究》，揚州：廣陵書社，2008 年

馬衡，《凡將齋金石叢稿》，北京：中華書局，1996 年

陳橋生，《劉宋詩歌研究》，北京：中華書局，2007 年

陳傳萬，《魏晉南北朝圖書業與文學》，合肥：合肥工業大學出版社，2008 年

陳寅恪，《唐代政治史述論稿》，台北：臺灣商務印書館，1994 年

陳寅恪，《隋唐制度淵源略論稿》，台北：臺灣商務印書館，1994 年

陳德弟，《秦漢至五代官私藏書研究》，天津：天津古籍出版社，2012 年

戚福康，《中國古代書坊研究》，北京：商務印書館，2007 年

郭英德，《中國古代文人集團與文學風貌》，北京：中國人民大學出版社，2012 年

郭永吉，《自漢至隋皇帝與皇太子經學教育禮制蠡測》，新竹：國立清華大學中國文學系博士論文，2005 年

崔向東，《漢代豪族地域性研究》，北京：中華書局，2012 年

畢誠,《中國古代家庭教育》,台北:臺灣商務印書館,1994 年
傅璇琮,《唐代科舉與文學》,西安:陝西人民出版社,2003 年
傅璇琮、謝灼華主編,《中國藏書通史》,寧波:寧波出版社,2001 年
程章燦,《世族與六朝文學》,哈爾濱:黑龍江教育出版社,1998 年
張承宗,《六朝婦女》,南京:南京出版社,2012 年
張承宗、陳群,《中國婦女通史‧魏晉南北朝卷》,杭州:杭州出版社,2010 年
張金龍,《北魏政治史》,蘭州:甘肅教育出版社,2008 年
黃寶實,《中國歷代行人考》,台北:臺灣中華書局,1969 年
湯用彤校注,《高僧傳》,北京:中華書局,2004 年
逯欽立輯校,《先秦漢魏晉南北朝詩》,北京:中華書局,2006 年
葉國良、夏長樸、李隆獻合著,《經學通論》,台北:大安出版社,2006 年
葛兆光,《中國思想史》,上海:復旦大學出版社,2005 年
廖伯源,《使者與官制演變:秦漢皇帝使者考論》,台北:文津出版社,2006 年
趙超,《漢魏南北朝墓誌彙編》,天津:天津古籍出版社,1992 年
劉緯毅,《漢唐方志輯佚》,北京:北京圖書館出版社,1997 年
劉大軍、喻爽爽,《中國私家藏書》,貴陽:貴州人民出版社,

2009 年

蔣伯潛、蔣祖怡,《經與經學》,上海:上海書店出版社,1998 年

蔡宗憲,《中古前期的交聘與南北互動》,台北:稻香出版社,2008 年

黎虎,《漢唐外交制度史》,蘭州:蘭州大學出版社,1998 年

盧盛江,《魏晉玄學與中國文學》,北京:百花洲文藝出版社,2002 年

閻步克,《察舉制度變遷史稿》,瀋陽:遼寧大學出版社,1997 年

錢穆,《中國學術思想史論叢(三)》,台北:東大圖書公司,1993 年

韓雪松,《北魏外交制度研究》,長春:吉林大學古籍研究所博士論文,2009 年

簡修煒等著,《六朝史稿》,上海:華東師範大學出版社,1994 年

羅宗強,《玄學與魏晉士人心態》,天津:南開大學出版社,2003 年

羅新、葉煒,《新出魏晉南北朝墓志疏證》,北京:中華書局,2005 年

嚴可均編,《全上古三代秦漢三國六朝文》,台北:世界書局,1982 年

龔詩堯,《從外交活動之發展論北朝漢文化地位的變遷》,新竹:國立清華大學中國文學系博士論文,2012 年

三、單篇論文（依作者姓氏筆畫排列）：

王永平，〈東晉南朝廬江何氏儒玄雙修之家學及其相關之門風〉，氏著《東晉南朝家族文化史論叢》，揚州：廣陵書社，2010年

王琛，〈南北朝的交聘與文學〉，《古典文學知識》，1997年2期

王瑤，〈玄學與清談〉，氏著《中古文學史論》，北京：北京大學出版社，1998年

王夢鷗，〈貴遊文學與六朝文體的演變〉，《中外文學》8卷1期（1979年6月）

王夢鷗，〈從雕飾到放蕩的文章論〉，《中外文學》8卷5期（1979年10月）

田春來，〈《論語》在漢代之地位考〉，《江南大學學報》第6卷第2期（2007年4月）

牟發松，〈南北朝交聘中所見南北文化關係略論〉，《魏晉南北朝隋唐史資料》第14期（1996年）

朱曉鴻，〈試析漢代的婦女教育〉，《華北水利水電學院學報（社科版）》第19卷第3期（2003年8月）

朱曉海，〈魏晉時期文學自覺說的省思〉，《淡江大學中文學報》第九期（2003年12月）

朱曉海，〈讀《文選‧序》〉，徐中玉、郭豫適主編，《古代文學理論研究》第二一輯，上海：華東師範大學出版社，2003年

朱曉海，〈讀《文選》之〈與朝歌令吳質書〉等三篇書後〉，

《廣西師範大學學報（哲學社會科學版）》，第 40 卷第 1 期（2004 年 1 月）

朱曉海，〈〈兩都〉、〈二京〉義疏補〉，氏著《漢賦史略新證》，西安：陝西人民出版社，2004 年

朱曉海，〈自東漢中葉以降某些冷門賦作論彼時審美觀的異動〉，氏著《漢賦史略新證》

朱曉海，〈〈兩都〉、〈二京〉義疏補〉，氏著《漢賦史略新證》

朱曉海，〈魏晉遊仙、詠史、玄言詩探源〉，趙敏俐、佐藤利行主編，《中國中古文學研究》，北京：學苑出版社，2005 年

朱曉海，〈論庾信〈擬詠懷〉二十七首〉，《台灣學術新視野：中國文學之部（一）》，台北：五南圖書出版公司，2007 年

余英時，〈東漢政權之建立與士族大姓之關係〉，氏著《中國知識階層史論》（古代篇），台北：聯經出版事業公司，1993 年

余英時，〈漢晉之際士之新自覺與新思潮〉，《中國知識階層史論》

余英時，〈名教思想與魏晉士風的演變〉，氏著《士與中國文化》，上海：上海人民出版社，2003 年

邢義田，〈東漢孝廉的身份背景〉，氏著《秦漢史論稿》，台北：東大圖書公司，1987 年

呂思勉，〈限年入仕〉，《呂思勉讀史札記》，上海：上海古籍出版社，1982 年

李大偉，〈南北朝時期交聘現象淺析〉，《哈爾濱學院學報》第 31 卷第 12 期（2010 年 12 月）

何啟民，〈漢晉變局中的中原士風〉，氏著《中古門第論集》，台北：學生書局，1978 年

周一良，〈南朝境內之各種人及政府對待之政策〉，氏著《魏晉南北朝史論集》，北京：北京大學出版社，2000 年

邵瑩，〈論魏晉南北朝時期家業的基本涵義〉，《河北建築科技學院學報（社科版）》第 21 卷第 3 期（2004 年 9 月）

邵正坤，〈試論北朝上層社會女子的家庭教育〉，《北方文物》2010 年 3 期

胡寶國，〈知識至上的南朝學風〉，《文史》第 89 輯（2009 年 11 月）

唐長孺，〈讀抱朴子推論南北學風的異同〉，氏著《魏晉南北朝史論叢》，北京：三聯書店，1955 年

唐長孺，〈門閥的形成及其衰落〉，氏著《山居存稿續編》，北京：中華書局，2011 年

唐長孺，〈南朝寒人的興起〉，氏著《魏晉南北朝史論叢續編》，北京：中華書局，2012 年

唐長孺，〈東漢末期的大姓名士〉，氏著《魏晉南北朝史論拾遺》，北京：中華書局，2012 年

唐長孺，〈士族的形成與升降〉，氏著《魏晉南北朝史論拾遺》

唐曉萍，〈論建安散文使事用典的藝術表現〉，胡世厚、蕭永慶、衛紹生主編，《建安文學新論》，鄭州：中州古籍出版社，1992 年

秦進才,〈《孝經》在兩漢的傳播〉,《石家莊學院學報》第 8 卷第 1 期(2006 年 1 月)

高敏,〈試論魏晉南北朝時期史學的興盛及其特徵和原因〉,氏著《魏晉南北朝史發微》,北京:中華書局,2005 年

陳寅恪,〈崔浩與寇謙之〉,氏著《金明館叢稿初編》,北京:三聯書店,2001 年

陳陽鳳,〈試論中國古代的女子家庭教育〉,《江漢大學學報》1992 年第 1 期

陳德弟,〈魏晉南北朝興旺的傭書業及其作用〉,《歷史教學》2004 年 11 期

郭永吉,〈西漢朝廷樂舞之雅與俗——兼論儒家學說與西漢政權的關係〉,王次澄、郭永吉主編,《雅俗相成——傳統文化質性的變易》,中壢:國立中央大學出版中心,2010 年

郭永吉,〈先秦至西漢博士論考——兼論博士與儒的關係〉,《清華中文學報》第二期(2008 年 12 月)

郭永吉,〈兩漢經學師法家法考〉,江林昌等編,《中國古代文明研究與學術史》,保定:河北大學出版社,2006 年

梅家玲,〈漢晉詩賦中的擬作、代言現象及其相關問題〉,氏著《漢魏六朝文學新論——擬代與贈答篇》,北京:北京大學出版社,2004 年

勞榦,〈論「家人言」與「司空城旦書」〉,氏著《古代中國的歷史與文化》,台北:聯經出版事業公司,2006 年

勞榦,〈漢代察舉制度考〉,氏著《漢代政治論文集》,台北:藝文印書館,1976 年

黃清敏,〈魏晉南北朝時期女子在教育中的地位〉,《太原教育學院學報》第 20 卷第 4 期(2002 年 12 月)

張承宗、魏向東,〈魏晉南北朝時期的家庭教育〉,《晉陽學刊》2000 年第 5 期

張白茹,〈魏晉南北朝婦女與家族教育的歷史考察〉,《江淮論壇》2003 年第 1 期

張蓓蓓,〈魏晉學風窺豹〉,氏著《中古學術論略》,台北:大安出版社,1991 年

張政烺,〈六書古義〉,《張政烺文史論集》,北京:中華書局,2004 年

張可禮,〈建安作家的修養〉,氏著《建安文學論稿》,濟南:山東教育出版社,1986 年

程章燦,〈象闕與蕭梁政權始建期的正統焦慮 —— 讀陸倕〈石闕銘〉〉,王次澄、齊茂吉主編,《融通與新變 —— 世變下的中國知識分子與文化》,新北市:華藝學術出版社,2013 年

楊聯陞,〈東漢的豪族〉,氏著《東漢的豪族》,北京:商務印書館,2011 年

逯耀東,〈魏晉史學的雙層發展〉,氏著《魏晉史學及其他》,台北:東大圖書公司,1998 年

逯耀東,〈志異小說與魏晉史學〉,氏著《魏晉史學的思想與社

會基礎》,台北:東大圖書公司,2000 年

逯耀東,〈北魏與南朝對峙期間的外交關係〉,氏著《從平城到洛陽——拓拔魏文化轉變的歷程》,台北:東大圖書公司,2002 年

鄭欽仁,〈宋魏交聘表〉,《大陸雜誌》,第 22 卷第 6 期(1961 年 3 月)

錢穆,〈兩漢博士家法考〉,氏著《兩漢經學今古文平議》,台北:東大圖書公司,1989 年

謝明勳,〈六朝志怪小說之「博識人物」試論〉,氏著《六朝小說本事考索》,台北:里仁書局,2003 年

蕭艾,〈六朝駢文論稿〉,湘潭大學文學與新聞學院古代文學教研室編,《薪火集——湘潭大學中國古代文學論文集》,北京:中國社會科學出版社,2006 年

嚴耕望,〈秦漢郎吏制度考〉,氏著《嚴耕望史學論文選集》,北京:中華書局,2006 年

蘇紹興,〈淺論兩晉南朝士族之政治地位與其經濟力量之關係〉,氏著《兩晉南朝的士族》,台北:聯經出版事業公司,1993 年

鐘坤傑,〈漢晉南朝之豪強地主世家大族與門閥制度〉,《曲靖師範學院學報》2001 年第 4 期(總第 93 期)

國家圖書館出版品預行編目（CIP）資料

六朝家庭經學教育與博學風氣研究 / 郭永吉著 --
初版 .-- 新北市：華藝學術, 2013. 12
面；公分
ISBN 978-986-5792-53-4（平裝）
1. 經學 2. 家庭教育 3. 魏晉南北朝

090　　　　　　　　　　　　　102026778

六朝家庭經學教育與博學風氣研究

作　　者／郭永吉
責任編輯／陳水福
美術編輯／林玫秀

發 行 人／鄭學淵
經理暨總編輯／范雅竹
發行業務／楊子朋
出版單位／華藝學術出版社（Airiti Press Inc.）
　　　　　234 新北市永和區成功路一段 80 號 18 樓
　　　　　電話：(02)2926-6006 傳真：(02)2923-5151
　　　　　服務信箱：press@airiti.com
發行單位／華藝數位股份有限公司
　　　　　戶名（郵政／銀行）：華藝數位股份有限公司
　　　　　郵政劃撥帳號：50027465
　　　　　銀行匯款帳號：045039022102（國泰世華銀行　中和分行）
法律顧問／立暘法律事務所　歐宇倫律師
ISBN ／ 978-986-5792-53-4
出版日期／ 2013 年 12 月初版
定價／新台幣 450 元

版權所有・翻印必究　　Printed in Taiwan
（如有缺頁或破損，請寄回本社更換，謝謝）